혼자 해도 프로처럼 잘 만드는

굿즈 제작 비법

지은이 **빨간고래(박정아)**

커다란 호수가 있는 동네에서 그림을 그리며 고양이와 함께 살고 있습니다. 프리랜서 일러스트레이터의 삶이 주는 자유와 불안정함 속에서 약 17년간 그림으로 생계를 유지해왔습니다. 따뜻하고 귀여운 것들을 무척 좋아합니다. 그래서 그립니다.
어도비 코리아, 이케아 코리아, 스테들러 코리아, 클립 스튜디오 페인트(셀시스), LG U+, 유한킴벌리, 더페이스샵, 엔제리너스 등과 콜라보레이션을 했으며, 미샤 패키지, 현대자동차 사보, 엘지하우시스지인 벽지, GS건설 캘린더 등 다수의 프로젝트를 진행했습니다. 저서로는 《혼자 해도 프로 작가처럼 잘 그리는 아이패드 드로잉 with 프로크리에이트》, 《맛있는 디자인 일러스트레이터 CC 2024》, 《맛있는 디자인 포토샵&일러스트레이터 CC 2024》, 《컬러링 앤 더 푸드》 외 5종의 컬러링북, 《나도 그래요》, 《혼자 놀고 싶은 날 숨은그림 찾기》, 《드로잉 앤 더 시티》, 《드로잉 앤 더 푸드》, 《크리에이티브 아트웍 4》 등이 있습니다.

유튜브 www.youtube.com/@redwhale24
인스타그램 www.instagram.com/redwhale
링크트리 linktr.ee/redwhale24

혼자 해도 프로처럼 잘 만드는 굿즈 제작 비법

굿즈 업체별 특징부터 영상 강의까지, 빨간고래의 굿즈 만들기 바이블

초판 1쇄 발행 2024년 06월 24일
초판 2쇄 발행 2024년 07월 18일

지은이 빨간고래(박정아) / **펴낸이** 전태호
펴낸곳 한빛미디어(주) / **주소** 서울특별시 서대문구 연희로2길 62 한빛미디어(주) IT출판1부
전화 02-325-5544 / **팩스** 02-336-7124
등록 1999년 6월 24일 제25100-2017-000058호 / **ISBN** 979-11-6921-244-1 13000

총괄 배윤미 / **책임편집** 장용희 / **기획 · 편집** 윤신원 / **교정** 박서연
디자인 표지 이아란 내지 박정우 / **전산편집** 김희정
영업 김형진, 장경환, 조유미 / **마케팅** 박상용, 한종진, 이행은, 김선아, 고광일, 성화정, 김한솔 / **제작** 박성우, 김정우

이 책에 대한 의견이나 오탈자 및 잘못된 내용은 출판사 홈페이지나 아래 이메일로 알려주십시오.
파본은 구매처에서 교환하실 수 있습니다. 책값은 뒤표지에 표시되어 있습니다.
한빛미디어 홈페이지 www.hanbit.co.kr / **이메일 ask@hanbit.co.kr** / **자료실 www.hanbit.co.kr/src/11244**

Published by HANBIT Media, Inc. Printed in Korea

혼자 해도 프로처럼 잘 만드는

굿즈 제작 비법

굿즈 업체별 특징부터 영상 강의까지, 빨간고래의 굿즈 만들기 바이블

빨간고래 지음

한빛미디어
Hanbit Media, Inc.

굿즈 만들기 워밍업

안녕하세요. 일러스트레이터 빨간고래입니다.

《혼자 해도 프로처럼 잘 만드는 굿즈 제작 비법》에 오신 것을 환영합니다.

저는 따뜻한 색감으로 귀여운 것들을 그리고 굿즈를 만들고 판매도 하고 있습니다.

책으로 만나 뵙게 되어 반갑습니다.

2002년에는 이랬습니다.

과거에는 개인이 굿즈를 만드는 것이 어려운 일이었지만

요즘은 온라인으로 소량 제작 주문이 가능해졌고 제작 업체도 많아졌습니다.

또 개인이 굿즈를 판매할 수 있는 판매처도 생겨나고 있습니다.

그러나 굿즈를 막상 만들려고 하면 난관에 부딪히게 됩니다.
이 책에는 빨간고래가 혼자 굿즈를 만들면서 어려웠던 부분들을 잘 모아서 쉽게 정리했습니다.

단순히 기능만 알려드리고 끝내지 않습니다.
처음 굿즈를 만드는 사람의 입장에서 무엇이 필요한지 고민하면서 집필했습니다.
이 책을 다 읽은 후 덮었을 때는 굿즈를 만들고 싶은 의욕과 자신감이 불타오르도록 아낌없이
모든 것을 알려드리겠습니다. 자, 그럼 이제부터 굿즈를 만들어볼까요~?

이 책은 네 개의 PART로 구성되어 있습니다.

PART 01 굿즈 제작을 위해 필요한 준비물과 기초 지식을 알려줍니다. 굿즈 제작 전에 꼭 읽어주세요.

PART 02 실무에서 가장 인기가 많은 아홉 가지의 굿즈를 제작해봅니다.

PART 03 서울일러스트레이션페어에 참여하는 방법과 후기, 굿즈 판매 전략을 담았습니다.

PART 04 알아두어야 할 인쇄 지식이 있습니다.

굿즈 미리 보기

준비 파일 | 9투명포카_준비.psd / 9투명포카_변형.psd
완성 파일 | 9투명포카_완성.ai / 9투명포카_완성.pdf
제작 업체 | 레드프린팅 앤 프레스 https://www.redprinting.co.kr

투명 포토 카드 프레임은 아이돌 굿즈로 인기가 많은 아이템입니다. 이 아이템은 보통 포토 카드나 캐릭터 사진 위에 올려서 특별한 분위기를 연출하고 싶을 때 이용합니다. 이번 레슨에서 투명한 재질에 인쇄하는 방법에 대해서 익힐 수 있으며, 이를 응용하면 투명한 명함이나 포토 카드도 만들 수 있습니다. 투명지에 인쇄하여 특별한 느낌을 연출해보겠습니다.

192 혼자 해도 프로처럼 잘 만드는 굿즈 제작 비법

굿즈 미리 보기

본격적으로 학습하기 전, 우리가 만들게 될 굿즈를 사진으로 보고 감을 잡아봅니다.

준비 파일, 완성 파일, 참고 파일, 제작 업체

실습에 필요한 준비 파일과 실습이 모두 끝난 완성 파일을 제공합니다. 완성 파일은 실제로 업체에 주문이 가능한 파일입니다. 참고 파일은 실습 중에 참고하면 좋은 파일입니다. 제작 업체는 해당 실습에서 이용하게 될 업체와 홈페이지 주소를 표기했습니다.

빨간고래의 특별한 영상 강의

책에 다 담지 못한 세세한 설명은 QR 코드로 영상을 제공하고 있습니다. 어려운 단계도 쉽고 빠르게 마스터할 수 있습니다.

▶ 빨간고래의 특별한 영상 강의 | **맥세이프 젤 하드 케이스 만들기**

맥세이프 젤 하드 케이스를 만들어보겠습니다. 맥세이프 젤 하드 케이스 제작 실습은 영상으로 제공됩니다. QR 코드 또는 아래의 링크로 접속하여 학습합니다.

• **링크** | https://m.site.naver.com/1k7hR

생생 리뷰 영상

예제 실습마다 마지막에 QR 코드로 영상을 제공하고 있습니다. 완성 파일을 그대로 업체에 주문하고 받아보는 언박싱&리뷰 영상입니다. 나의 주문 파일이 어떻게 제작되었는지 실물로 생생하게 확인해보세요.

※ 본 책에 주문한 모든 굿즈는 업체로부터 받은 협찬이나 광고가 아닌 "내돈내산" 리뷰입니다.

▶ 생생 리뷰 영상 | **에폭시 범퍼 & 맥세이프 젤 하드 케이스 언박싱하기**

QR 코드 또는 아래의 링크로 접속하면 본 예제 파일로 주문한 폰 케이스를 영상으로 확인할 수 있습니다. 업체에서 보내준 택배 박스를 그대로 개봉하는 리뷰 영상입니다.

• **링크** | https://m.site.naver.com/1k7hY

사이즈 확인

대부분 주문 파일은 실제 크기보다 더 크게 작업해야 합니다. 실제 사이즈보다 더 크게 잡는 여분(도련) 값은 보통 1~5mm 정도입니다. 업체마다 다르니 업체가 요구하는 주문 파일 사이즈를 확인합니다.

01 일러스트레이터

선택 도구 ▶ 로 오브젝트를 클릭합니다. [Transform] 패널에서 가로(W)와 세로(H)의 사이즈를 확인하고 수정할 수 있습니다.

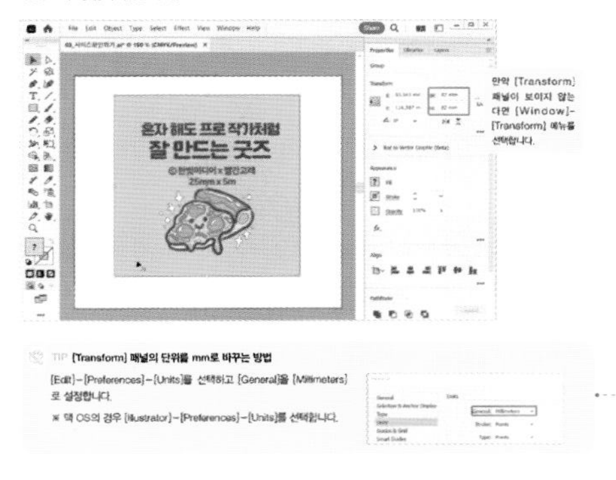

TIP **[Transform] 패널의 단위를 mm로 바꾸는 방법**

[Edit]-[Preferences]-[Units]를 선택하고 [General]을 [Millimeters]로 설정합니다.

※ 맥 OS의 경우 [Illustrator]-[Preferences]-[Units]를 선택합니다.

빨간고래의 실무 꿀팁 **아트보드의 사이즈는 중요하지 않습니다**

일러스트레이터 파일(.ai)로 주문하는 경우 주문 파일의 사이즈가 82×82mm라면 오브젝트의 전체 크기를 82×82mm로 하면 됩니다. 아트보드의 사이즈는 82×82mm로 해도 되고 안 해도 됩니다. 아트보드의 사이즈는 중요하지 않습니다. 참고로 아트보드의 사이즈는 도구바에서 아트보드 도구 를 클릭하면 변경할 수 있습니다.

인쇄 지식 학습하기 | PART 04 223

TIP

서툴러도 괜찮습니다. 따라 하다가 막히는 부분이 생긴다면 TIP을 확인해보세요. 자세한 기능 설명과 참고할 만한 내용을 꼼꼼하게 적어두었습니다.

빨간고래의 실무 꿀팁

17년 차 일러스트레이터 빨간고래의 제작 노하우가 가득합니다. 어디에서도 확인할 수 없었던 빨간고래만의 실무 노하우를 낱낱이 공개합니다.

인기 일러스트레이터 빨간고래가 알려주는 만들기가 쉬워지는 굿즈 제작 비법!

도무송 스티커, 씰 스티커, 엽서, 투명 포토 카드, 마스킹 테이프, 아크릴 키링, 떡메모지, 폰 케이스까지 차근 차근 따라 하면 어느새 '혼자 해도 잘 만드는 모습'에 놀라게 될 것입니다.

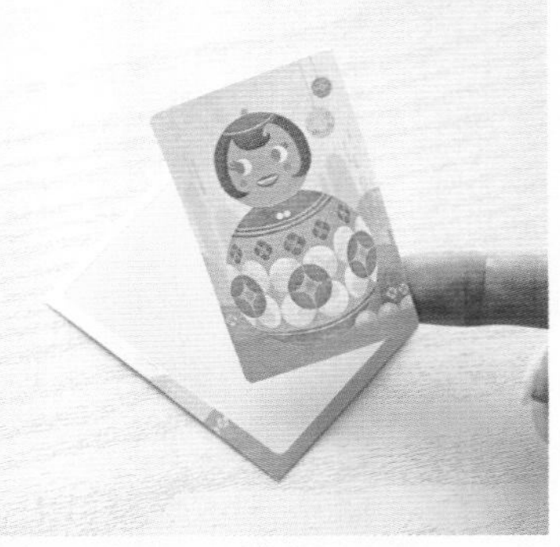

무광
무광
All is Well
Love
눈송이
탄산
크레이지스
스파클링
프리즘
잔밀레
Thinking about You
YOU ARE MY SUNSHINE

혼자 해도 프로처럼 잘 만든 굿즈 미리 보기

<빨간고래 유튜브>

귀엽고 따뜻한 것들을 그리는 일러스트레이터 빨간고래의 유튜브 채널입니다. 빨간고래의 굿즈 제작 비법, 색연필 드로잉, 브이로그 등이 궁금하다면 QR 코드를 스캔하여 유튜브 채널에 접속해보세요.

링크 : www.youtube.com/@redwhale24

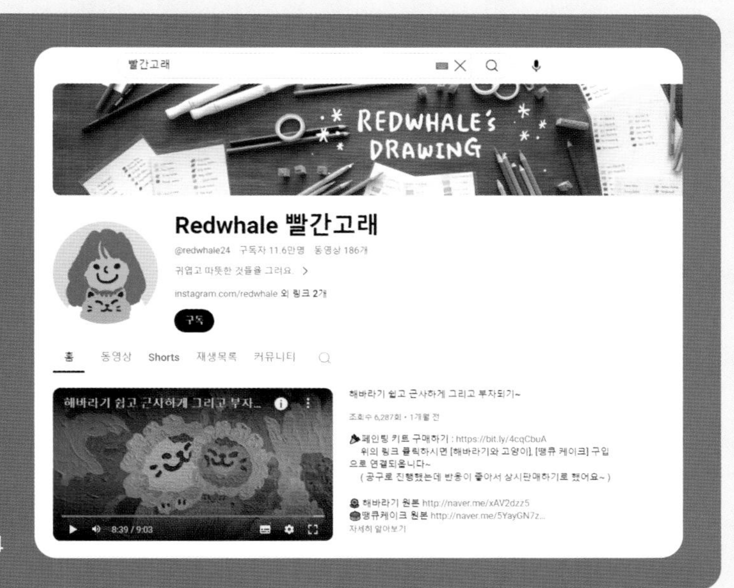

CONTENTS

INTRO 굿즈 만들기 워밍업

PART 01. 굿즈 제작 준비하기

CONTENTS

CONTENTS

PART 03. 굿즈 판매 및 홍보하기

PART 04. 인쇄 지식 학습하기

PART 01

굿즈 제작 준비하기

LESSON 01.
준비물 챙기기

LESSON 02.
색상 프로파일 설정하기

LESSON 03.
인쇄 관련 용어 익히기

LESSON 04.
굿즈 제작 순서 알아보기

LESSON 05.
추천 제작 업체 리스트

01 LESSON 준비물 챙기기

장비와 앱 준비하기

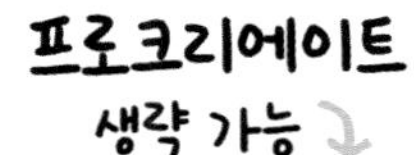

세 가지의 장비를 준비합니다. 첫 번째, 어도비 일러스트레이터와 포토샵이 설치되어 있는 PC입니다. 두 번째, 프로크리에이트가 설치되어 있는 아이패드입니다. 그러나 아이패드가 없다면 생략해도 됩니다. 아이패드가 없어도 책을 보는 데 지장은 없습니다. 세 번째, 스마트폰을 준비합니다. 이 책에는 동영상 강의가 다량으로 수록되어 있습니다. 스마트폰으로 QR 코드를 스캔하면 영상 강의를 보면서 학습할 수 있습니다.

01 어도비 일러스트레이터와 포토샵

어도비 일러스트레이터(Adobe Illustrator)는 벡터 방식으로 이미지가 만들어지기 때문에 매우 정밀한 작업을 할 수 있습니다. 씰 스티커처럼 작고 복잡한 모양으로 잘라내야 하는 경우, 정밀한 작업이 필요하므로 꼭 일러스트레이터로 제작해야 합니다.

사진이나 톤이 풍부한 그림은 비트맵 이미지입니다. 일러스트레이터로 비트맵 이미지를 작업하는 것은 어렵습니다. 비트맵 이미지는 어도비 포토샵(Adobe Photoshop)으로 작업을 해야 합니다. 이 책에서는 일러스트레이터와 포토샵을 모두 활용합니다.

TIP 최신 버전을 사용해야 하나요?

꼭 최신 버전을 사용해야 하는 것은 아니지만, CC 2018 이상의 버전을 사용하기를 권장합니다. CC 2018 미만 버전도 작업이 가능하지만 CC 2018 버전을 기점으로 인터페이스가 많이 변화되었고 특히 기능들의 명칭과 위치가 바뀌었습니다. 그래서 CC 2018 버전 미만 사용자의 경우, 초보자라면 따라 하기 어려울 수 있습니다. 숙련자라면 최신 버전을 사용하지 않아도 작업이 가능합니다.

TIP 초보인데 가능할까요?

이 책은 일러스트레이터를 단 한 번도 사용해보지 않은 입문자용은 아닙니다. 그러나 굿즈 제작에 있어서 모든 기능을 세세히 다 알아야 할 필요는 없습니다. 일러스트레이터가 서툰 초보자들도 잘 따라올 수 있도록 굿즈 제작에 필요한 기능만 쏙 뽑아서 알려드리겠습니다. 어도비 일러스트레이터 입문서의 베스트셀러 〈맛있는 디자인 일러스트레이터〉 저자인 빨간고래만 믿고 따라오세요.

02 프로크리에이트

아이패드는 디지털 드로잉을 하기에 최적의 조건을 갖추고 있어서 인기가 많고 사용자가 많습니다. '아이패드 전성시대'라 할 만큼 디지털 드로잉을 하는 대부분의 사람들은 아이패드를 사용합니다. 프로크리에이트는 아이패드의 드로잉 앱 중에서 가장 많이 사용되는 앱입니다. 그래서 굿즈에 들어가는 그림을 프로크리에이트로 그리는 경우가 무척 많습니다.

그러나 프로크리에이트는 드로잉 전용 앱이기 때문에, 드로잉 기능에 비해서 인쇄/편집 기능은 매우 약한 편입니다. 이 책에서는 프로크리에이트를 최대한 활용하여 굿즈를 제작할 수 있도록 꿀팁을 알려드리겠습니다. 물론 아이패드가 없다면 준비하지 않아도 됩니다. 프로크리에이트로 작업을 하는 부분은 얼마든지 포토샵으로 대체 가능합니다. 본문 내용 또한 프로크리에이트 없이도 아무런 문제없이 따라 할 수 있도록 집필되었으니 걱정하지 않아도 됩니다.

TIP 아이패드 기종은 상관없나요?

프로크리에이트는 아이패드 전용 앱입니다. 프로크리에이트가 설치되는 아이패드면 아이패드 미니를 포함해서 모두 가능합니다. 프로크리에이트는 캔버스 사이즈에 제약이 있어서 큰 사이즈의 캔버스는 만들 수 없습니다. 그러나 이 책에서 만드는 굿즈는 엽서, 스티커, 마스킹 테이프와 같이 작은 사이즈이므로 무리 없이 따라 할 수 있습니다.

03 스마트폰

이 책에는 영상 강좌로 연결되는 QR 코드가 자주 등장합니다. 글보다 영상으로 한번 보는 것이 더 나은 부분들은 영상으로 제공하고 있습니다. 스마트폰으로 QR 코드를 스캔하거나 PC에 주소를 입력하여 영상 강좌를 꼭 시청해주세요.

예제 파일 다운로드하기

이 책에서 나오는 모든 예제 파일은 한빛출판네트워크 홈페이지에서 다운로드할 수 있습니다. 실습을 시작하기 전에 자신이 사용할 PC에 꼭 다운로드 해둡니다. 프로크리에이트 사용자의 경우 아이패드에도 다운로드합니다.

PC에 다운로드하기

www.hanbit.co.kr/src/11244로 접속하고 [다운로드]를 클릭합니다.

TIP 예제 파일 활용 시 주의사항

본 예제 파일에 안에 있는 그림은 개인적인 용도와 비상업적인 용도로만 사용할 수 있습니다. 예를 들어 카카오톡 프로필 이미지나 개인 SNS에 업로드는 가능합니다. 그러나 상업적인 용도로 활용하는 것은 불가합니다. 아이패드 사용자의 경우 브러시 소스는 상업적인 용도로 사용 가능하지만 판매, 배포는 불가합니다.

아이패드에 다운로드하기

아이패드의 [카메라]를 실행하고 QR 코드로 접속하거나 [사파리]에서 www.hanbit.co.kr/src/11244로 접속합니다.

❶ [다운로드]를 터치합니다. ❷ 아이패드 홈 화면에서 [파일 ▬]을 터치합니다. ❸ 저장한 위치에서 다운로드한 **source.zip** 파일의 압축을 해제합니다.

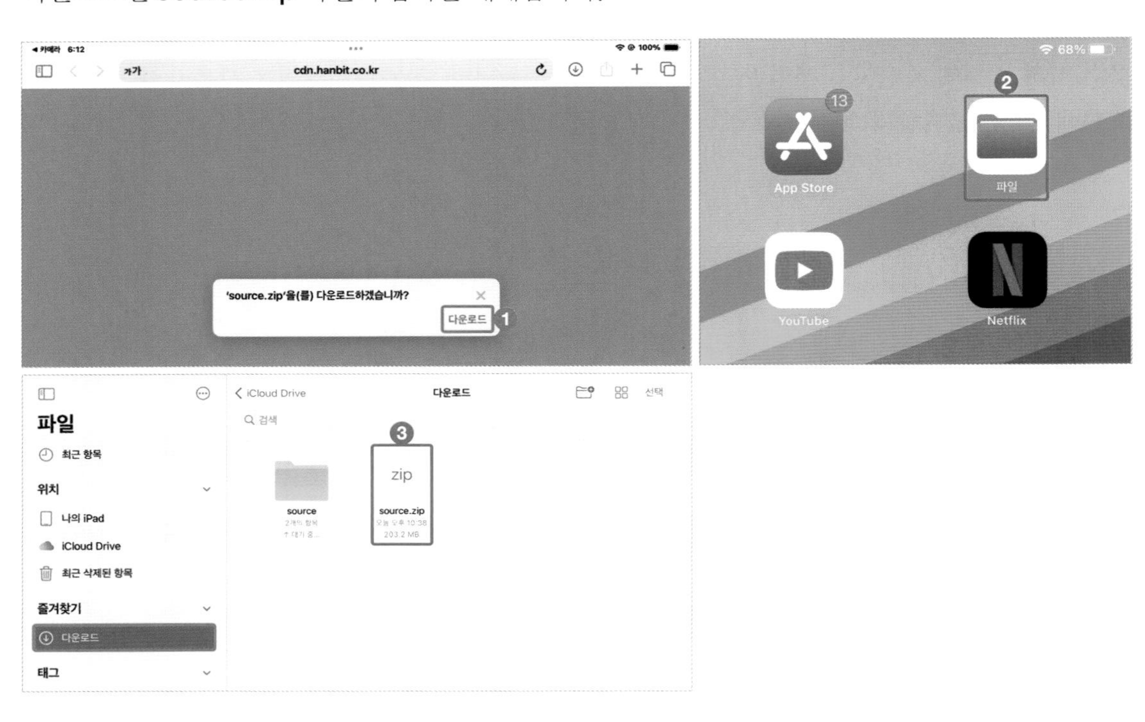

TIP 아이패드에서 확장자명 보이게 하기

[파일 ▬]에서 오른쪽 상단에 있는 ⊞ 를 터치하고 [보기 옵션]–[모든 확장 프로그램 보기]를 터치하면 확장자명이 나타납니다.

LESSON 02 색상 프로파일 설정하기

색상 프로파일(Color Profile)이란?

내 스마트폰으로 SNS에 사진을 올린 다음, PC 모니터로 보면 스마트폰과 색상이 달라 보여서 당혹스러웠던 경험이 있지 않은가요? 똑같은 이미지인데도 기기마다 색이 달라 보여서 창작자 입장에서는 매우 혼란스럽습니다. 그래서 색이 기기마다 다르게 보이는 것을 방지하기 위해 색상 프로파일이 만들어졌습니다. 전자기기마다 제조사가 다르고 사양과 설정이 모두 다르기 때문에 색 또한 다르게 보일 수밖에 없지만, 동일한 색상 프로파일을 사용하면 그 차이를 최소화할 수 있습니다.

어떤 색상 프로파일을 선택해야 하나요?

색상 프로파일의 종류는 매우 다양합니다. 그렇다면 굿즈를 제작할 때 수많은 색상 프로파일 중에서 어떤 것을 선택해야 할까요? 정답은 제작 업체에서 사용하는 색상 프로파일로 선택하면 됩니다. 물론 기기도 서로 다르고 모니터 설정에 따라 색이 다르게 보일 수밖에 없지만, 같은 색상 프로파일을

TIP 색상 프로파일의 종류는 243쪽에서 자세히 다루고 있습니다.

사용하면 그 차이를 줄일 수 있습니다. ⓐ제작 업체의 사이트에 안내되어 있는 경우도 있지만 대부분 어떤 색상 프로파일을 사용하고 있는지 찾아보기가 어렵습니다. 그렇기에 어떤 색상 프로파일을 쓰는지 ⓑ개별적으로 문의를 해야 합니다.

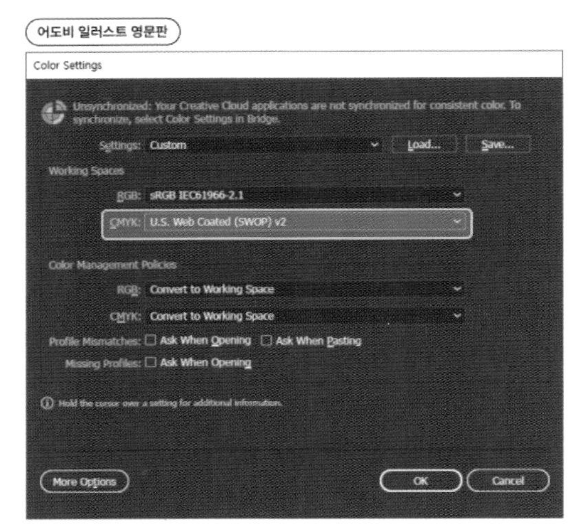

▲ ⓐ 커스텀랜드의 색상 프로파일 가이드(출처 : https://www.customland.kr)

▲ ⓑ 업체에서 사용하는 색상 프로파일을 알아보기 위해 필자가 직접 문의한 내용

이 책에서 소개된 제작 업체별 색상 프로파일

- 성원애드피아 : U.S. Web Coated (SWOP) v2
- 와우프레스 : U.S. Web Coated (SWOP) v2
- 모다82 : U.S. Web Coated (SWOP) v2
- 디테마테 : U.S. Web Coated (SWOP) v2
- 커스텀랜드 : U.S. Web Coated (SWOP) v2
- 바스탄 : Japan Color 2001 coated
- 레드프린팅 앤 프레스 : ISO coated V2

본격 인쇄 전 샘플 인쇄는 필수!

제작 업체와 내 기기의 색상 프로파일을 동일하게 설정해야 합니다. 그러나 화면에 보이는 색상은 어디까지나 시뮬레이트임을 명심합니다. 같은 색상 프로파일을 사용하더라도 색상의 차이는 있습니다. 기계, 용지, 기장님의 기량 등에 따라 차이가 납니다. 그래서 굿즈의 실물 색상이 어떻게 나올지는 그 누구도 장담할 수 없습니다. 인쇄소의 CTP실에 문의를 해봐도 색이 어떻게 나오는지 확답을 주지는 못합니다. 그래서 본격적으로 인쇄하기 전에 해당 인쇄소에서 샘플로 인쇄를 해봐야 합니다.

일러스트레이터에서 색상 프로파일 설정하기

일러스트레이터에서 인쇄용 색상 프로파일을 설정해보겠습니다. 색상 프로파일은 두 곳에서 설정할 수 있습니다. 차례대로 살펴보겠습니다.

01 앱 환경설정에서 색상 프로파일 설정하기

❶ 일러스트레이터에서 [Edit]–[Color Settings] 메뉴를 클릭합니다. ❷ [Working Spaces]에서 [CMYK]–[U.S. Web Coated (SWOP) v2]를 선택합니다. ❸ [Preserve Numbers (Ignore Linked Profiles)]가 선택되어 있는지 확인합니다. ❹ [OK]를 클릭합니다. 이 앱의 기본 색상 프로파일이 [U.S. Web Coated (SWOP) v2]로 설정되었습니다.

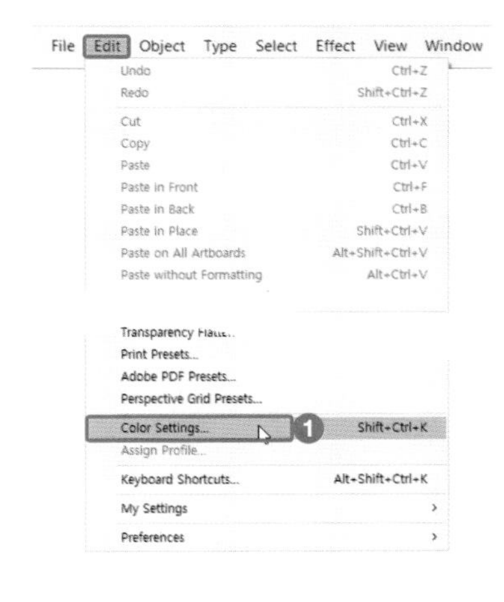

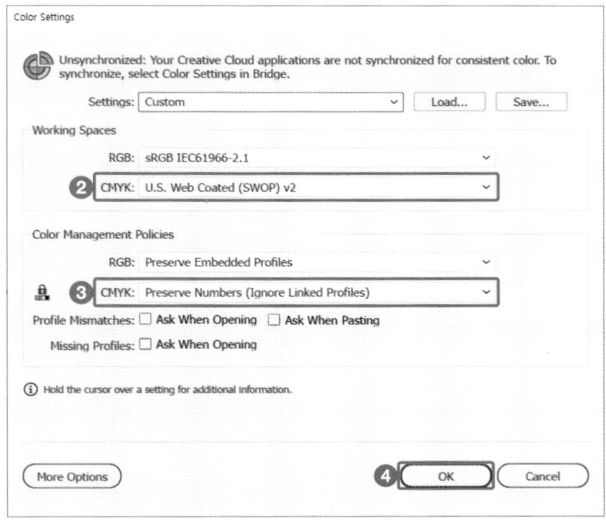

원활한 CMYK 작업을 하려면 ❸ [Preserve Numbers (Ignore Linked Profiles)]로 선택하는 것을 권장합니다. [File]–[Place]로 파일을 가져오는 경우, 가져올 파일과 열려있는 파일의 색상 프로파일이 다르면 열려있는 파일의 색상 프로파일로 통일해서 보여준다는 뜻입니다. 그리고 또한 고유의 CMYK 값은 각각 유지됩니다. 이 옵션은 CS2 이상 버전에만 있습니다.

이제부터 CMYK 캔버스를 생성하면 자동으로 [CMYK : U.S. Web Coated (SWOP) v2]로 설정됩니다. 확인해보겠습니다. ❺ Ctrl + N 을 누릅니다. ❻ [CMYK Color]를 선택합니다. ❼ [Create]를 클릭합니다.

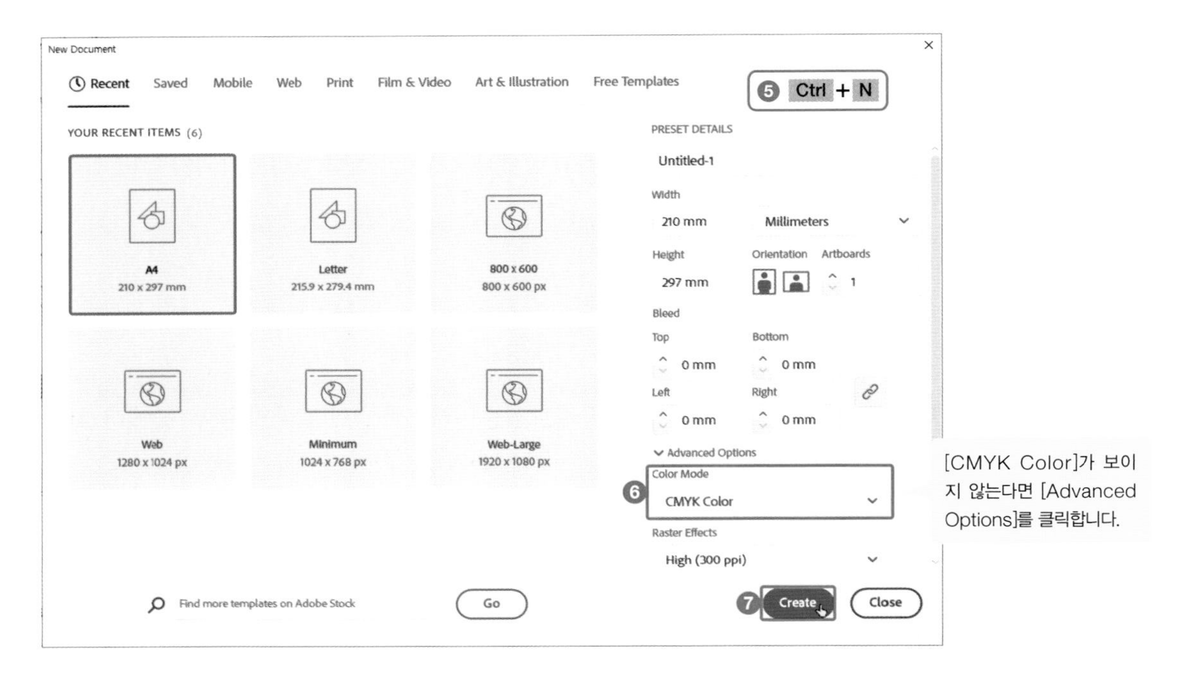

❽ CMYK 새 캔버스가 만들어집니다.

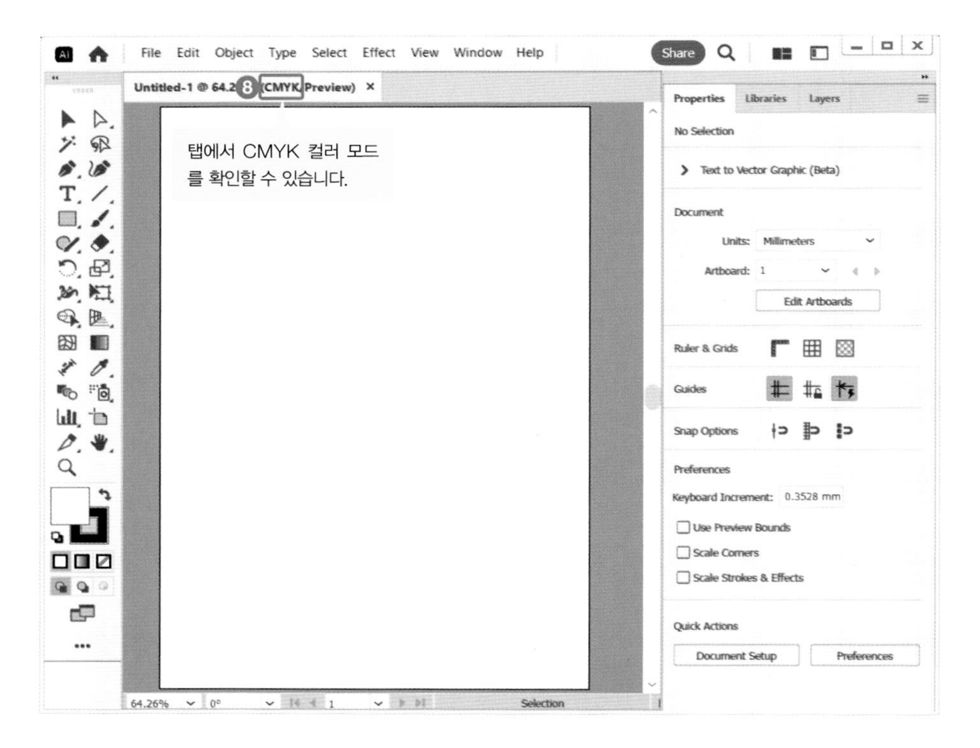

❾ [Edit]–[Assign Profile] 메뉴를 클릭합니다. ❿ [Working CMYK: U.S. Web Coated (SWOP) v2]로 선택된 것을 확인할 수 있습니다.

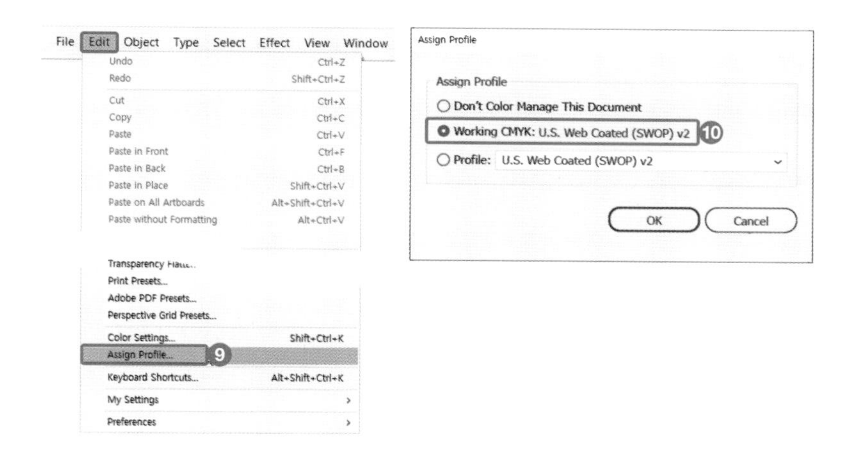

TIP [Working CMYK]란 [Edit]–[Color Settings] 메뉴에서 설정한 색상 프로파일을 의미합니다. 즉, 이 앱의 기본 색상 프로파일입니다.

02 파일에서 색상 프로파일 설정하기

파일이 열려있는 상태에서 ❶ [Edit]–[Assign Profile] 메뉴를 클릭합니다. ❷ [Profile : Japan Color 2001 Coated]로 선택합니다. ❸ [OK]를 클릭합니다. 색상 프로파일이 변경되었습니다.

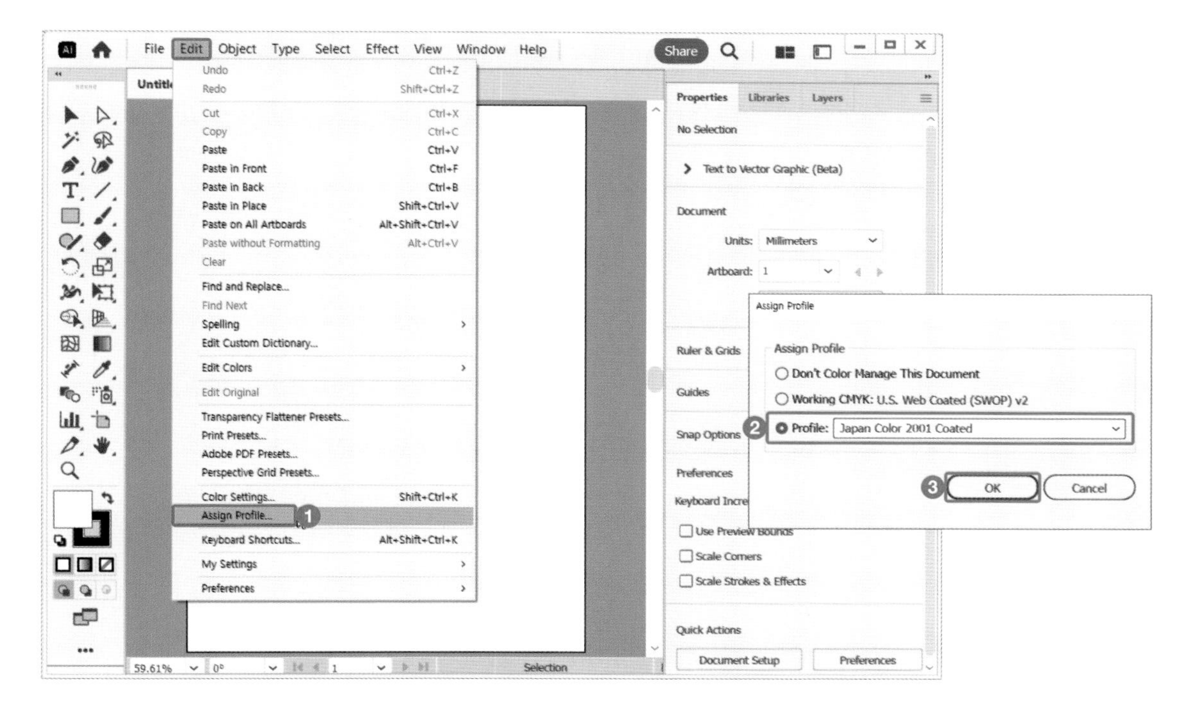

TIP [Profile]이란 [Edit]-[Color Settings]에서 설정한 기본 색상 프로파일을 사용하지 않고 다른 색상 프로파일을 사용하겠다는 의미입니다. 현재 이 앱의 기본 색상 프로파일은 [U.S. Web Coated (SWOP) v2]로 설정되어 있습니다. 그러나 이것을 사용하지 않아도 되며 [Profile]에서 다른 색상 프로파일을 사용할 수도 있습니다.

TIP 현재 열려있는 파일의 색상 프로파일이 무엇인지 헷갈린다면 [Assign Profile] 대화상자에서 선택된 색상 프로파일을 확인하면 됩니다.

빨간고래의 특별한 영상 강의 | 색상 프로파일 설정에 대해 자세히 알고 싶다면?

색상 프로파일의 설정에 대해 더욱 자세히 알고 싶다면 QR 코드를 스캔하여 학습합니다.

• **링크** | https://m.site.naver.com/1kfef

포토샵에서 색상 프로파일 설정하기

포토샵에서 인쇄용 색상 프로파일을 설정해보겠습니다.

01 앱의 색상 프로파일 설정하기

❶ [Edit]-[Color Settings] 메뉴를 클릭합니다. ❷ [Working Spaces]에서 [CMYK]-[U.S. Web Coated (SWOP) v2]로 설정합니다. ❸ [Preserve Embedded Profiles]이 선택되어 있는지 확인합니다. ❹ [OK]를 클릭합니다.

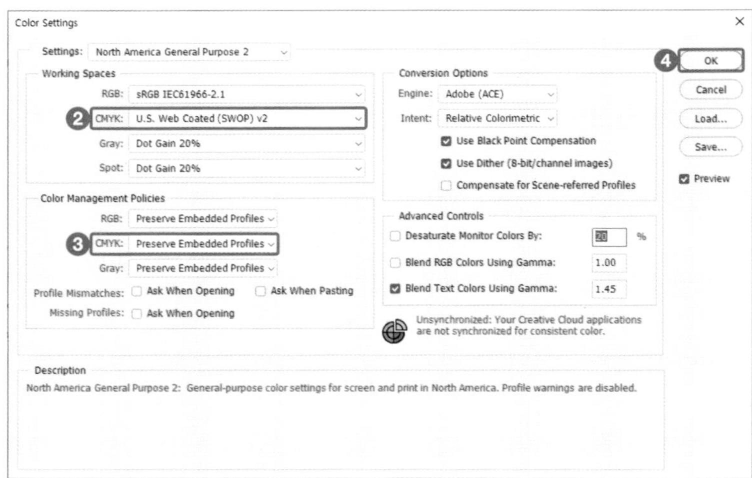

02 파일의 색상 프로파일 설정하기

❶ Ctrl + N 을 클릭합니다. ❷ [CMYK Mode]를 선택합니다. ❸ [Advanced Options]를 클릭하고 ❹ [Working CMYK: U.S. Web Coated (SWOP) v2]를 선택합니다. ❺ [Create]를 클릭합니다. 새 캔버스가 만들어집니다.

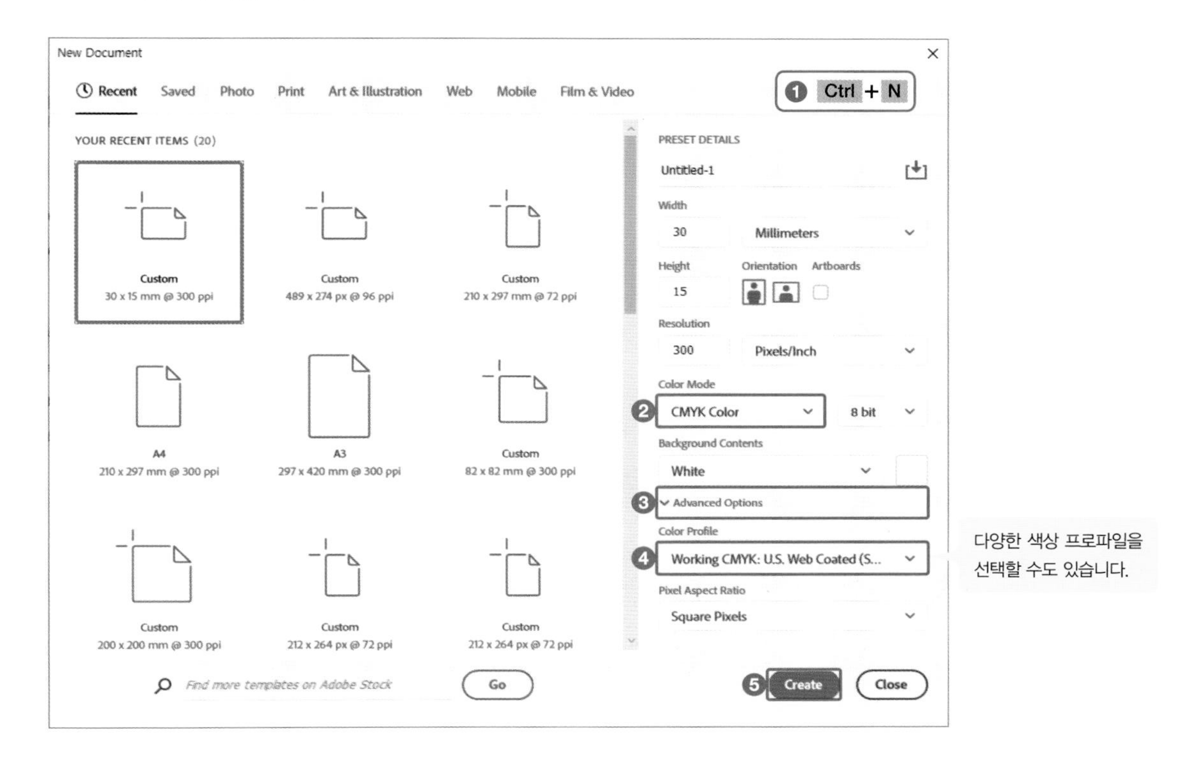

색상 프로파일을 확인해보겠습니다. ❻ [Edit]–[Assign Profile] 메뉴를 클릭합니다. ❼ [Working CMYK: U.S. Web Coated (SWOP) v2]에 선택된 것을 확인할 수 있습니다. ❽ [Cancel]를 클릭합니다.

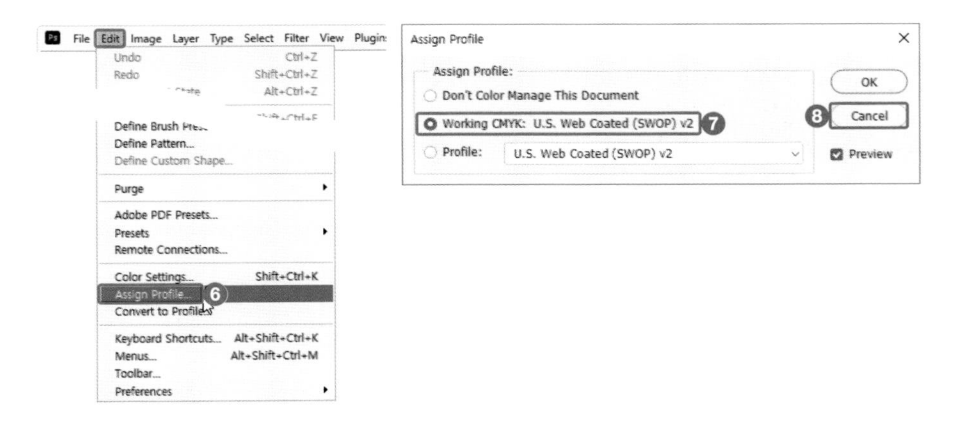

03 색상 프로파일 변경하기

❶ Ctrl + O 를 누르고 0색상프로파일_포토.psd 파일을 엽니다. ❷ [Edit]-[Convert to Profile...] 메뉴를 클릭합니다. ❸ 이 파일은 [Japan Color 2001 Coated]로 설정되어 있습니다. ❹ [Destination Space]를 [U.S. Web Coated (SWOP) v2]로 선택합니다. ❺ [OK]를 클릭합니다.

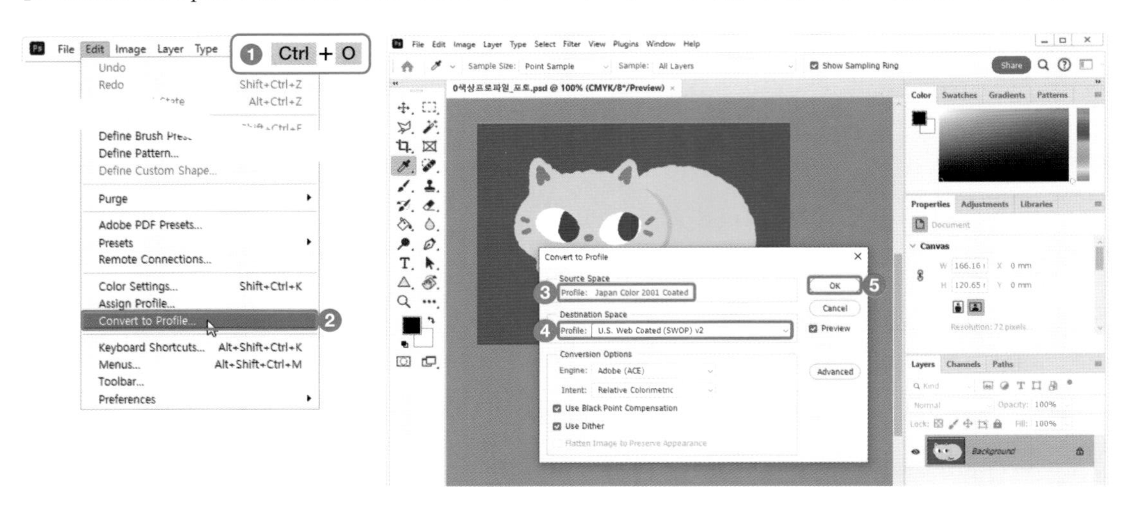

변경이 잘 되었는지 확인해보겠습니다. ❻ [Edit]-[Assign Profile] 메뉴를 클릭합니다. ❼ [Working CMYK: U.S. Web Coated (SWOP) v2]로 선택된 것을 확인할 수 있습니다. ❽ [Cancel]를 클릭합니다.

TIP 포토샵의 경우 [Edit]-[Assign Profile] 메뉴에서 색상 프로파일을 변경해도 됩니다. 그러나 캔버스에 있는 색상이 많이 달라집니다. [Edit]-[Convert to Profile] 메뉴에서 변경하면 색 손실을 최소화할 수 있습니다.

프로크리에이트

일러스트레이터와 포토샵에는 다양한 종류의 색상 프로파일이 내장되어 있습니다. 그러나 프로크리에이트는 어도비만큼 다양한 색상 프로파일을 지원하지 않습니다. 한국 실무에서 자주 사용하는 U.S. Web Coated (SWOP) v2도 없습니다. 프로크리에이트에 내장되어 있는 색상 프로파일로 인쇄 작업을 하다 보면 실물과 비교했을 때 색상 차이가 매우 큽니다. 그래서 인쇄용 색상 프로파일을 설치해야 합니다. 프로크리에이트 사용자라면 다음 방법대로 색상 프로파일을 설치합니다.

01 아이패드의 [카메라]로 아래의 ❶ QR 코드에 접속을 하거나 [사파리]에서 아래 [다운로드 주소]를 직접 입력해서 접속합니다. 어도비에서 제공하는 ICC 프로필 다운로드 페이지가 나타납니다. ❷ [ICC profile download for End Users]를 터치합니다.

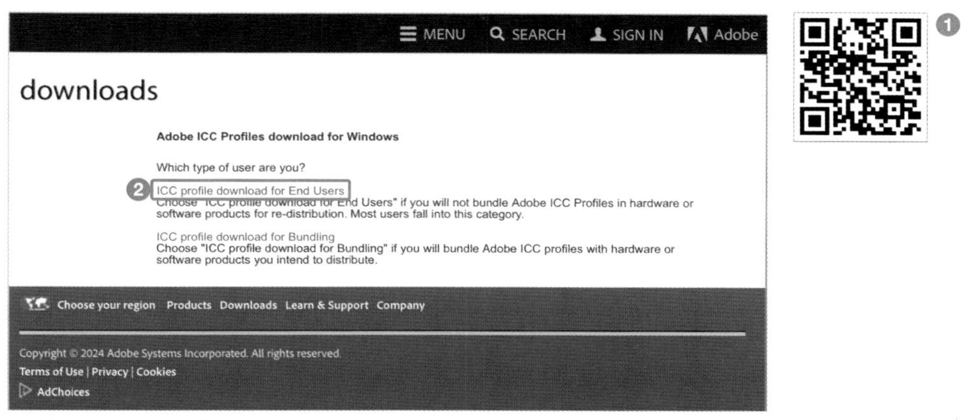

▲ 다운로드 주소: https://www.adobe.com/support/downloads/iccprofiles/iccprofiles_win.html

02 스크롤바를 내리고 페이지 하단에서 ❶ [Accept]를 터치합니다. ❷ [다운로드]를 터치합니다. ❸ 다운로드 항목을 터치합니다. ❹ 다운로드한 파일을 터치합니다.

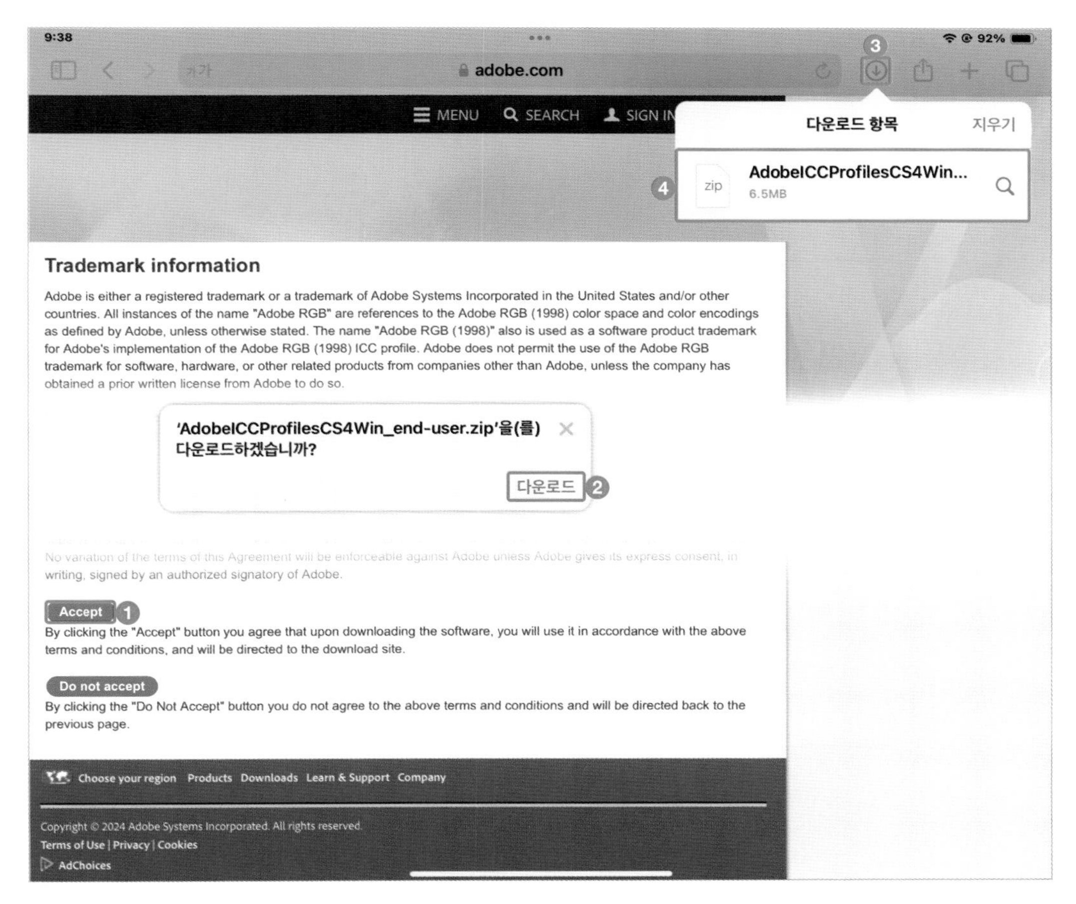

03 [파일 ▬]에서 다운로드한 zip 파일을 터치하여 압축을 해제합니다.

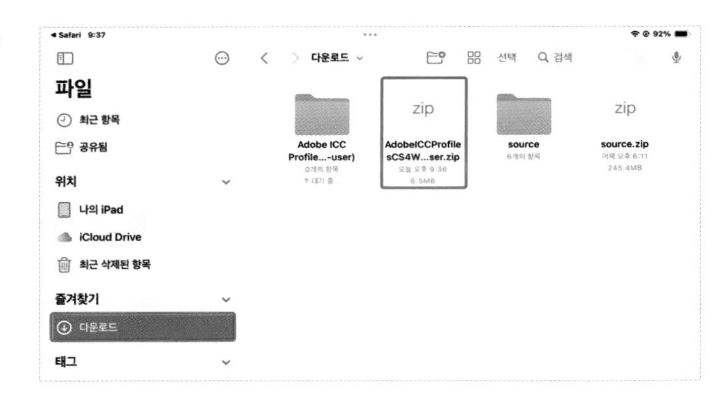

04 프로크리에이트를 실행합니다. 갤러리에서 ❶ [+]를 터치하고 ❷ [새로운 캔버스]를 터치합니다. ❸ [색상 프로필]을 선택하고 ❹ [CMYK]를 터치합니다. ❺ [가져오기]를 터치합니다.

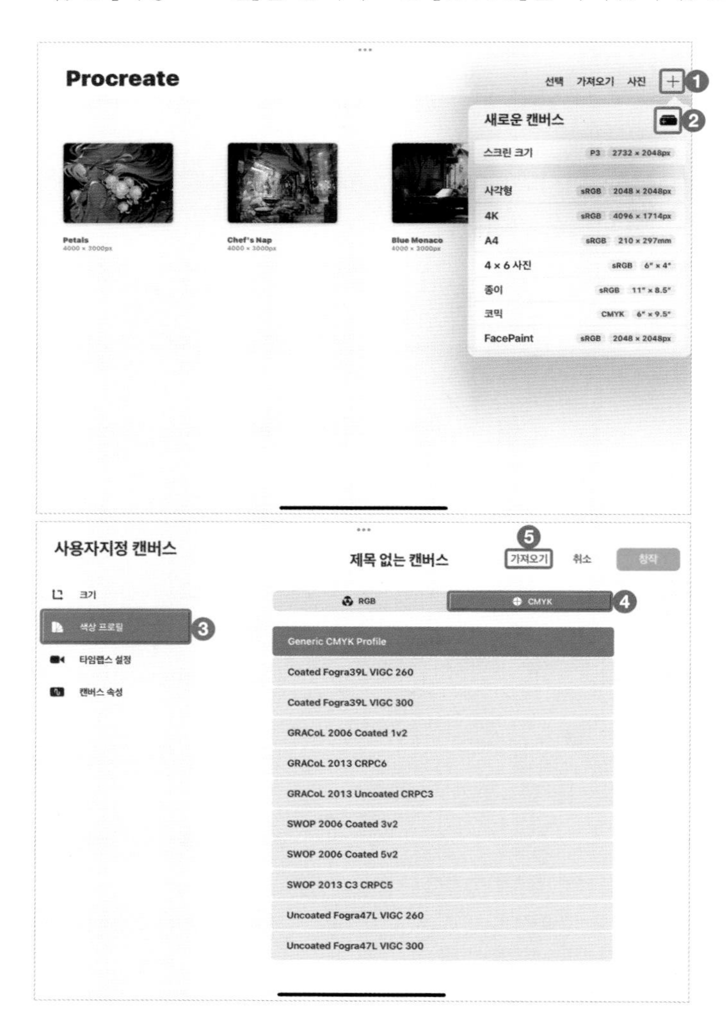

05 03에서 압축 해제한 ❶ 폴더를 터치하고 ❷ [CMYK] 폴더를 터치합니다. ❸ [USWebCoatedSWOP.icc] 파일을 선택하고 ❹ [열기]를 터치합니다.

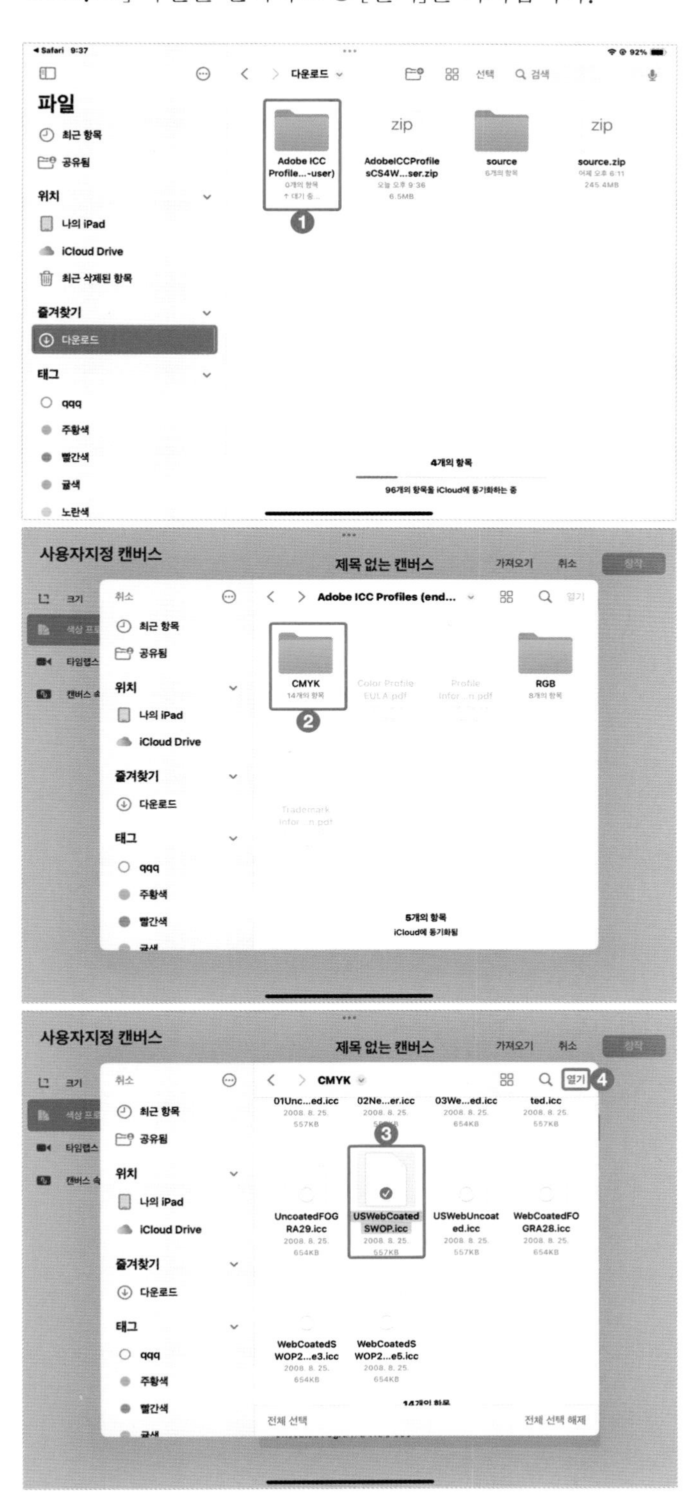

06 프로크리에이트가 다시 실행됩니다. ❶ 하단에 새로 추가된 [USWebCoatedSWOP]를 선택하고 ❷ [창작]을 터치합니다. [USWebCoatedSWOP.icc] 색상 프로파일로 설정된 새 캔버스가 열립니다.

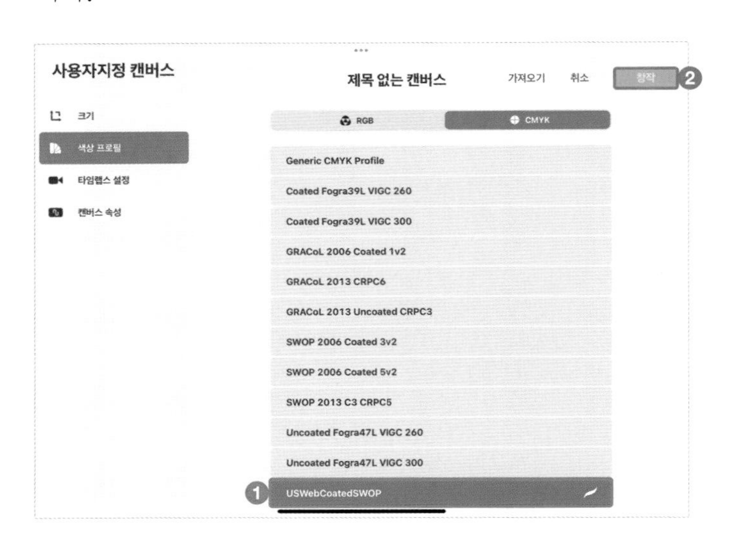

TIP 작업 도중 색상 프로파일 변경하는 방법

❶ [동작]-[캔버스]-[캔버스 정보]를 터치하고 ❷ [색상 프로필]을 터치합니다. ❸ [사용 가능한 색상 프로필]에서 색상 프로필 수정이 가능합니다.

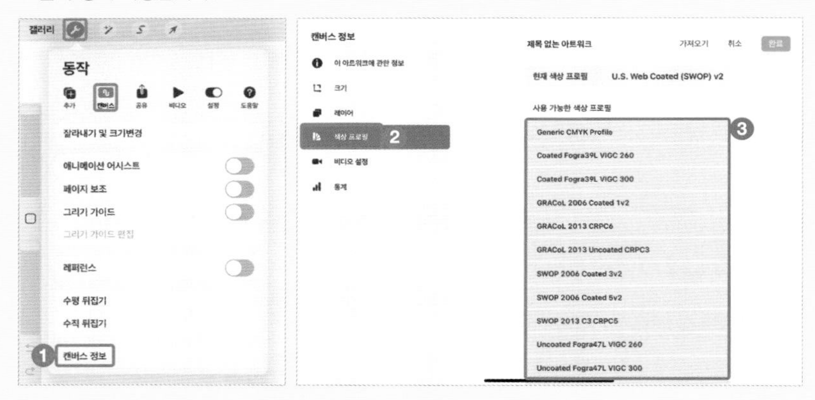

TIP 파일 이름이 달라요!

[USWebCoatedSWOP.icc] 파일과 [U.S Web Coated (SWOP) v2.icc]는 외부 파일 이름이 다를 뿐, 같은 색상 프로파일입니다.

TIP 아이패드 화면이 누렇게 보인다면?

[설정]-[디스플레이 및 밝기]에 들어가서 [밝기]를 최대한 밝게 설정합니다. [Night Shift]와 [True Tone]을 비활성화합니다.

03 LESSON 인쇄 관련 용어 익히기

비트맵과 벡터

비트맵과 벡터는 이미지가 만들어지는 방식입니다. 개념과 특징을 알아보겠습니다.

	비트맵 Bitmap	벡터 Vector
개념	비트맵이란 픽셀이라는 작은 정사각형이 모여 만들어진 이미지의 방식을 말합니다. 비트맵 이미지를 확대하면 픽셀 단위로 이뤄져 있으며 해상도에 따라 이미지의 품질이 달라집니다.	벡터란 수학적으로 계산하여 그려지는 이미지의 방식을 말합니다. 아무리 확대해도 깨지지 않고 깔끔합니다. 선으로 이뤄져 있으며 해상도의 개념이 없습니다.
특징	자연스러운 사진과 톤이 풍부한 그림을 표현할 수 있습니다.	깨끗하고 선명한 단색으로 표현할 수 있습니다.
확대	확대를 하면 이미지가 깨집니다.	확대해도 이미지가 깨지지 않습니다.
해당 앱	포토샵, 프로크리에이트	일러스트레이터

지원하는 파일	jpg, psd, png, procreate	ai
장점	풍부한 단계 표현이 가능합니다.	확대를 해도 이미지가 깨지지 않습니다.
단점	저해상도에서는 이미지의 품질이 낮습니다.	풍부한 단계 표현이 비트맵처럼 자연스럽지 않습니다.

RGB와 CMYK

컬러 모드는 RGB와 CMYK가 있습니다. 작업을 시작할 때 두 가지 중에서 하나를 선택해야 합니다. 두 개의 색감은 다릅니다. 전자기기의 화면에서 보는 것을 목적으로 한다면 RGB를 선택해야 하며, 인쇄를 목적으로 한다면 CMYK로 작업해야 합니다. 그러나 작업이 완료된 후에 컬러 모드를 바꿔야 하는 경우가 종종 발생합니다. 그런 경우에는 233쪽을 참고합니다.

RGB	CMYK
빨강(Red), 녹색(Green), 파랑(Blue)을 의미합니다. 이 세 가지 빛을 섞어서 여러 가지 색이 표현됩니다. 모니터, TV, 스마트폰처럼 전자기기에서 보여지는 화면은 모두 RGB입니다.	파란색(Cyan), 자주색(Magenta), 노란색(Yellow), 검은색(Black)을 의미합니다. 이 네 가지 색의 잉크를 섞어서 여러 가지 색이 표현됩니다. 주로 인쇄되어 나오는 인쇄물, 굿즈에 해당됩니다.
G R B	M K C Y

해상도

해상도란 1인치의 정사각형 안에 들어가는 픽셀의 개수가 몇 개인지를 표시한 것입니다. 쉽게 말해 이미지의 품질을 뜻합니다. 비트맵 이미지를 확대하면 작은 픽셀로 이루어져 있습니다.

예를 들어 300ppi란 1inch(2.54cm) 정사각형 안에 300×300=90,000개의 픽셀이 들어 있다는 뜻입니다. 픽셀의 개수가 적으면 저해상도, 많으면 고해상도입니다. 해상도가 높을수록 파일 용량이 커집니다. 주로 웹용은 72ppi, 인쇄용은 300ppi입니다. 해상도의 단위는 dpi와 ppi 두 가지가 있습니다. 두 단위가 완전히 똑같은 뜻은 아니나, 결과는 같아서 구분 없이 사용되고 있습니다. 예를 들어 300ppi와 300dpi는 같은 해상도입니다. 자세한 설명은 253쪽을 참고합니다.

04 LESSON 굿즈 제작 순서 알아보기

1. 아이템 정하고 제작 업체 선택하기

제일 먼저 어떤 아이템을 만들 것인지 정해야 합니다. 예를 들어서 '아크릴 키링'이라는 아이템을 선택했으면 그다음은 아크릴 키링을 잘 만들어줄 제작 업체를 찾아야 합니다. 044쪽을 참고하여 선택해도 좋고 인터넷 후기나 지인 추천으로 선택해도 좋습니다. 제작 업체 사이트에 접속해서 가격, 사이즈, 재질, 일정, 요구 사항 등을 읽어보고 나에게 맞는 업체를 선택합니다.

◀ 키링 제작 과정 영상(빨간고래 유튜브)

2. 사이즈와 가이드 확인하기

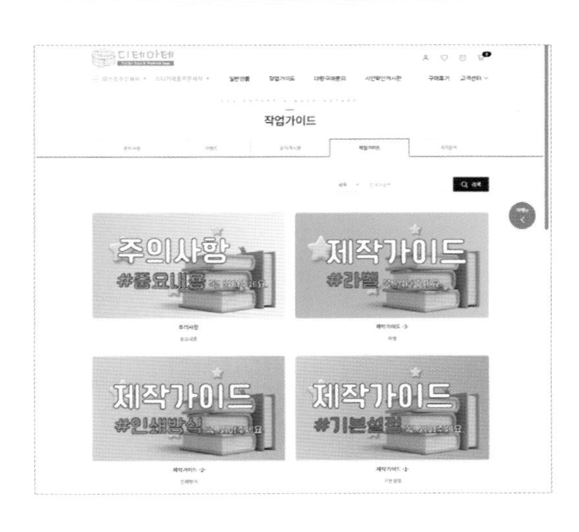

제작 업체 사이트에는 제작 가능한 사이즈와 가이드가 안내되어 있습니다. 사이즈에 맞추어서 제작을 해야 하므로 꼼꼼하게 읽어봅니다. 또 템플릿을 제공하는 곳도 있습니다. 템플릿을 활용하면 굿즈를 조금 더 쉽게 제작할 수 있습니다.

◀ 디테마테(마스킹 테이프 업체) 작업가이드

3. 주문 파일 만들기

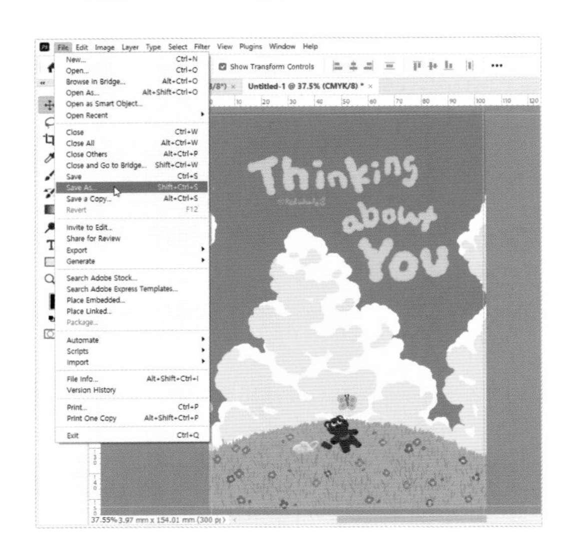

디자인을 하고 주문 파일을 만듭니다. 제작 업체의 가이드를 확인해야 합니다. 여백(도련)이 얼만큼 되는지, 칼선(재단선)은 어떻게 표시해서 보내야 하는지 등 가이드에 따라 만듭니다. 가이드가 없는 경우 궁금한 점은 직접 문의합니다.

◀ 제작 업체의 가이드에 맞춘 엽서 작업물

4. 주문하기

제작 업체의 사이트에 주문 파일을 업로드하고 결제합니다. 업로드 전에 220쪽을 참고하여 제작 업체에 파일을 넘기기 전 체크해야 할 사항들을 꼭 확인합니다. 본격적인 다량 주문 전에 소량 샘플 제작이 가능하다면 한두 개 정도 주문하여 색감, 품질을 확인해보면 좋습니다.

◀ 와우프레스에서 스티커를 주문하는 모습

5. 굿즈 제작

제작 소요 기간은 아이템, 업체마다 상이합니다. 이 책의 실습 과정에서 엽서, 원형 스티커를 주문했을 때 1일 소요되었고 씰 스티커, 마스킹 테이프는 1~2주 정도 소요되었습니다. 서울일러스트레이션페어처럼 큰 행사가 있는 시즌에는 많은 제작자들이 주문을 하기 때문에 시간적 여유를 갖고 주문하기를 권장합니다.

6. 검수하고 포장하기

제품은 택배 또는 직접 방문 수령합니다. 받은 후에는 수량, 파본을 체크합니다. 파본을 감안하여 주문한 수량보다 조금 더 많이 제작해주는 경우도 있습니다. 굿즈에 문제가 있는 경우 업체에 빠르게 연락하여 해결해야 합니다. 포장은 OPP, 박스, 에코 페이퍼 등 나에게 필요한 재료를 찾아봅니다. 필자의 경우 옛날에는 방산시장에서 직접 실물을 보고 구입했었는데, 이제는 공장 직영의 인터넷 판매처가 많아 인터넷으로 주문합니다. 네이버 쇼핑에서 인터넷 최저가로 알아보는 것이 효율적입니다.

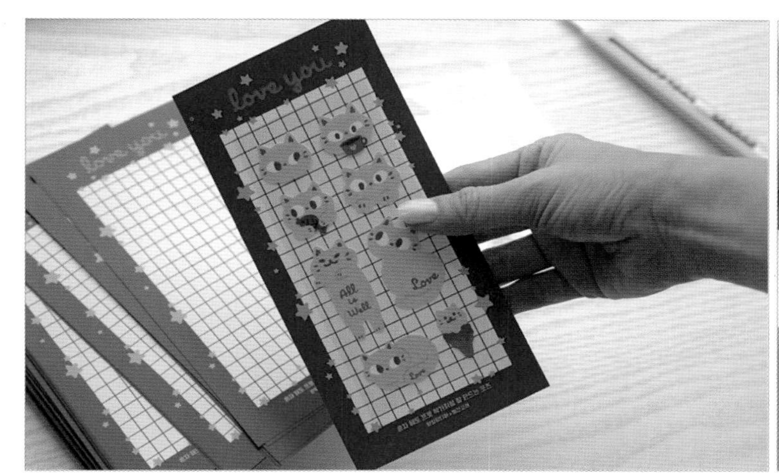

▲ 씰 스티커와 뒷대지를 합쳐서 포장하는 모습

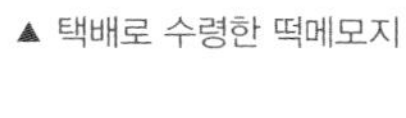

▲ 택배로 수령한 떡메모지

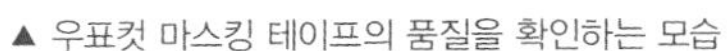

▲ 우표컷 마스킹 테이프의 품질을 확인하는 모습

▲ 쉬링크 포장된 마스킹 테이프

추천 제작 업체 리스트

국내 굿즈 제작 업체는 무수히 많습니다. 필자가 어느 정도 굿즈별로 제작 업체를 추려서 정리해보았습니다. 이외에도 다양한 업체가 있으니 참고합니다.

엽서, 포스터, 명함

- **애즈랜드** https://www.adsland.com
- **성원애드피아** http://www.swadpia.co.kr
- **와우 프레스** https://wowpress.co.kr
- **태산인디고** https://www.t-print.co.kr
- **레드프린팅 앤 프레스** https://www.redprinting.co.kr
- **로이 프린팅** https://www.roiprinting.co.kr

스티커

- **모다82** https://smartstore.naver.com/moda82
- **와우 프레스** https://wowpress.co.kr
- **애즈랜드** https://www.adsland.com
- **성원애드피아** http://www.swadpia.co.kr
- **킨스샵** https://smartstore.naver.com/kensshop
- **디테마테** https://smartstore.naver.com/assatape
- **레드프린팅 앤 프레스** https://www.redprinting.co.kr

마스킹 테이프

- **디테마테** https://detemate.co.kr
- **마테 스토리** https://www.matestory.com
- **드림 테이프** https://www.dreamtape.net

- **로이 프린팅** https://www.roiprinting.co.kr
- **아날로그지** https://analog-g.kr
- **아이러브 테이프** https://ilovetape.co.kr
- **이룸 테이프** https://2ruumtape.com
- **캐릭터 스토리** https://smartstore.naver.com/codebintl

폰 케이스 & 그립톡

- **커스텀랜드** https://www.customland.kr
- **마플** https://www.marpple.com
- **스냅스** https://www.snaps.com
- **케이스바이미** https://caseby.me
- **레드프린팅 앤 프레스** https://www.redprinting.co.kr
- **붐잉** https://smartstore.naver.com/booming
- **제이펙** https://jfack.com

에어팟/버즈 케이스

- **제이펙** https://jfack.com/
- **커스텀랜드** https://www.customland.kr
- **레드프린팅 앤 프레스** https://www.redprinting.co.kr
- **케이스바이미** https://caseby.me
- **모다82** https://smartstore.naver.com/moda82

떡메모지

- **와우프레스** https://wowpress.co.kr
- **성원애드피아** http://www.swadpia.co.kr
- **애즈랜드** https://www.adsland.com

현수막 & 보드 출력 & 배너 (실사 출력)

- **애드피아몰** https://adpiamall.com
- **애즈랜드** https://www.adsland.com

포토 카드

- **레드프린팅 앤 프레스** https://www.redprinting.co.kr
- **마플** https://www.marpple.com
- **애즈랜드** https://www.adsland.com

아크릴 키링 & 아크릴 굿즈

- **바스탄** https://smartstore.naver.com/glovesmall
- **휴앤고** https://hueandgo.com
- **올댓 프린팅** https://allthatprinting.co.kr
- **루아샵** https://www.ruashop.co.kr
- **애드피아몰** https://adpiamall.com
- **코알라디자인** https://koaladesign.co.kr
- **빔팩토리** https://smartstore.naver.com/beamfactory
- **캐릭터스토리** https://smartstore.naver.com/codebintl
- **올뉴마켓디자인** https://smartstore.naver.com/allnewsticker

에코백 & 파우치& 의류 (패브릭 굿즈)

- **지오스컴퍼니** http://www.giosbag.com
- **승화파트너스** http://www.sunghwapat.co.kr
- **마플** https://www.marpple.com
- **스냅스** https://www.snaps.com
- **유어팩토리** https://www.yourfactory.co.kr
- **케이스바이미** https://caseby.me
- **레드프린팅 앤 프레스** https://www.redprinting.co.kr

핀버튼 & 손거울

- **애드피아몰** https://adpiamall.com
- **루아샵** https://www.ruashop.co.kr

캘린더

- **오프린트미** https://www.ohprint.me
- **스냅스** https://www.snaps.com

컵 & 보틀

- **원브릿지** https://w-b.co.kr
- **드므** https://deumeu.co
- **담상닷컴** https://damsang.com
- **기프팅어스** https://giftingus.com
- **케이스바이미** https://caseby.me
- **레드프린팅 앤 프레스** https://www.redprinting.co.kr
- **디시위시** https://smartstore.naver.com/dishwish

배지

- **홍기금속** https://hongki.co.kr
- **러브뱃지** https://lovebadge.kr
- **세모굿** https://saemogood.com/main

제본 & 책

- **덕화제책사** http://www.dhprinting.net
- **태산인디고** https://www.t-print.co.kr

컵 홀더

- **카페마켓 도토리** http://dotori.coffee

자수 와펜

- **대한마크** http://koreamark.co.kr

실링 스탬프

- **씰하우스** http://sealhouse.co.kr

타투 스티커

- **타투베이스** https://tattoobase.co.kr

금・은박 스크래치 쿠폰, 복권

- **모다82** https://smartstore.naver.com/moda82

PVC 지비츠 코스터

- **모다82** https://smartstore.naver.com/moda82

PART 02

굿즈 제작하고 발주하기

LESSON 01.

엽서 만들기

LESSON 02.

원형 스티커 만들기

LESSON 03.

씰 스티커 만들기

LESSON 04.

마스킹 테이프 만들기

LESSON 05.

우표컷 마스킹 테이프 만들기

LESSON 06.

떡메모지 만들기

LESSON 07.

폰 케이스 만들기

LESSON 08.

아크릴 키링 만들기

LESSON 09.

투명 포토 카드 만들기

01 LESSON 엽서 만들기

굿즈 미리 보기

준비 파일 | 1엽서_준비앞면.procreate / 1엽서_준비뒷면.procreate
1엽서_준비앞면.psd / 1엽서_준비뒷면.psd

완성 파일 | 1엽서_완성앞면.psd / 1엽서_완성뒷면.psd

제작 업체 | 성원애드피아 https://www.swadpia.co.kr

엽서는 인기가 매우 많은 굿즈입니다. 제작하기가 쉽고 저렴합니다. 또 부피가 작아서 보관도 용이한 편입니다. 이번에 엽서 만들기를 잘 학습해두면 추후에 낱장 종이에 인쇄하는 굿즈에 모두 응용할 수 있습니다. 즉, 포스터, 명함, 상품권 등은 사이즈만 다르고 엽서와 제작 방식이 같습니다.

업체 선정 후 사이즈 확인하기

성원애드피아에 접속해서 우리가 만들고자 하는 엽서 사이즈를 확인해보겠습니다. https://www.swadpia.co.kr에 접속합니다. ❶ [디지털인쇄(인디고/토너)]를 클릭하고 ❷ [디지털(인디고 인쇄)]-[디지털엽서/상품권]을 클릭합니다. ❸ [직접 입력]을 클릭합니다. ❹ [재단사이즈]에 **102×152mm**를 입력하고 Enter 를 누릅니다. ❺ [작업사이즈]가 **104×154mm**로 바뀝니다. [재단사이즈]에 비해 [작업사이즈]가 커졌습니다.

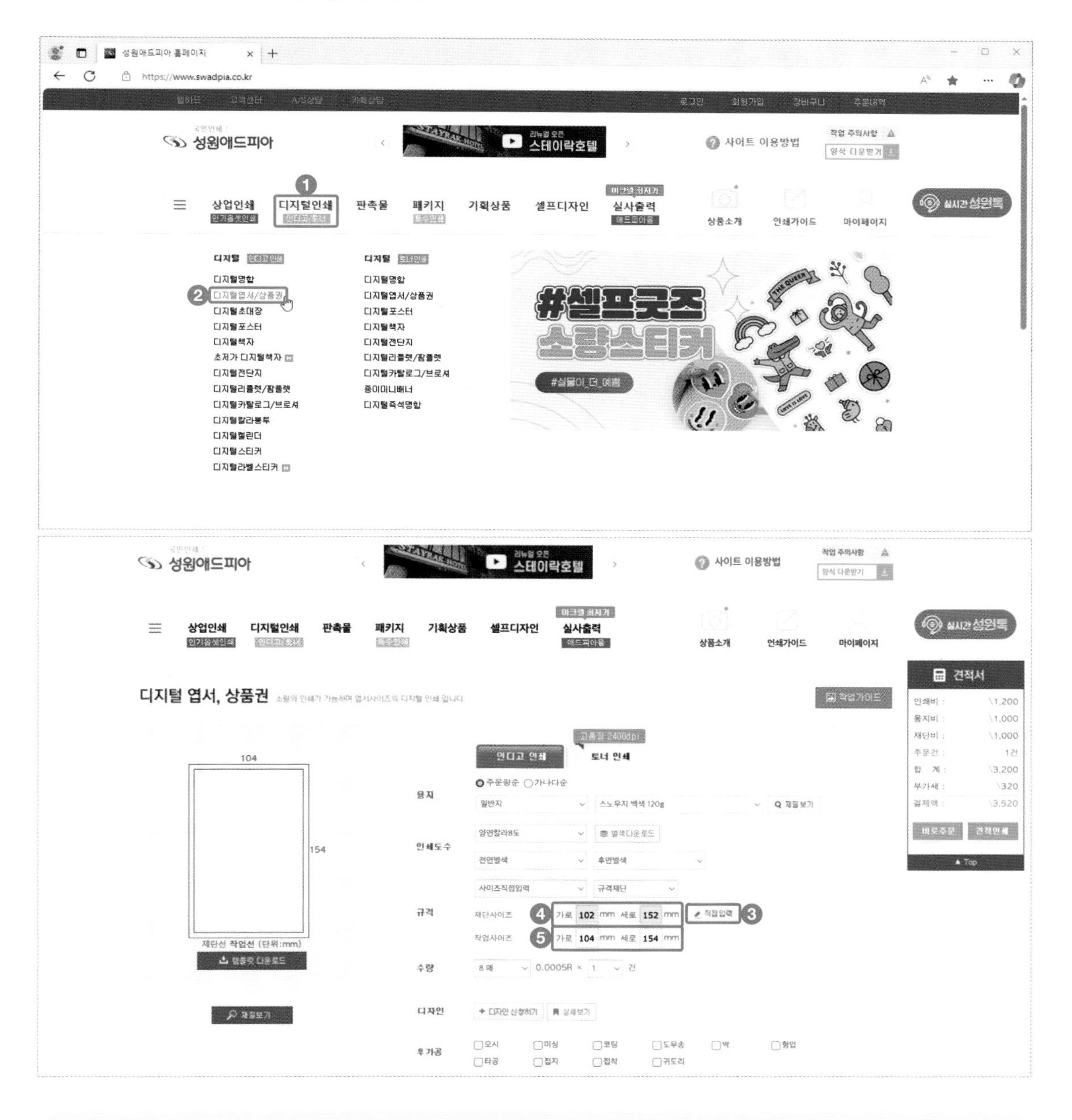

TIP [재단사이즈]란 엽서의 실물 사이즈이고 [작업사이즈]란 업체에 보내야 할 주문 파일의 사이즈입니다.

우리가 인쇄 업체에 엽서 파일을 넘기면 업체에서는 큰 종이에 여러 개의 엽서를 나열해서 인쇄한 다음에 재단기로 잘라냅니다. 재단 시에 용지의 위치가 약간 밀릴 수 있기 때문에 실제 크기보다 조금 더 크게 작업을 해야 합니다. 얼마나 더 크게 해야 하는지는 제작 업체마다 다릅니다. 우리가 성원애드피아 사이트에서 확인했던 것처럼 제작 전에 사이즈 확인이 꼭 필요합니다. 성원애드피아의 경우, 실제 엽서 사이즈보다 상하좌우로 1mm씩 더 크게 작업을 한 다음 주문해야 합니다.

▲ 큰 종이에 여러 개의 엽서를 인쇄한 다음 재단기로 잘라냅니다. 재단기의 칼날이 내려오면서 종이가 잘려나갑니다.

▲ 오른쪽 비정상의 경우 외곽에 흰색 면이 보입니다. 왜냐하면 칼날이 내려올 때 종이가 밀려서 재단이 이렇게 될 수 있습니다. 종이가 밀리면 인쇄되지 않은 흰 면이 보이게 되므로 실제 사이즈보다 약간 더 크게 작업을 해야 합니다.

TIP **도련이란?**

재단선보다 더 크게 하는 여유분을 도련(Bleed)이라고 부릅니다. 보통 도련값은 1~3mm 사이입니다. 성원애드피아에서 엽서를 주문하는 경우 도련값은 1mm입니다.

빨간고래의 실무 꿀팁

빠르고 저렴한 업체, 성원애드피아

성원애드피아는 규모가 큰 업체로 충무로의 '공룡'이라는 별명을 가지고 있습니다. 장점은 가격이 매우 저렴하며 종이의 종류도 다양합니다. 또 주문하고 나서 진행 상황을 사이트에서 확인할 수 있습니다. 지금 주문하는 엽서처럼, 후가공이 들어가지 않는 인디고 인쇄의 경우 일정 품질이 유지되며 매우 저렴하다는 큰 장점이 있습니다. 간혹 인쇄 품질에 차이가 날 수 있다는 점은 염두에 두어야 합니다. 성원애드피아에서 가능한 인쇄 방식에는 옵셋/인디고/토너가 있습니다. 세 가지 인쇄 방식의 차이점은 250쪽을 참고해주세요.

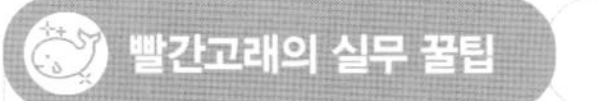

빨간고래의 실무 꿀팁 엽서 사이즈를 정하는 방법

엽서의 사이즈는 보통 100×148mm 내외입니다. 원래 엽서의 용도는 짧은 글을 써서 우편으로 발송하는 것이었지만 이러한 고유 기능이 사라진 지 오래되었습니다. 요즘에는 엽서로 인테리어를 하거나 인쇄된 그림을 소장하기 위해서 구매하는 경우가 많습니다. 그래서 엽서를 사진 액자에 넣을 수 있도록 사진 인화 사이즈로 제작하는 것도 좋은 방법입니다. 본 예제에서는 4×6인치(102×152mm) 사이즈로 제작하겠습니다.

▲ 빨간고래는 빅 사이즈(139x190mm)로 제작합니다. 사이즈가 클수록 제작 단가가 비싸지지만 그림이 시원시원하게 잘 보여서 작은 사이즈로 제작했을 때보다 반응이 훨씬 더 좋았습니다.

▲ 전시회에서 구매한 빅 사이즈의 명화 엽서입니다. 좋아하는 명화를 인쇄된 종이로 소장할 수 있습니다.

주문 파일 만들기

RGB 파일을 CMYK로 바꾸어 인쇄소에 넘길 주문 파일을 만들어보겠습니다. 먼저 프로크리에이트에서 그린 그림을 포토샵으로 불러와서 작업을 해보겠습니다. 프로크리에이트 사용자가 아니라면 01~03은 생략하고 04부터 시작합니다.

01 프로크리에이트를 실행합니다. 갤러리에서 ❶ [가져오기]를 터치하고 ❷ **1엽서_준비앞면.procreate** 파일을 엽니다. ❸ [동작]–[공유]–[PSD]를 터치합니다.

02 내보낼 수 있는 방법은 여러 가지입니다. 여기서는 카카오톡으로 하겠습니다. 카카오톡을 터치합니다.

TIP 맥OS 사용자의 경우 ⓐ AirDrop을 이용합니다. 또는 ⓑ [파일에 저장]을 선택해도 좋습니다. 그럼 내 아이패드에 있는 [파일]에 저장됩니다. [파일]에 저장해놓고 메일이나 다른 앱으로 옮겨도 좋습니다.

03 ❶ 내 프로필을 선택하고 ❷ [다음]을 터치합니다. ❸ [확인]을 터치합니다. ❹ PC에서 카카오톡을 실행하고 파일을 다운로드합니다.

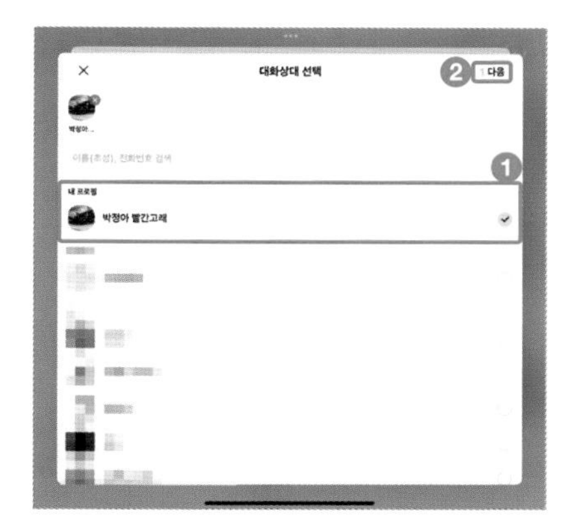

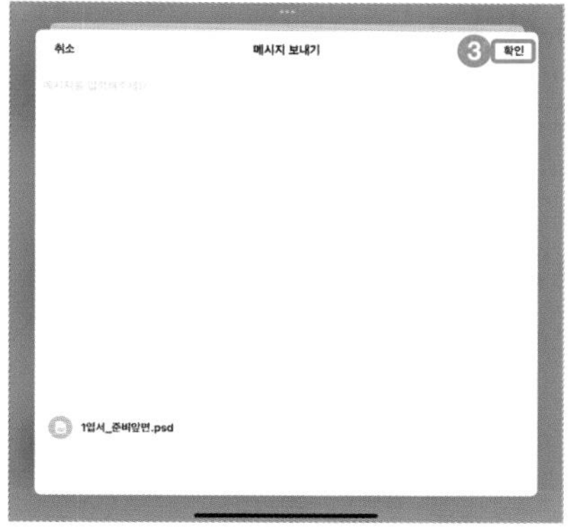

TIP **카카오톡으로 파일 전송 시 사진 화질에 유의하세요!**

카카오톡의 사진 화질을 확인해야 합니다. 사진 화질이 저용량이나 일반 화질로 선택되어 있다면 낮은 화질로 변환되어 파일이 전송되기 때문에 꼭 원본으로 설정해야 합니다. 카카오톡에서 ❶ ⚙를 터치하고 ❷ [전체 설정]을 터치합니다. ❸ [채팅]을 선택하고 ❹ [사진 화질]을 [원본]으로 선택합니다.

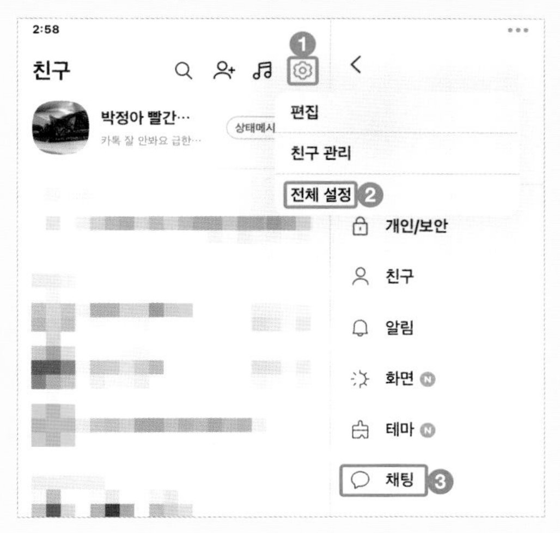

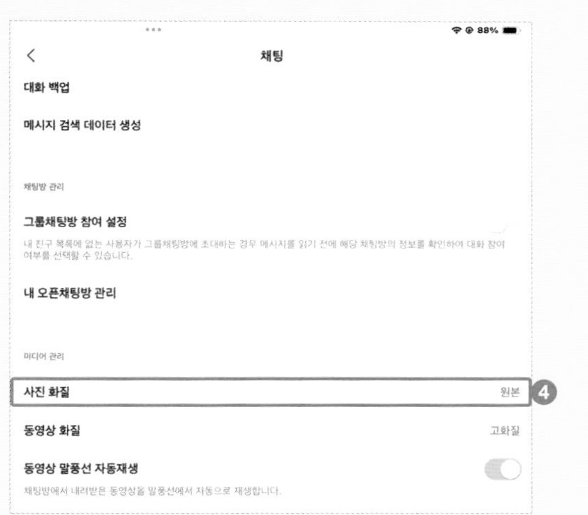

04 포토샵을 실행합니다. ❶ Ctrl + O 를 누르고 앞 단계에서 저장한 파일을 엽니다. 프로크리에이트 사용자가 아니라면 **1엽서_준비앞면.psd** 파일을 엽니다. ❷ 지금 파일은 RGB 모드이며 엽서 사이즈도 아닙니다. CMYK로 된 주문 파일을 만들어보겠습니다.

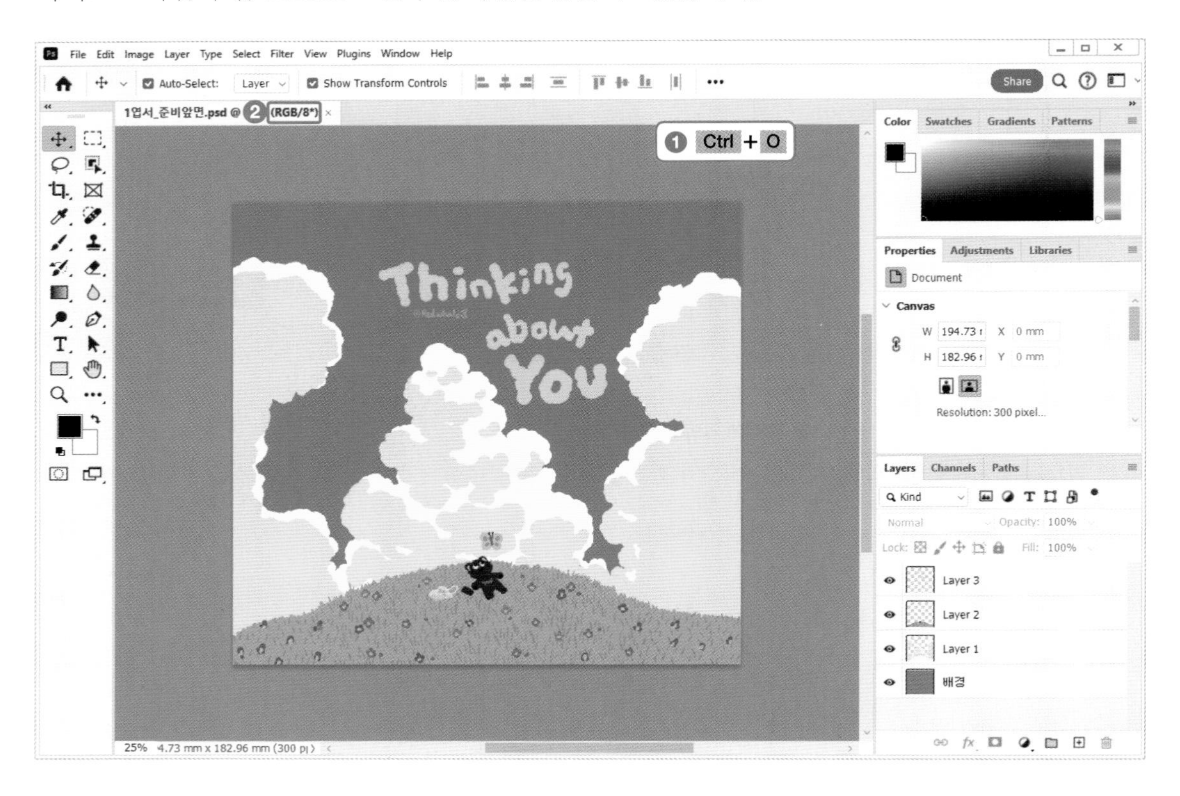

05 ❶ Ctrl + N 을 누릅니다. ❷ [Width(가로)]는 **104mm**, [Height(세로)]는 **154mm**, [Resolution(해상도)]는 **300Pixels/Inch**, [색상(Color Mode) 모드]는 [CMYK Color] 등 이미지와 동일하게 옵션을 설정합니다. ❸ [Create]를 클릭합니다. ❹ 104×154mm 사이즈의 캔버스가 만들어졌습니다. 지금 이 캔버스는 실제 엽서의 사이즈보다 큰 사이즈입니다. 실제 엽서 사이즈가 얼마나 되는지 안내선으로 표시해보겠습니다.

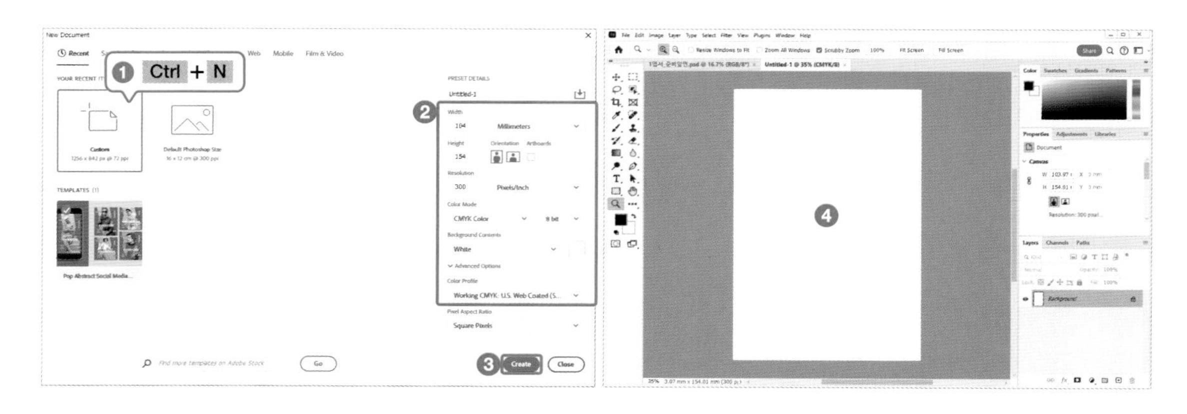

06 ❶ Ctrl + R 을 누릅니다. ❷ 캔버스 외곽에 룰러가 나타납니다. ❸ 룰러 위에서 마우스 오른쪽 버튼을 클릭하고 [Milimeters]를 선택합니다.

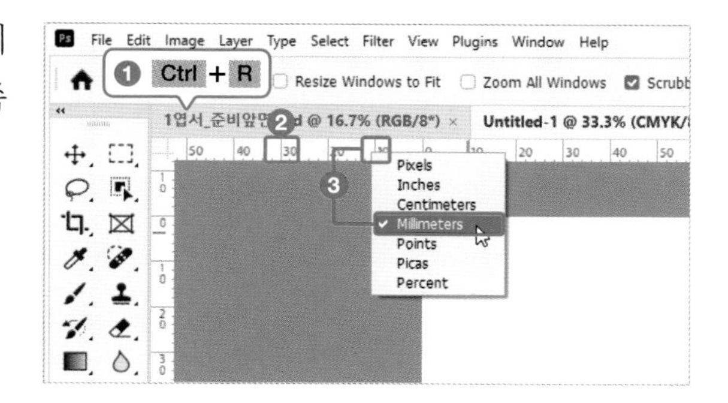

07 돋보기 도구 로 왼쪽 모서리를 드래그하여 최대한 크게 확대합니다.

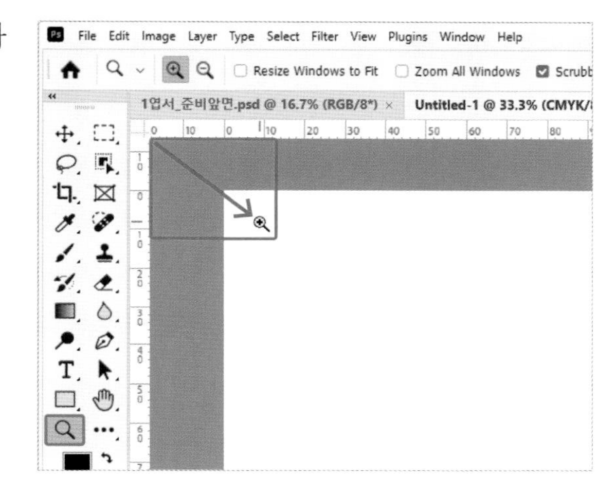

08 ❶ 이동 도구 를 클릭합니다. ❷ 왼쪽 룰러를 오른쪽으로 드래그하여 안내선을 1이 되는 위치에 놓습니다. ❸ 같은 방법으로 위쪽 룰러를 아래쪽으로 드래그하여 1이 되는 위치에 놓습니다.

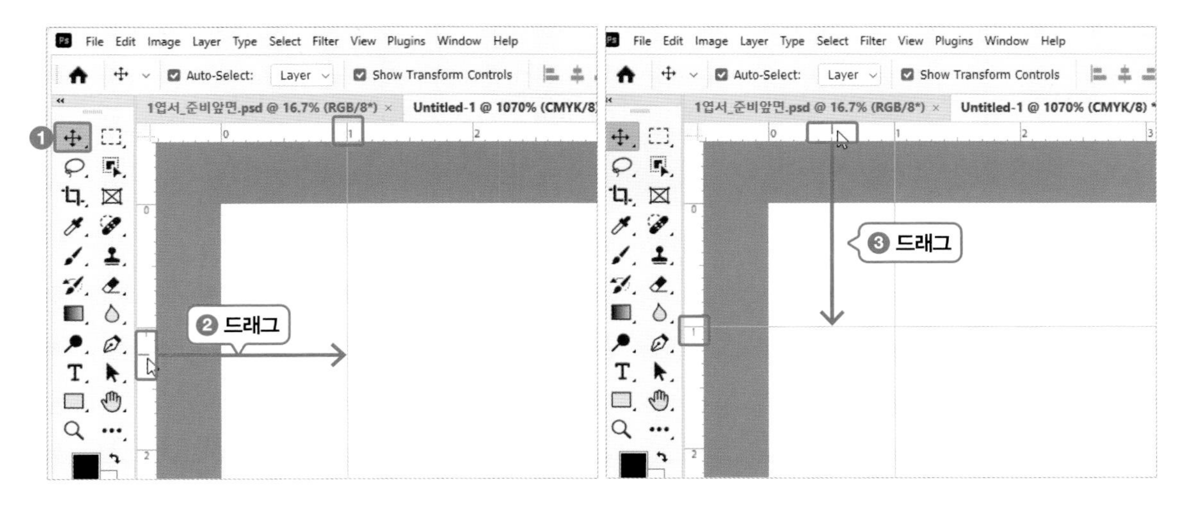

09 ❶ Ctrl + 0 을 누릅니다. 캔버스가 한눈에 다 보입니다. ❷ 같은 방법으로 오른쪽 하단 모서리도 1mm씩 안쪽에 안내선을 놓습니다. 이 안내선 사이즈대로 엽서가 제작됩니다. 안내선 밖의 영역은 삭제되는 영역임을 숙지합니다.

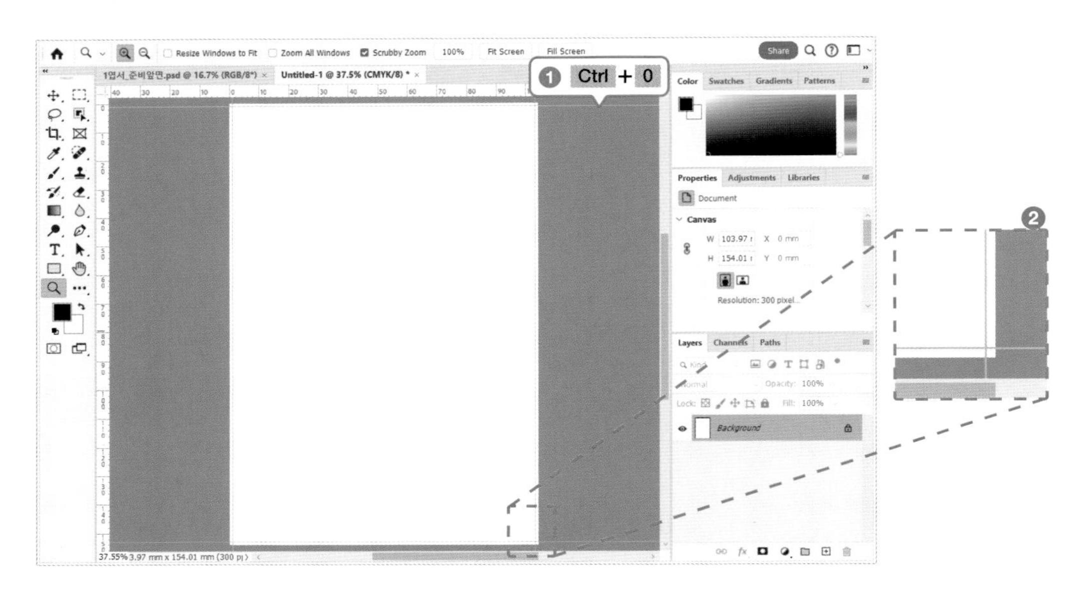

TIP Ctrl + 0 은 캔버스 사이즈를 화면에 꽉 맞추어 한눈에 보일 수 있게 정렬하는 단축키입니다.

10 ❶ [1엽서_준비앞면.psd] 탭을 클릭합니다. ❷ 레이어가 네 개로 분리되어 있는 상태입니다. 모두 합쳐서 새로 만든 캔버스로 옮기겠습니다. ❸ Ctrl + A 를 눌러 전체 선택합니다. ❹ Ctrl + Shift + C 를 누릅니다.

TIP Ctrl + Shift + C 는 [Edit]-[Copy Merged]의 단축키입니다. 모든 레이어가 다 복제됩니다.

11 ❶ [Untitle-1] 탭을 클릭하고 ❷ Ctrl + V 를 눌러 붙여 넣습니다. ❸ Ctrl + T 를 누르고 적당한 사이즈가 되도록 사이즈를 줄입니다. ❹ Enter를 누릅니다.

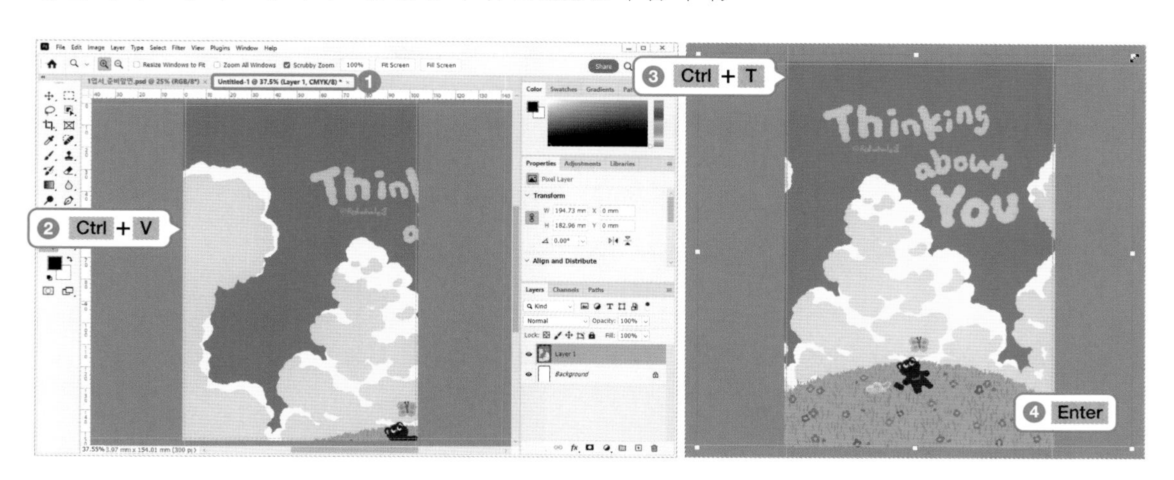

TIP Ctrl + T 는 [Edit]–[Free Transform]의 단축키입니다. Ctrl + T 를 눌러 이동, 크기, 회전을 수정할 수 있습니다.

12 RGB의 그림을 CMYK로 옮기면 채도와 명도가 약간 내려갑니다. 원래 색상을 표현할 수 있게 수정해보겠습니다. [Layers] 패널에서 ❶ [Layer 1]을 클릭합니다. ❷ Ctrl + U 를 누릅니다. ❸ [Saturation]을 **10**으로 설정하고 ❹ [OK]를 클릭합니다. 채도가 약간 올라갔습니다.

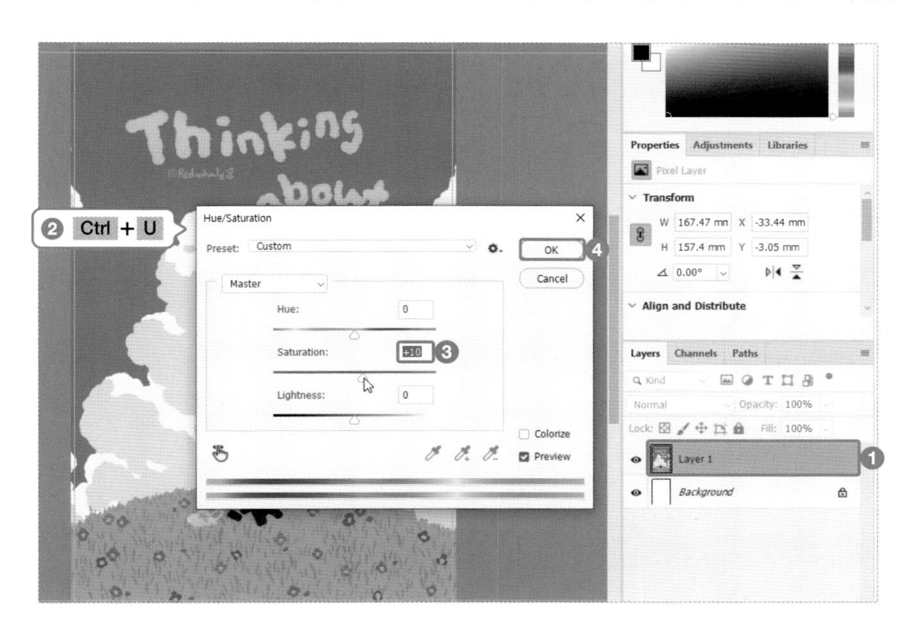

13 ❶ Ctrl + M 을 누릅니다. ❷ 그래프의 가운데를 아래쪽으로 살짝 내립니다. ❸ [OK]를 클릭합니다. 명도가 약간 올라갔습니다.

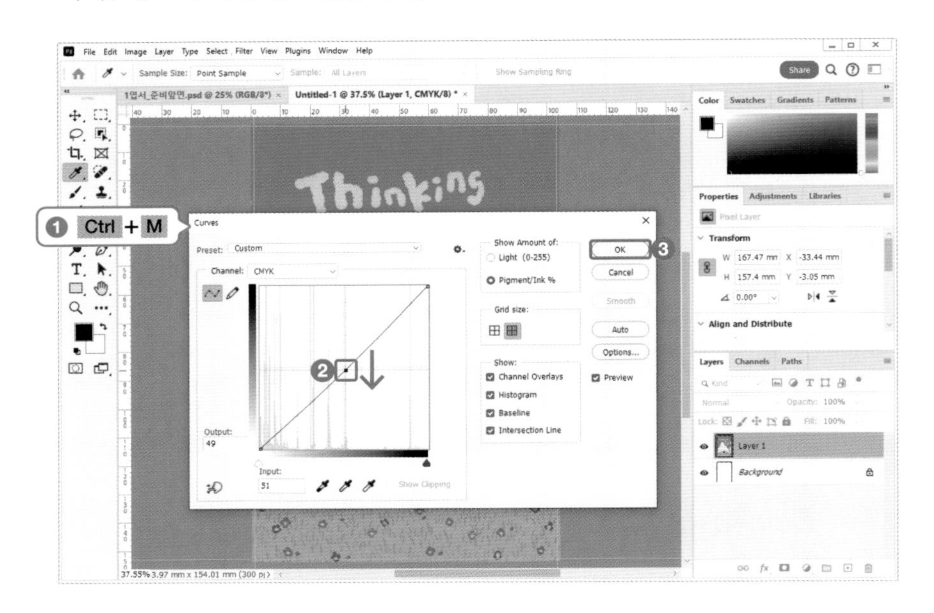

14 [Layers] 패널에서 ❶ ≡ 를 클릭하고 ❷ [Flatten Image(배경으로 이미지 병합)]를 선택합니다. 모든 레이어가 합쳐집니다.

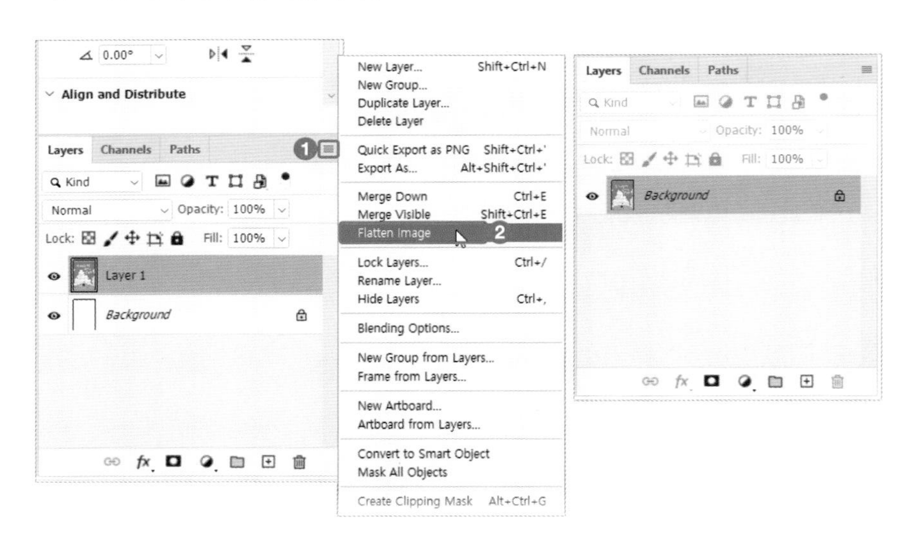

TIP 성원애드피아 가이드에 따르면 PSD로 접수하는 경우 모든 레이어를 합쳐서 주문해야 합니다. 성원애드피아뿐만 아니라 다른 인쇄소에 보낼 때에도 마찬가지입니다. PSD 파일을 인쇄소에 보낼 때에는 모든 레이어를 합쳐서 보내는 것을 권장합니다.

15 완성입니다. 마지막으로 포맷 확인을 하겠습니다. ❶ [Image]–[Image Size]를 클릭합니다. ❷ 단위를 확인하겠습니다. [Width(가로)]는 104mm, [Height(세로)]는 154mm를 확인합니다(소수점 뒷자리는 모두 반올림). ❸ [Resolution(해상도)]는 300Pixels/Inch를 확인합니다. ❹ [Cancel]을 클릭합니다. ❺ 파일 탭에서 색상 모드가 [CMYK]임을 확인합니다. ❻ [Edit]–[Assign Profile]을 클릭합니다. ❼ [U.S Web Coated (SWOP) V2]에 선택되어 있음을 확인합니다. ❽ [Cancel]을 클릭합니다.

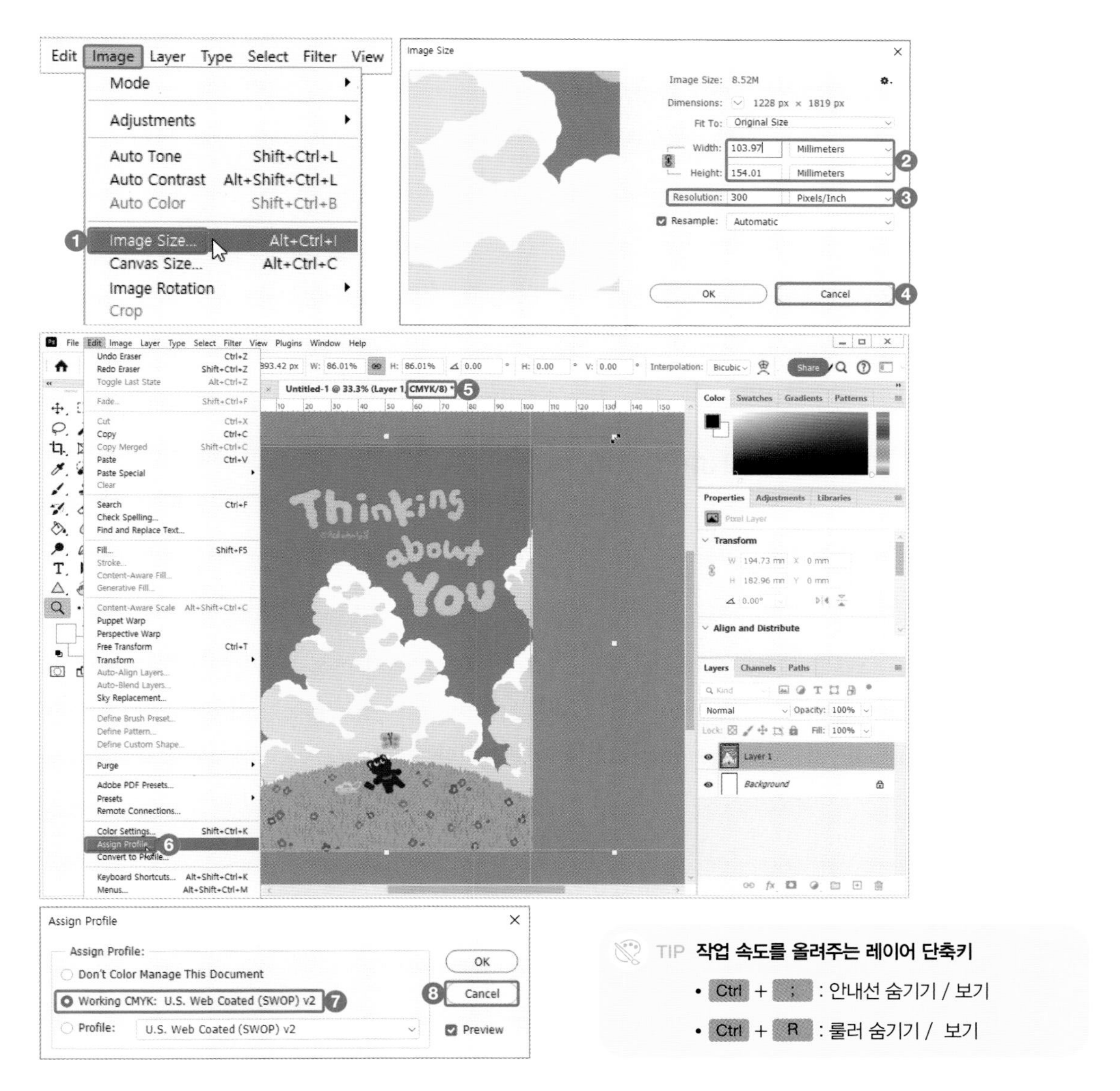

TIP **작업 속도를 올려주는 레이어 단축키**

- Ctrl + ; : 안내선 숨기기 / 보기
- Ctrl + R : 룰러 숨기기 / 보기

TIP 주문 파일을 보내기 전에 필수로 확인해야 할 사항은 220쪽을 참고합니다.

16 ❶ [File]-[Save As]를 클릭합니다. ❷ 파일 형식은 [PSD]를 선택합니다. ❸ 파일 이름은 받는 사람이 알아보기 쉽도록 주문자의 이름을 입력합니다. ❹ [저장]을 클릭합니다.

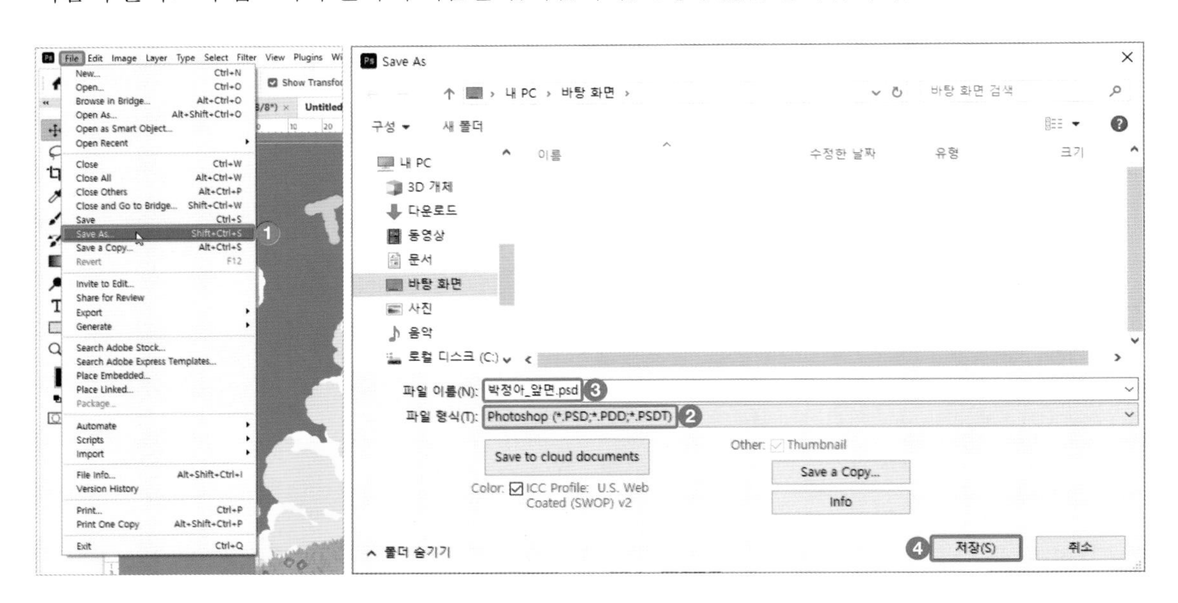

빨간고래의 실무 꿀팁 PDF나 JPEG로 저장하면 안 되나요?

PDF, JPEG도 물론 가능합니다. 저장 방법을 알아보겠습니다.

❶ PDF로 저장하는 방법

① [File]-[Save As]를 클릭하고 ② 파일 형식을 [PDF]로 선택한 다음 ③ [저장]을 클릭합니다. ④ [Save Adobe PDF] 대화상자에서 [Adobe PDF Preset]-[Press Quality]를 선택합니다. ⑤ [Compatibility]-[Acrobat 6 (PDF1.5)]를 선택합니다. ⑥ [Preserve Photoshop Editing Capabilities(편집 기능 보존)]은 체크를 해제합니다. ⑦ [Save PDF]를 클릭하면 PDF 파일로 저장됩니다.

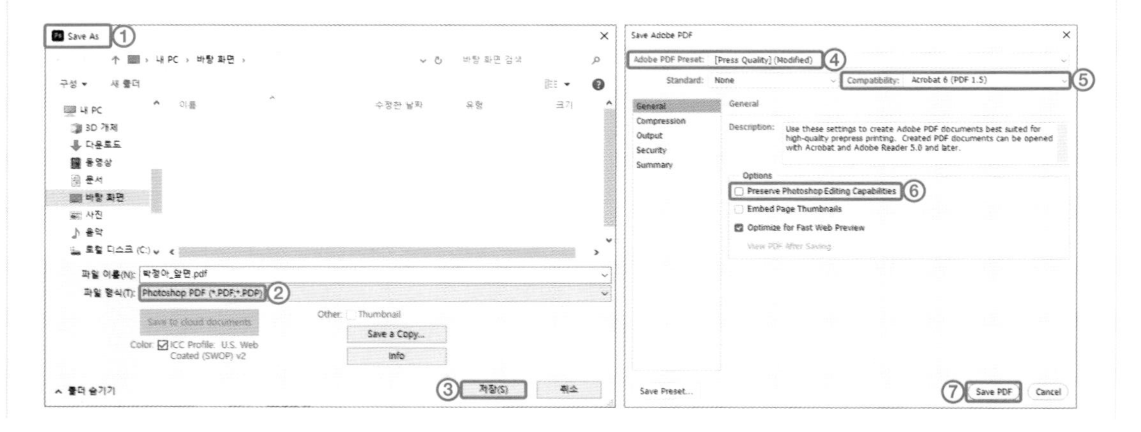

여기서 [Preserve Photoshop Editing Capabilities(편집 기능 보존)] 체크를 해제해야 하는 이유에 대해 궁금하시죠? 이 PDF 파일을 포토샵에서 다시 열었을 경우 포토샵에서 편집이 용이하도록 데이터를 남긴다는 뜻입니다. 지금 우리가 인쇄소에 보내는 PDF 파일은 인쇄소에서 재편집을 해야 할 이유가 없으니 체크를 안 해도 되고 해제하면 용량을 줄일 수 있습니다. 또 이 항목에 체크를 하고 저장하면 CS2 이하 버전에서 열었을 때 오류가 나기 때문에 주의해야 합니다.

보통 인쇄소에서 재편집을 할 필요가 없는 경우 체크를 해제해서 보내도 되지만 반대로 체크해서 주문해야 하는 경우도 있습니다. 체크해야 하는 경우에는 업체의 가이드에 안내되어 있습니다.

- Embed Page Thumbnails : 페이지 축소판 포함 이 파일의 축소판 이미지를 만듭니다.
- Optimize for Fast Web Preview : PDF 파일을 웹브라우저에서 더 빨리 볼 수 있도록 최적화합니다.

❷ JPEG로 저장하는 방법

① [File]–[Save a Copy]를 클릭하고 ② 파일 형식을 [JPEG]로 선택한 다음 ③ [저장]을 클릭합니다. ④ [Quality]는 **12** Maximum으로 한 후 ⑤ [OK]를 클릭합니다.

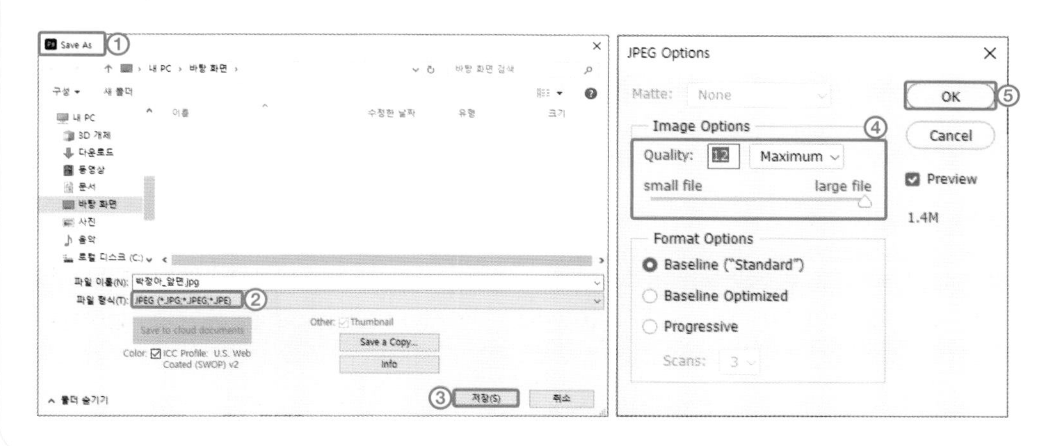

17 같은 방법으로 뒷면도 주문 파일을 만들어 저장합니다. 저장한 앞면 파일과 뒷면 파일을 같이 선택하고 압축 파일로 만듭니다.

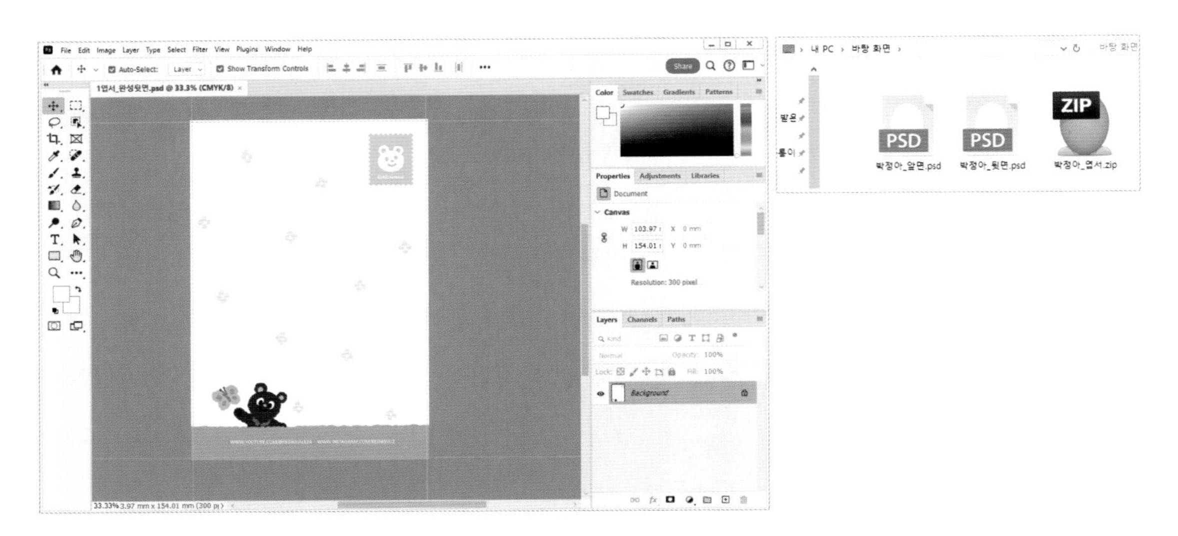

주문하기

18 성원애드피아에 접속한 후 로그인합니다. ❶ [디지털인쇄(인디고/토너)]를 클릭하고 ❷ [디지털(인디고 인쇄)]–[디지털엽서/상품권]을 선택합니다.

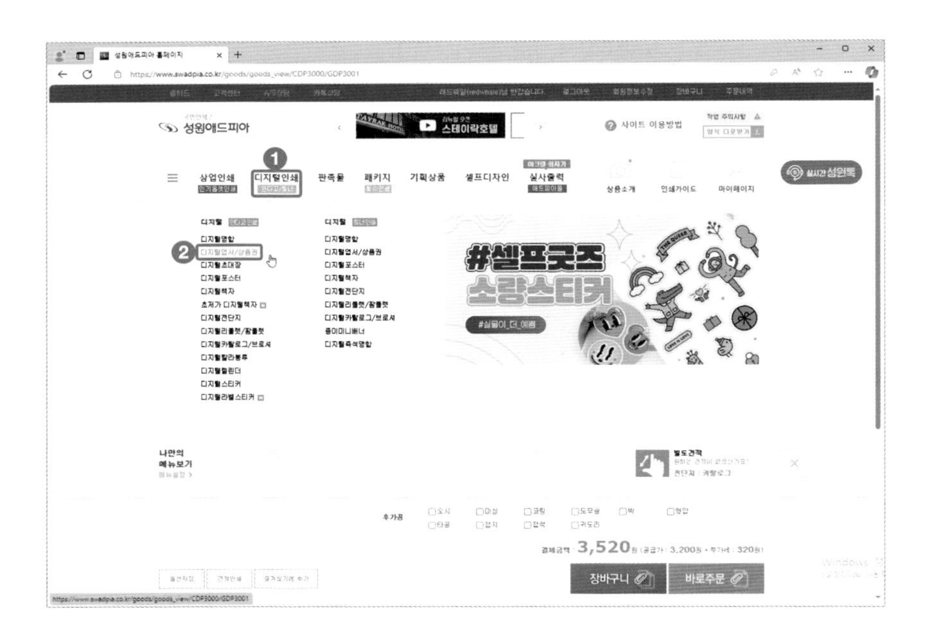

19 ❶ [인디고 인쇄] 탭이 파랗게 선택되어 있는지 확인합니다. ❷ [용지]는 [고급지]–[랑데뷰 내추럴 240g]을 선택합니다. ❸ [인쇄도수]는 [양면칼라8도]를 선택합니다. ❹ [직접입력]을 클릭하고 [가로]는 **102**, [세로]는 **152**를 입력합니다. ❺ 원하는 수량을 선택합니다. 여기서는 [8]매로 하겠습니다. ❻ [바로주문]을 클릭합니다.

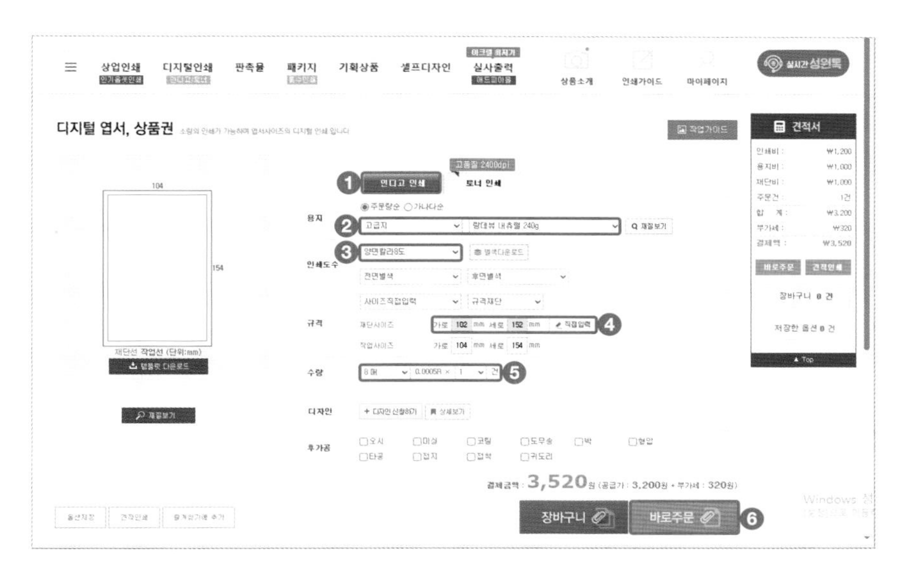

20 [파일 추가]를 클릭하고 17에서 만든 zip 파일을 선택합니다. [주문서 작성]을 클릭한 다음 순서에 따라 결제하면 주문이 완료됩니다.

생생 리뷰 영상 | 엽서 언박싱 & 품질 확인하기

오른쪽 QR 코드 또는 아래의 링크로 접속하면 본 예제 파일로 주문한 엽서를 영상으로 만나볼 수 있습니다. 업체에서 보내준 택배 박스를 그대로 개봉하는 리뷰 영상입니다. 품질과 포장 상태까지 실감나게 체크해보세요.

- **링크** | https://m.site.naver.com/1jslZ

빨간고래의 실무 꿀팁 프로크리에이트에서 주문 파일을 만들지 않는 이유

프로크리에이트에서 작업한 파일을 인쇄소에 넘기려면 JPEG 또는 PSD로 저장해서 보내면 됩니다. 그러나 판매용으로 제작되는 굿즈라면 프로크리에이트가 아닌 포토샵에서 저장해서 넘기는 것을 권장합니다.

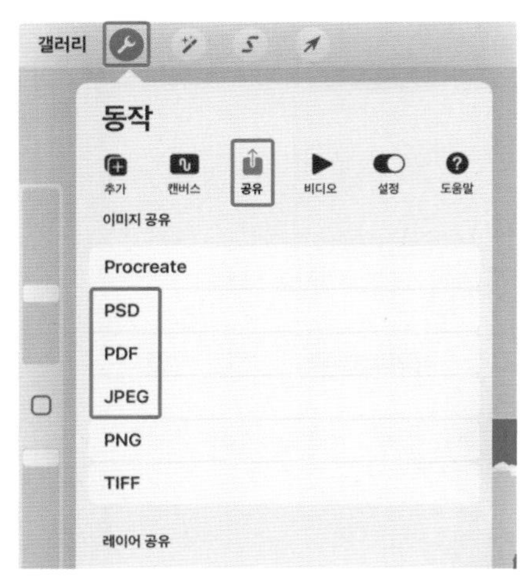

▲ [동작]–[공유]를 터치하면 JPEG 또는 PSD, PDF로 저장할 수 있습니다.

❶ 프로크리에이트에서 JPEG로 저장

프로크리에이트에서는 JPEG로 저장할 때 이미지 품질을 사용자가 선택할 수 없습니다. 임의로 품질이 정해지며 최고 품질로 저장되지 않습니다. ⓐ 프로크리에이트에서 JPEG로 저장했을 때와 ⓑ 포토샵에서 JPEG(최고품질)로 저장했을 때를 비교해보겠습니다. 두 이미지를 확대해보면 ⓐ 프로크리에이트에서 저장한 JPEG 파일에는 노이즈가 있습니다. ⓒ를 확인하면 파일의 용량도 약 6배 차이납니다. 참고로 CMYK로 저장했을 경우 약 6배, RGB로 저장했을 경우 약 2.5배의 차이가 나타납니다. RGB로 저장하는 경우 품질은 CMYK만큼 크게 차이가 나지는 않습니다.

ⓐ 프로크리에이트에서 저장한 JPEG

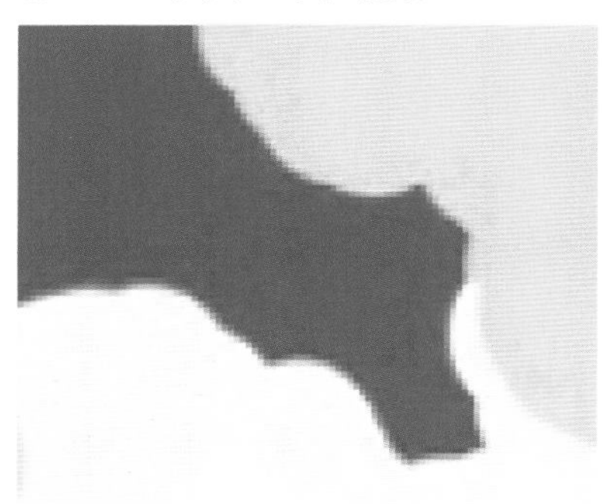

ⓑ 포토샵에서 저장한 JPEG

▲ 이미지 크기를 확대한 경우

ⓒ **파일의 용량 차이**

프크저장.jpg
알씨 JPG 파일
181KB

포토저장.jpg
알씨 JPG 파일
1.10MB

디테일의 기준은 사람마다 다르지만, 빨간고래의 생각은 이렇습니다.

프로크리에이트에서 JPEG로 저장하면 품질이 떨어지긴 합니다. 그러나 판매용이 아니라면 괜찮은 수준입니다. 또 현수막이나 마스킹 테이프처럼 일반적인 종이가 아닌 재질(화지, 패브릭 등)에 인쇄를 하는 경우, 파일의 품질이 좋더라도 어차피 인쇄 품질이 좋게 나올 수 없기 때문에 큰 차이가 나지는 않습니다. 그러나 종이에 작품을 인쇄하여 판매하는 경우라면 포토샵에서 저장하기를 권장합니다.

❷ 프로크리에이트에서 PSD로 저장

대부분의 인쇄소 가이드에는 PSD 파일을 보낼 때 모든 레이어는 합쳐서 보내 달라고 안내하고 있습니다. 빨간고래 또한 안전을 위해 모든 레이어를 합쳐서 보내고 있습니다.

02_ 레이어 병합하기

배경으로 이미지 병합(Flatten Image): 작업하면서 생긴 여러 레이어를 하나로 합칩니다.

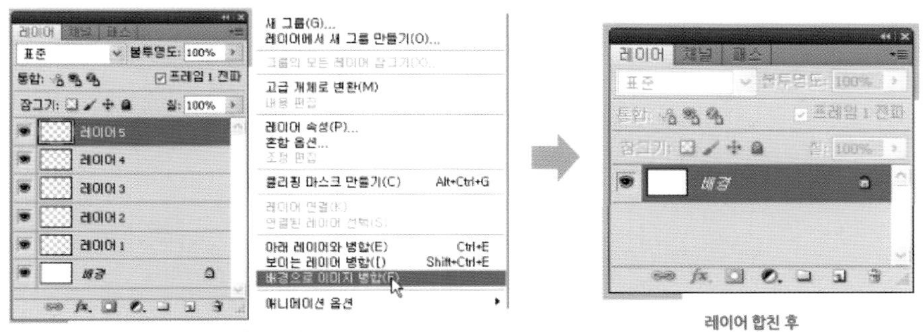

▲ 성원애드피아 인쇄 가이드(출처 : 성원애드피아)

그러나 프로크리에이트에서 PSD 파일로 저장하면 ⓐ 맨 아래 [배경 색상] 레이어는 합쳐서 저장되지 않습니다. 레이어가 분리되어 있더라도 효과(예 : 레이어 스타일, 알파 채널 등)를 주지 않았거나 텍스트를 이미지화했다면 크게 문제가 되지는 않습니다. 즉, 레이어가 완벽하게 래스터화되어 있으면 상대방의 컴퓨터에서도 파일이 오류 없이 잘 열립니다. 빨간고래가 시험 삼아서 레이어를 합치지 않은 상태로 주문을 해보았습니다. 완벽하게 합쳐지지 않은 상태로 주문을 해도 레이어가 래스터화되어 있으면 주문 접수가 되었습니다. 하지만 레이어가 분리되어 있으면 완벽하게 안전한 파일은 아니며 인쇄소의 제작 가이드를 어기게 된다는 점을 꼭 참고합니다.

▲ 프로크리에이트에서는 모든 레이어가 하나로 합쳐지지 않습니다.

❸ 프로크리에이트에서 PDF로 저장

프로크리에이트에서 PDF로 저장 시 품질을 다음과 같이 세 가지로만 저장할 수 있습니다. 인쇄 품질(Press Quality)로 저장할 수 없으며 아크로뱃 리더 버전도 선택할 수 없기 때문에 권장하지 않습니다.

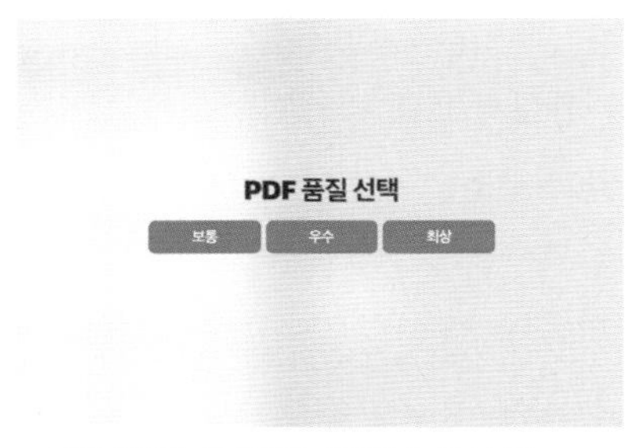

▲ 인쇄 품질을 세 가지만 선택할 수 있습니다.

02 LESSON 원형 스티커 만들기

굿즈 미리 보기

준비 파일 | 2원형스티커_준비.psd
완성 파일 | 2원형스티커_완성.ai
제작 업체 | 와우프레스 https://wowpress.co.kr

원형 스티커를 만들어보겠습니다. 원형 스티커는 가장 흔하게 사용되는 스티커입니다. 라벨, 포장, 다꾸(다이어리 꾸미기)는 물론이고 두루두루 다양하게 쓰입니다. 처음 스티커를 제작하려면 낯선 용어들 때문에 골치가 아프지만 이번 레슨에서 원형 스티커와 다음 레슨의 씰 스티커를 만들면 '스티커는 이렇게 만드는 것이구나!'하고 감이 잡힐 것입니다. 먼저 스티커의 종류와 용어에 대해서 살펴본 다음에 원형 스티커를 주문 제작해보겠습니다.

스티커 종류와 용어 알아보기

먼저 스티커의 종류와 용어를 살펴보겠습니다. 초보자라면 꼭 읽고 넘어가세요.

01 도무송 스티커

도무송이란 외곽선을 다양한 모양으로 잘라내는 작업을 말합니다. 쿠키 커터처럼 모양이 있는 목형(칼틀)을 만들고 인쇄가 된 종이 위에 목형을 찍어 내려서 모양대로 잘라냅니다.

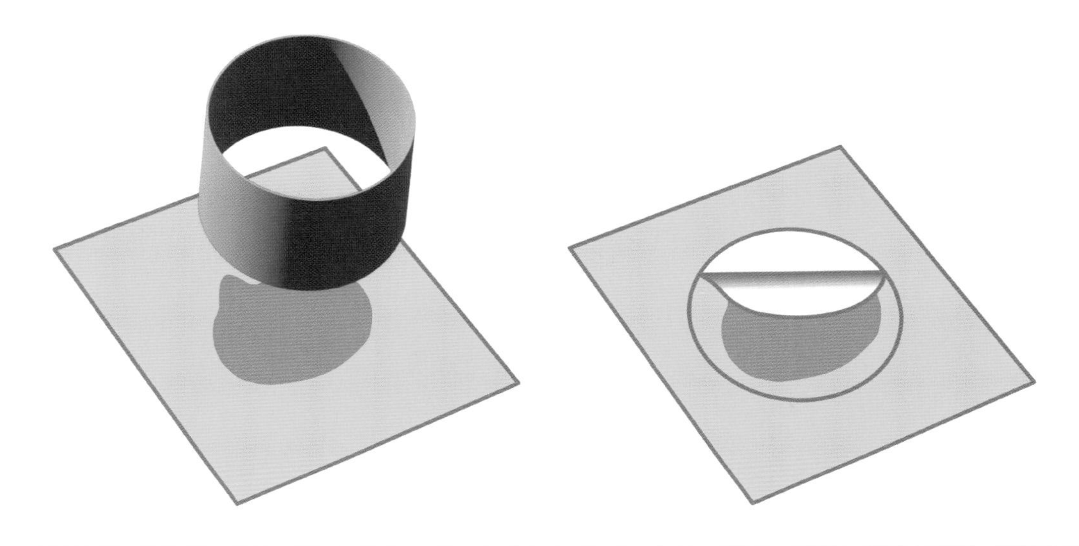

TIP 도무송은 '톰슨'의 일본식 발음입니다. 톰슨은 영국 인쇄기 업체인 '톰슨 프레스'입니다.

단점은 목형(칼틀) 제작 비용이 별도로 들고 시간도 많이 소요됩니다. 그러나 이런 단점을 개선하여 제작 업체에서는 원형, 사각형처럼 많이 사용되는 도형 모양의 목형을 크기별로 보유하고 있습니다. 그래서 도형 스티커 주문이 들어오면 목형 제작 비용 없이 저렴하게 제작해줍니다. 우리 주변에서 흔히 볼 수 있는 도형 스티커는 대부분 업체에서 보유하고 있는 목형으로 제작되었습니다.

▲ 도형 모양의 도무송 스티커는 저렴하게 제작할 수 있습니다.

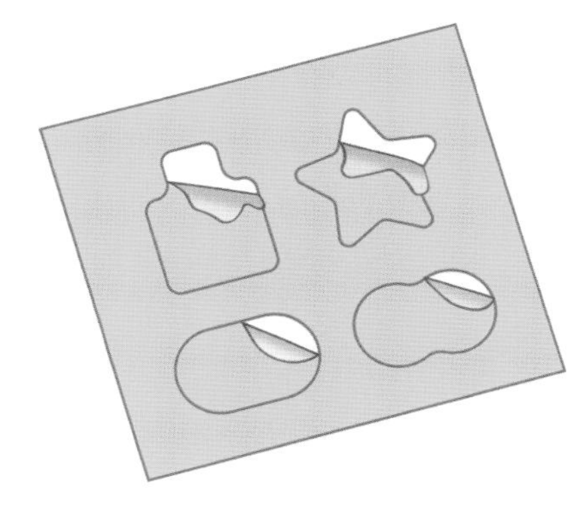

일반적인 도형 스티커뿐만 아니라 특이한 모양의 목형을 보유하고 있는 업체도 많습니다. 업체에서 가지고 있는 특이한 모양의 목형으로 제작하는 것을 판 스티커라고 부릅니다.

▲ 판 스티커(판스) : 판스는 판 스티커의 줄임말입니다.

02 디지털 스티커(씰 스티커, 자유형 스티커)

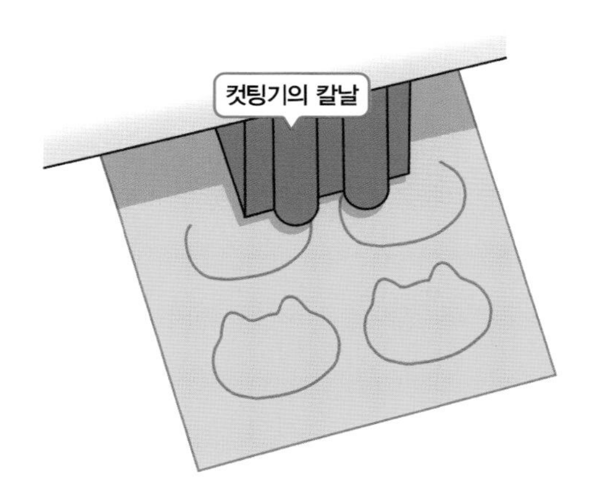

디지털 스티커도 도무송 스티커처럼 모양대로 칼선이 들어가 있는 스티커를 말합니다. 결과는 같지만 제작 과정이 다릅니다. 디지털 스티커는 스티커 용지에 인쇄를 한 다음 칼날이 달린 기계로 커팅을 하는 방식입니다.

옛날에는 모양이 있는 스티커를 만들려면 무조건 도무송 방식으로 제작해야만 했습니다. 그러나 도무송은 소량 제작 시 단가가 높고 주문을 받는 곳도 거의 없었습니다. 그러나 요즘은 디지털 기기가 도입되어 단 한 장의 주문도 가능합니다. 소량일 경우에는 디지털이 더 저렴하고 대량일 경우에는 도무송이 더 저렴하므로 내가 주문하고자 하는 스티커의 수량으로 견적을 내서 비교해보고 주문합니다.

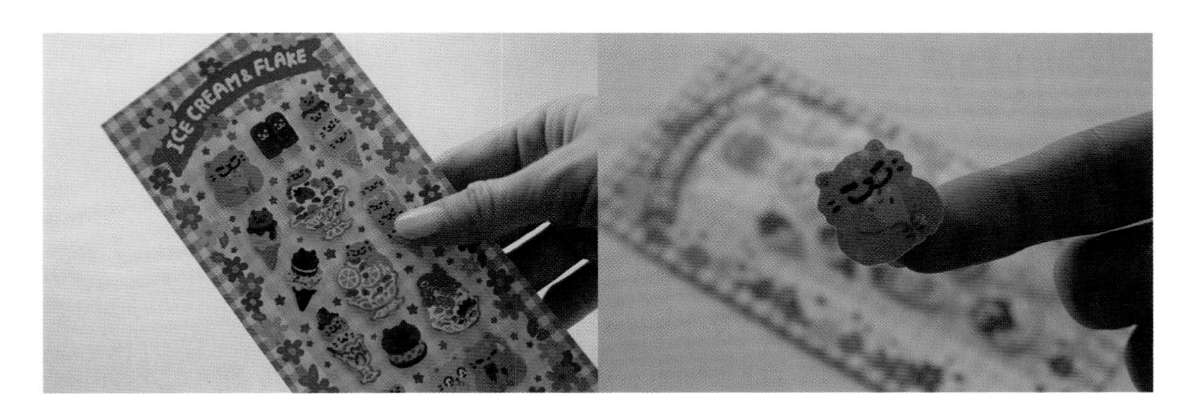

TIP 디지털 스티커는 '씰 스티커'라는 이름으로 더 많이 불립니다.

03 완칼 스티커(완전 컷팅 스티커, 조각 스티커)

완칼 스티커는 배경까지 완전히 잘라내버리는 스티커를 말합니다. 그래서 '완전 컷팅 스티커'라 부르기도 합니다. 또 모양대로 조각나 있는 상태라고 해서 '조각 스티커'라고 부르기도 합니다. 커팅 방식에는 앞서 소개한 도무송 방식과 디지털 방식이 있습니다. 어떤 방식으로 잘라내든 배경이 남아 있지 않도록 완전히 도려내면 '완칼 스티커'라 부릅니다.

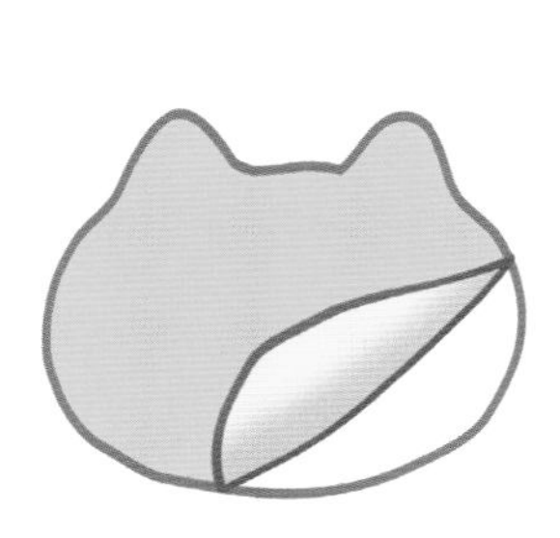

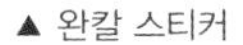

▲ 완칼 스티커

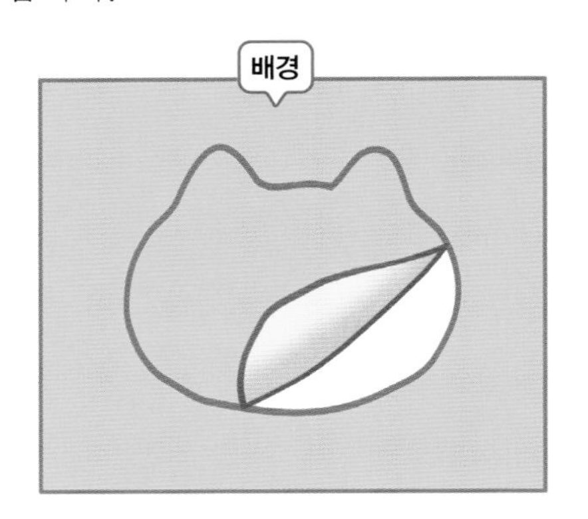

▲ 반칼 스티커

또 '완칼'의 반대 개념으로 '반칼'이라는 용어가 있습니다. ⓐ 스티커의 기본 구조는 두 장의 종이가 맞붙어 있는 형태입니다. 접착력이 있는 '전면'과 접착력이 없는 '후면'으로 나뉩니다. 양면에 칼선이 들어가면 '완칼'이고 한쪽 면에만 칼선이 있으면 '반만 칼선'이 들어가 있으니 '반칼'이라고 부릅니다. ⓑ 전면에만 칼선이 들어가면 '전면 반칼', ⓒ 후면에만 칼선이 들어가면 '후면 반칼'이라고 부릅니다. 스티커를 주문할 때 '후면 반칼' 또는 '후지 반칼'이라는 용어를 보게 됩니다. 스티커를 떼기 쉽도록 후면에 칼선을 넣는 것을 뜻합니다.

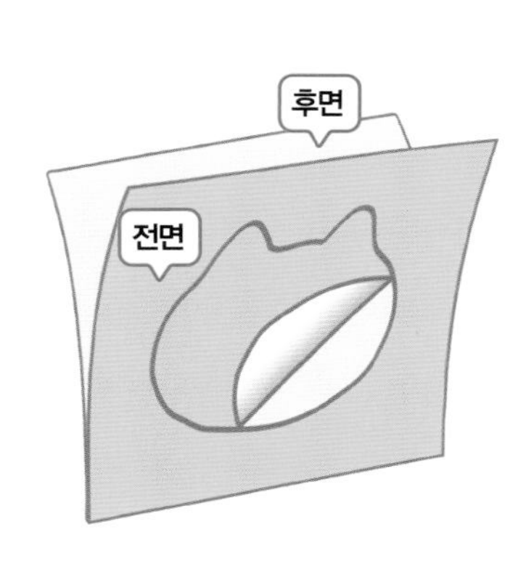

▲ ⓐ 스티커의 기본 구조

▲ ⓑ 전면 반칼

▲ ⓒ 후면 반칼

완칼 스티커 제작 시 주의사항

완칼 스티커는 배경까지 다 잘리기 때문에 칼선이 반칼 스티커만큼 정교하게 구현되기 어렵습니다. 그래서 완칼 스티커는 반칼 스티커보다 외곽선이 심플하고 스티커의 크기도 큽니다. 대부분의 제작 업체에서 완칼 스티커의 경우 원형 기준으로 지름 50mm 내외를 권장하며, 그보다 작은 사이즈로는 주문을 잘 받지 않습니다.

04 사각 재단형 스티커(인스)

칼선 없이 스티커 용지에 인쇄만 해서 출고하는 스티커입니다. 칼선이 안 들어가기 때문에 저렴하지만 사용자가 스티커를 가위로 오려야 해서 번거롭습니다. 그러나 잘라내는 보람과 재미를 즐기는 스티커 매니아도 있습니다.

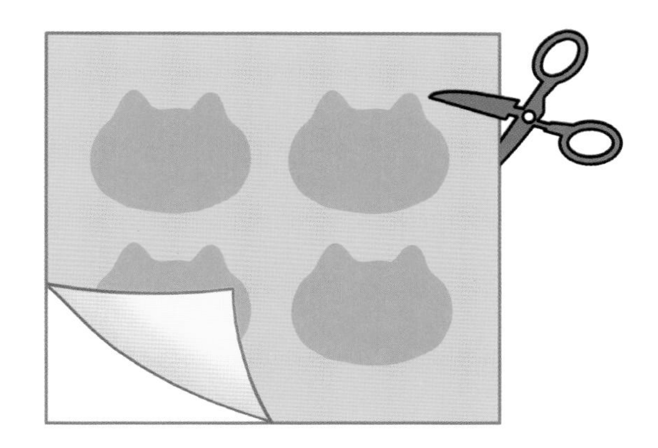

실무에서는 사각 재단형 스티커라는 이름 대신 '인스'로 불리기도 합니다. '인스'란 '인쇄소 스티커'의 줄임말입니다. 인쇄소에서 용지에 인쇄만 하고 출고된다는 뜻입니다. 사이즈가 작은 사각형 모양의 스티커를 만들어야 한다면 저렴한 사각 재단형 스티커를 추천드립니다.

▲ 사각 재단형 스티커(떼어 쓰기 편하도록 후면에 반칼이 들어감)

스티커를 주문할 때 자주 보게 되는 용어

❶ 리무버블

스티커를 붙였다 떼어도 끈끈한 접착제가 남지 않고 깔끔하게 떨어지도록 가공하는 것을 '리무버블'이라고 합니다. 리무버블 용지는 일반 용지보다 조금 더 비쌉니다. 우리 주변에서 흔히 볼 수 있는 리무버블 스티커는 가전 제품에 붙어 있는 에너지 소비 효율 스티커입니다. 새 상품에 접착제가 남으면 상품의 가치가 하락하므로 주로 리무버블 용지를 사용합니다.

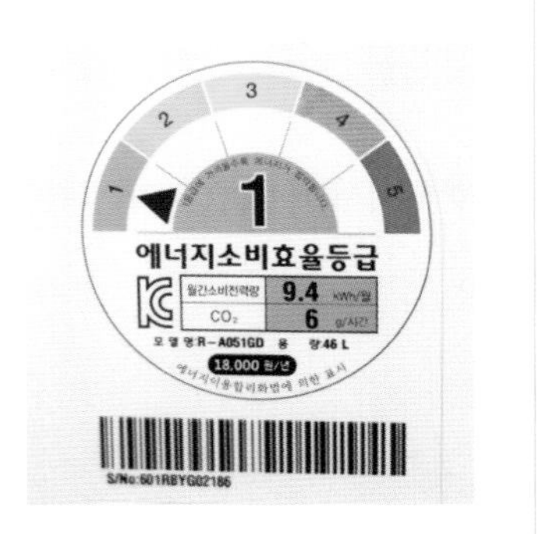

❷ 유포지

유포지는 방수가 되고 잘 찢어지지 않는 PP(폴리프로필렌) 재질입니다. 물에 닿아도 종이가 아니라서 젖지 않습니다. 주방 용품 패키지에 붙어 있는 스티커는 유포지를 많이 사용합니다.

업체 선정 후 사이즈 확인하기

지름이 50mm인 원형 도무송 스티커를 만들어보겠습니다. 업체에서 보유하고 있는 목형으로 저렴하게 주문하겠습니다.

01 와우프레스에서 주문하겠습니다. https://wowpress.co.kr에 접속합니다. ❶ ☰ 를 클릭하고 ❷ [스티커]–[도무송스티커]–[가성비스티커]를 클릭합니다.

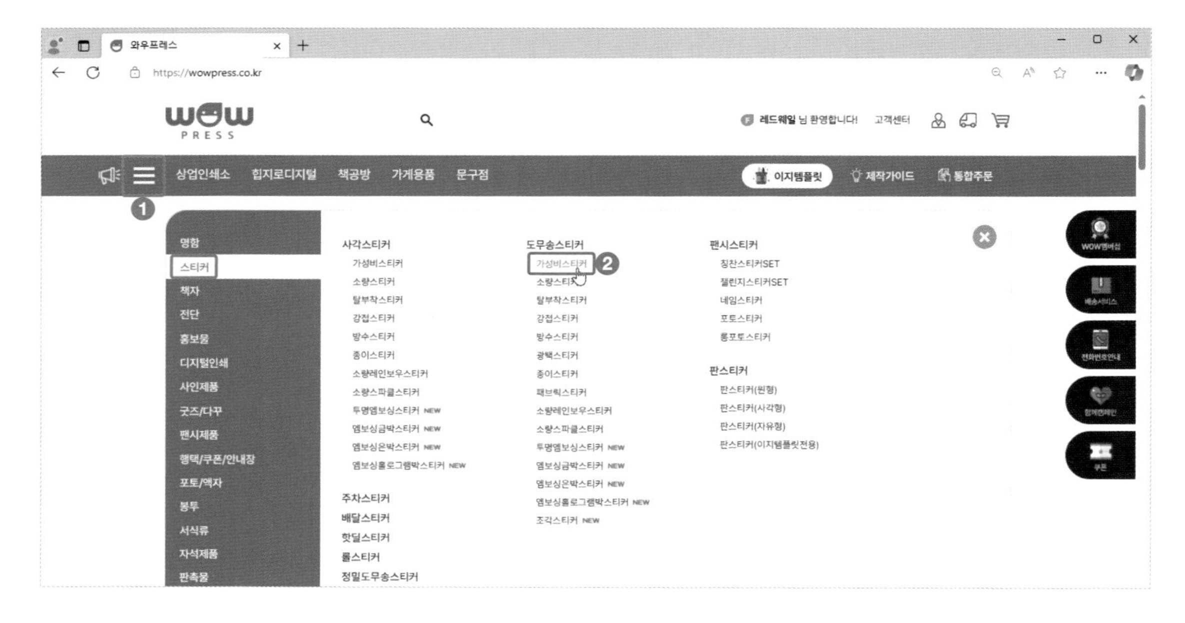

02 먼저 우리가 만들고자 하는 사이즈가 있는지 확인해야 합니다. ❶ [규격]은 [원형50]을 선택합니다. ❷ [재단사이즈(mm)]는 **50×50**, [작업사이즈(mm)]는 **55×55**임을 확인한 후 ❸ [칼선 다운로드]를 클릭합니다.

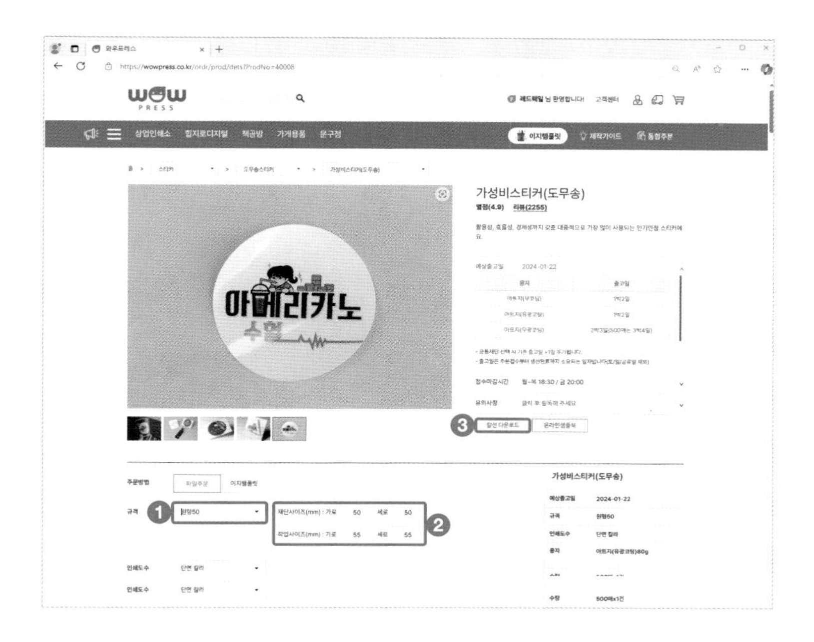

03 ❶ 다운로드한 파일의 압축을 해제하고 폴더를 더블클릭합니다. ❷ **도무송스티커_원형50×50mm.ai** 파일을 더블클릭합니다. 일러스트레이터가 실행되면서 파일이 열립니다. 원으로 된 세 개의 안내선이 있습니다.

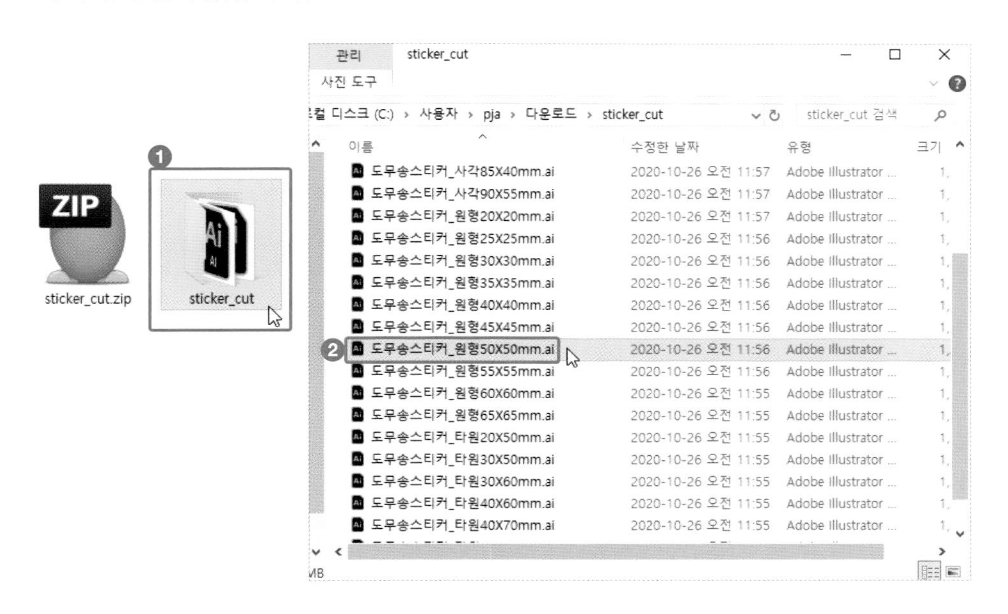

❸ 선택 도구 ▶ 를 클릭하고 ❹ 원 한 개를 클릭합니다. 그룹으로 묶여 있기 때문에 세 개의 원이 함께 선택됩니다. ❺ [Properties] 패널에서 가로/세로의 사이즈가 **W: 55mm, H: 55mm**임을 확인합니다.

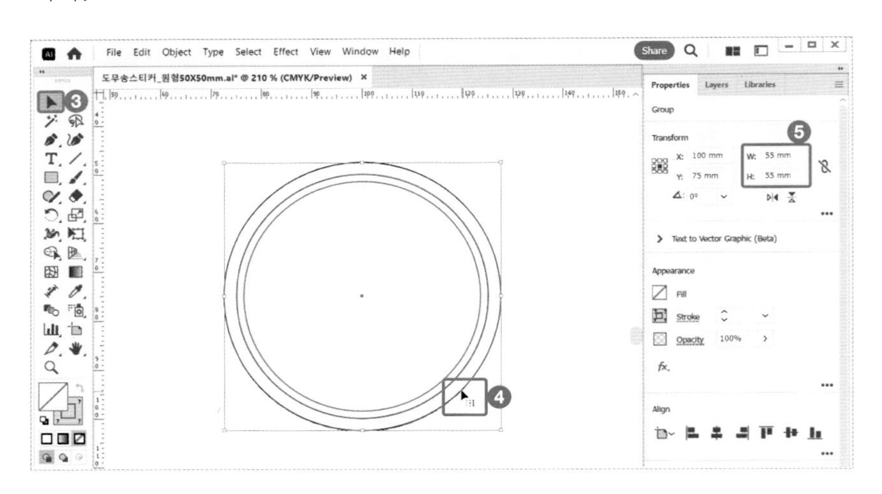

주문 파일 만들기

04 ❶ [File]–[Place]를 클릭합니다. ❷ **2원형스티커_준비.psd** 파일을 선택합니다. ❸ [Link]는 체크를 해제하고 ❹ [Place]를 클릭합니다. ❺ 아트보드의 빈 곳을 클릭하면 이미지가 삽입됩니다.

TIP 불러온 이미지를 선택했을 때 중앙에 X 표시가 나타난다면 [Properties] 패널 하단의 [Embed]를 클릭합니다.

05 불러온 이미지만 선택된 상태에서 Ctrl + Shift + [를 누릅니다. [Layers] 패널을 보면 원본 이미지가 맨 아래로 내려간 것을 확인할 수 있습니다.

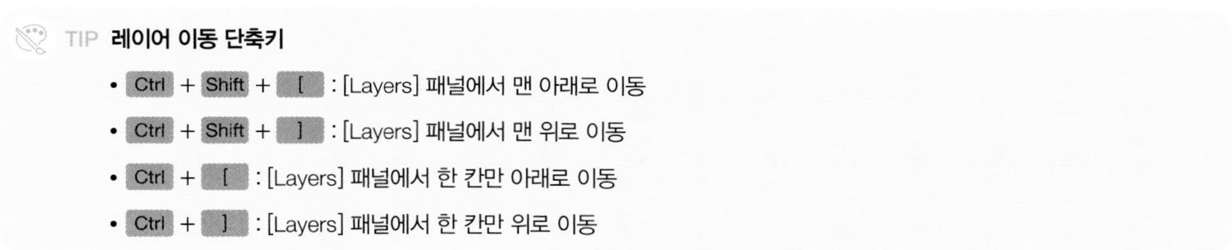

TIP **레이어 이동 단축키**

- Ctrl + Shift + [: [Layers] 패널에서 맨 아래로 이동
- Ctrl + Shift +] : [Layers] 패널에서 맨 위로 이동
- Ctrl + [: [Layers] 패널에서 한 칸만 아래로 이동
- Ctrl +] : [Layers] 패널에서 한 칸만 위로 이동

06 이미지와 안내선의 중심을 맞추겠습니다. ❶ 선택 도구 ▶ 로 ❷ 안내선과 이미지를 크게 드래그하여 함께 선택합니다. [Align] 패널에서 ❸ 와 를 클릭합니다.

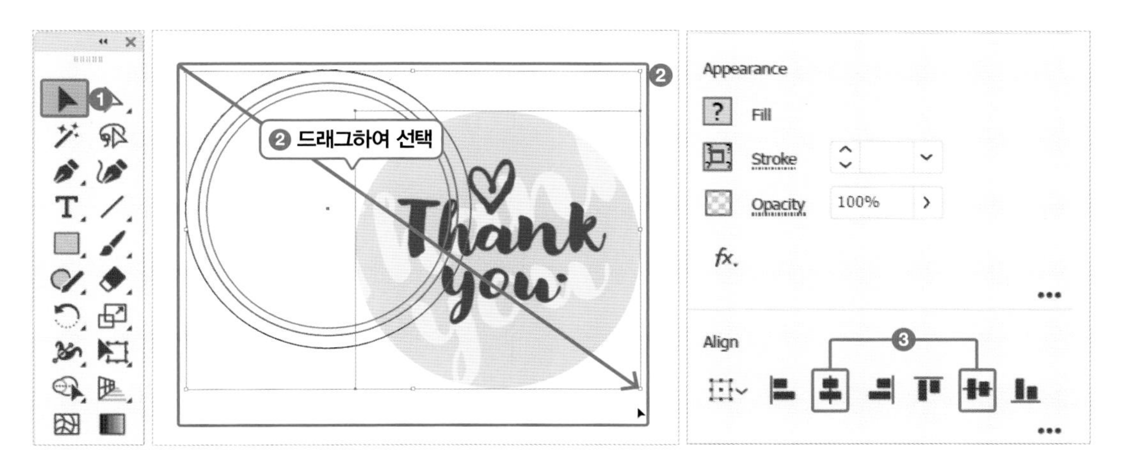

07 안내선에 맞춰 디자인이 잘 되었는지 확인해보겠습니다. ⓐ 작업선 이상으로 디자인을 넣어야 합니다. ⓑ 스티커의 칼선입니다. ⓒ 중요한 내용은 안전선 안쪽에 들어오게끔 해야 합니다. 지금과 같은 경우 Thank you 텍스트가 안전선 안쪽에 들어오게끔 하면 됩니다. 만약 글씨를 안전선 밖으로 넘치도록 넣었다면 글씨가 약간 잘려서 제작될 수도 있습니다.

08 Alt + Shift 를 누른 채 옆으로 드래그하여 이미지를 복제합니다.

TIP **복제가 안 돼요!**

처음부터 Alt + Shift 를 함께 누른 채 드래그하면 복제가 되지 않습니다. Alt 를 누른 채 조금 드래그하면서 Shift 를 누르고 함께 드래그합니다.

09 선택 도구 ▶ 로 ❶ 왼쪽 이미지의 안내선만 클릭합니다. [Appearance] 패널에서 ❷ [Stroke]를 클릭하고 ❸ 비활성화 ◪ 를 클릭합니다.

10 ❶ 왼쪽에 있는 이미지와 안내선을 드래그하여 함께 선택합니다. ❷ Ctrl + G 를 눌러 그룹화합니다.

11 오른쪽 이미지의 중앙 부분을 클릭하고 Delete 를 누릅니다. 이미지가 삭제되고 안내선만 남습니다.

12 ❶ 직접 선택 도구 ▷ 를 클릭하고 ❷ 바깥쪽의 검은색 선만 클릭합니다. [Appearance] 패널에서 ❸ [Stroke]를 클릭하고 ❹ 비활성화 ◪ 를 클릭합니다. ❺ 같은 방법으로 파란색 선도 비활성화합니다.

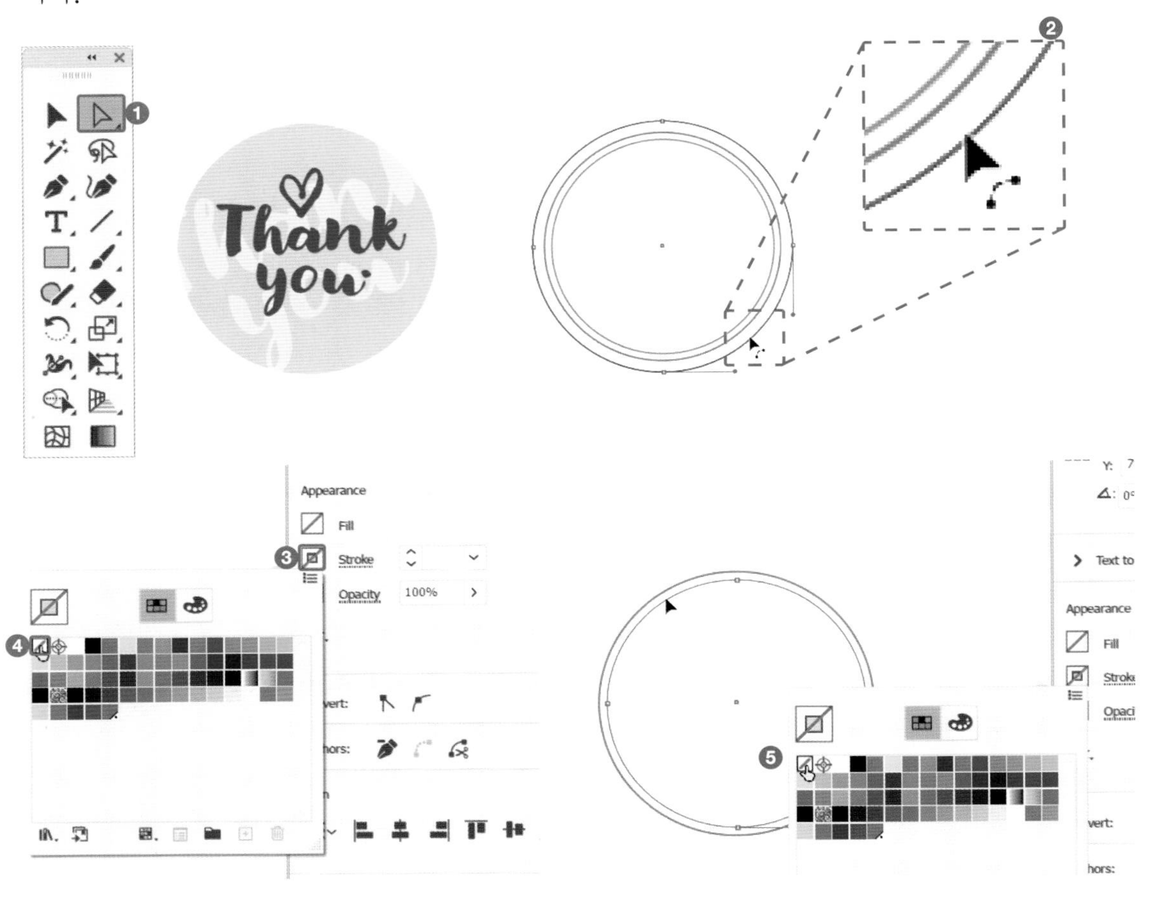

13 레이어를 정리하겠습니다. ❶ [Layers] 패널을 클릭합니다. ❷ Ctrl 을 누른 채 안내글이 있는 레이어를 클릭하고 빈 레이어를 클릭하여 함께 선택합니다. ❸ 삭제 🗑 를 클릭합니다.

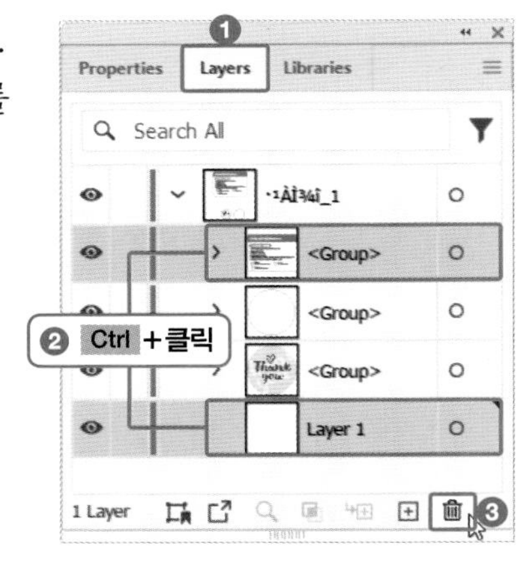

TIP 빈 레이어가 없다면 안내글이 있는 레이어만 삭제합니다.

14 선만 있는 레이어의 ❶ 이름을 더블클릭하고 ❷ **칼선**을 입력합니다. ❸ 같은 방법으로 레이어의 이름을 다음과 같이 수정합니다.

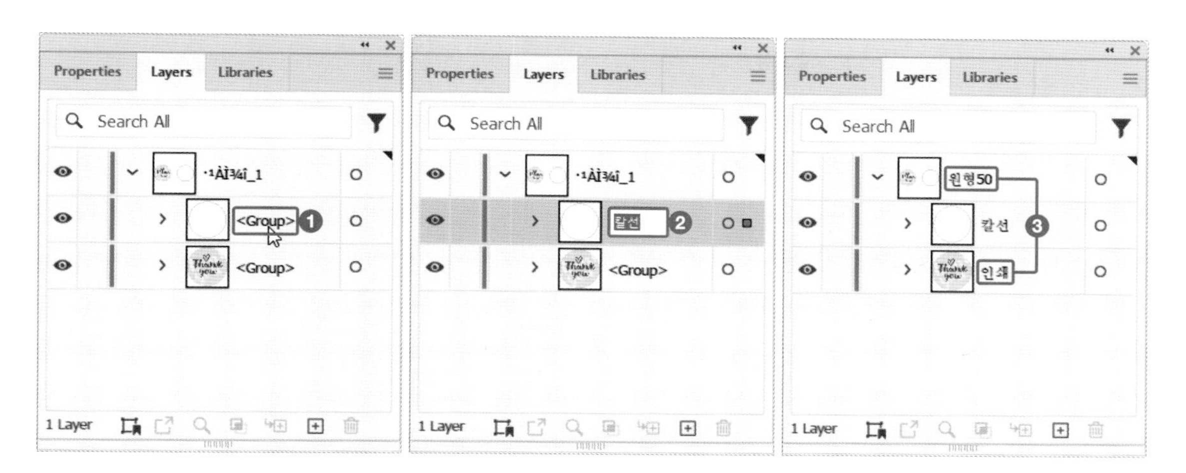

15 완성되었습니다. 왼쪽에는 원본 이미지가 있고 오른쪽에는 분홍색 칼선이 보이는 상태가 되어야 합니다. Ctrl + A 를 눌러 전체 선택을 합니다. 양쪽에 안내선 세 개가 남아 있는 것을 확인할 수 있습니다. 안내선은 비활성화를 해서 안 보이게 한 상태이고 삭제하면 안 됩니다.

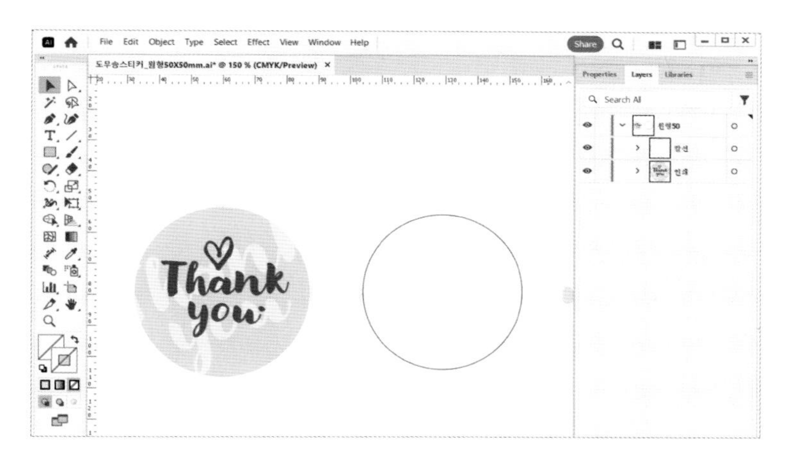

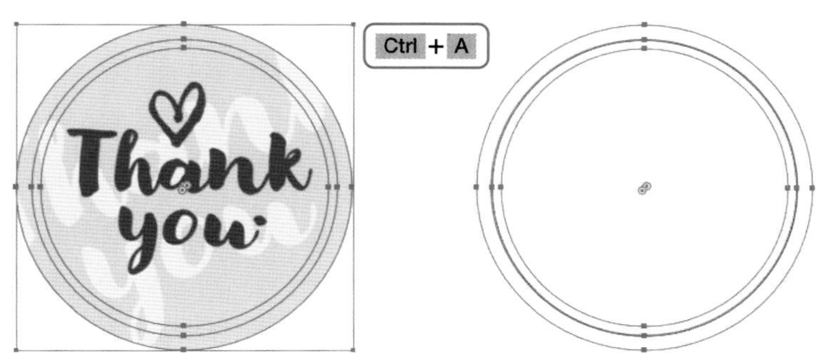

16 저장하겠습니다. ❶ [File]–[Save As]를 클릭합니다. ❷ 파일 이름은 받는 사람이 이해하기 쉽도록 입력합니다. ❸ [저장]을 클릭합니다. ❹ 버전은 [Illustrator CS4]로 선택합니다. ❺ [OK]를 클릭합니다.

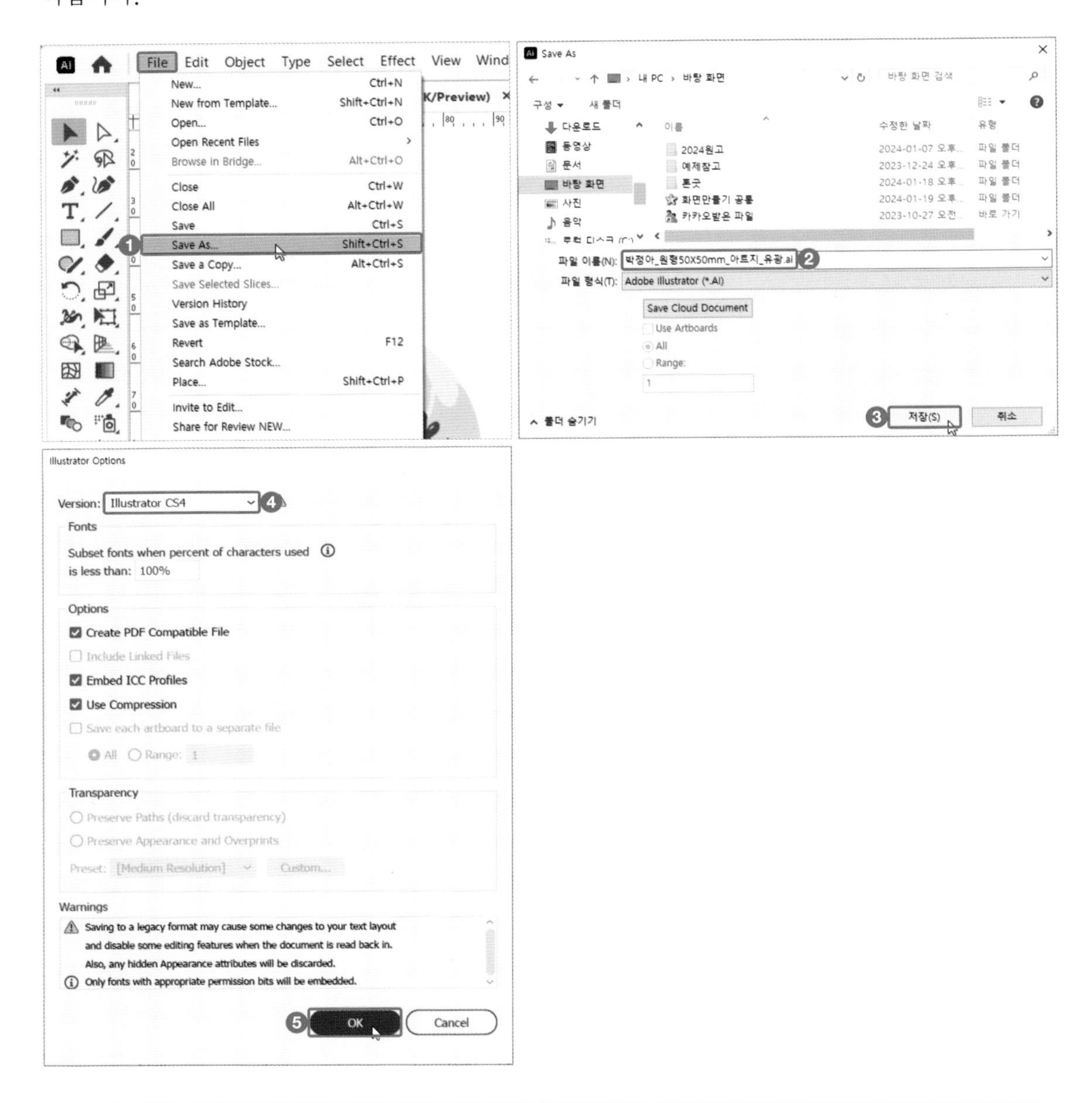

TIP 주문 파일을 보내기 전에 체크해야 할 사항은 220쪽을 참고하여 잘못된 부분이 없는지 확인합니다.

주문하기

17 ❶ 와우프레스 가성비스티커(도무송) 페이지로 돌아옵니다. ❷ 옵션은 다음과 같이 01과 동일하게 설정하고 규격을 확인합니다. [인쇄도수]는 [단면 칼라], [용지]는 [아트지(유광코팅)]-[80g], [수량]은 [500매], [건수]는 [1건], [후가공]의 [칼선]을 클릭하여 1개를 확인합니다. ❸ [주문하기]를 클릭합니다.

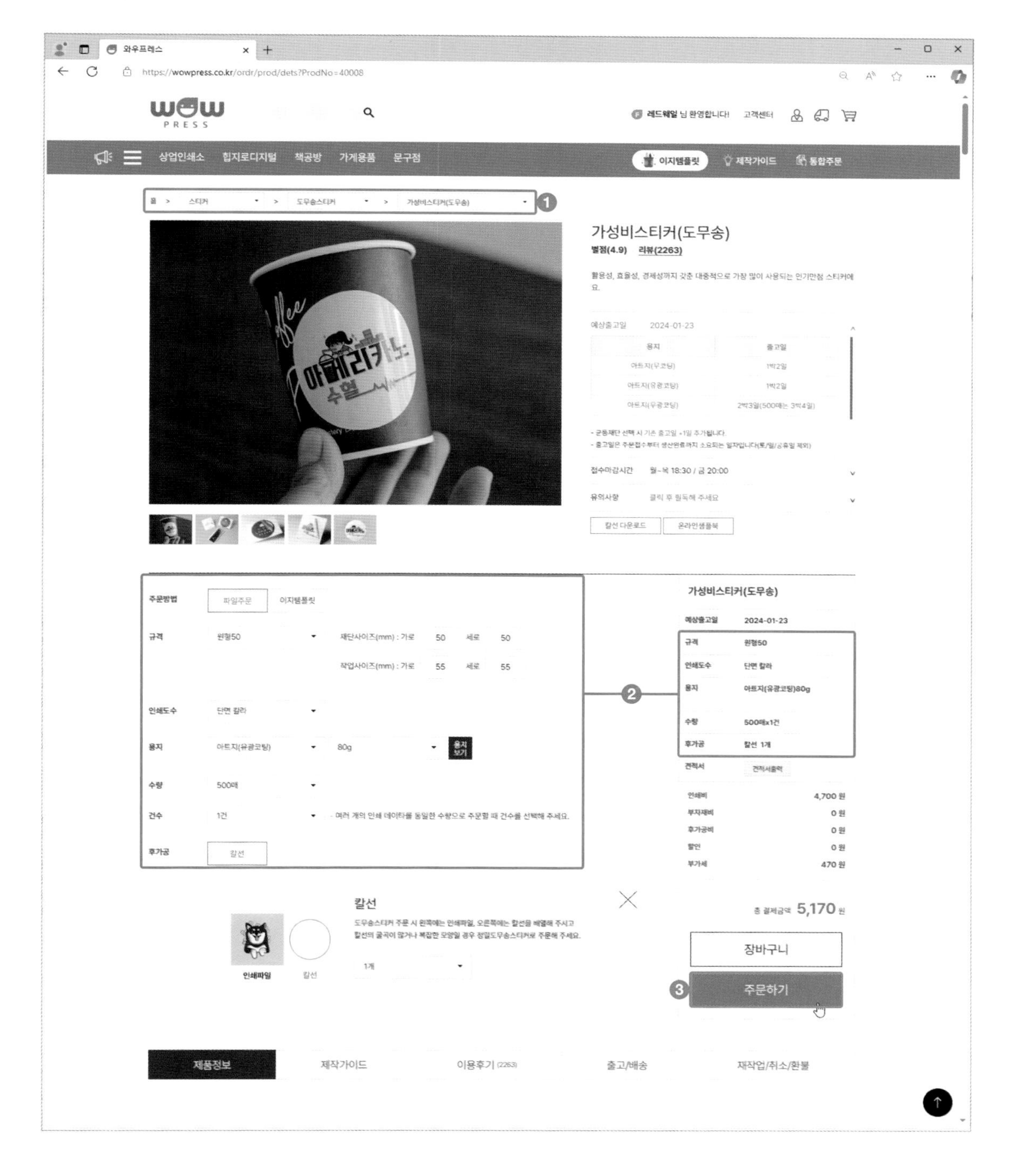

[규격] 중 균등이 뭔가요? 왜 균등으로 주문을 해야 하나요?

지금 만든 파일로 주문을 하면 ⓐ 처럼 상하좌우 여백이 똑같지 않게 제작됩니다. 1~2mm 정도 차이가 나지만 크게 거슬려 보이지는 않습니다. 그러나 ⓑ 처럼 배경까지 인쇄가 들어가는 경우 외곽에 흰색 라인이 생깁니다. ⓒ 는 실제로 균등으로 주문하지 않은 스티커입니다. 외곽의 흰색 여백이 보기에는 안 좋지만 판매용이 아니기 때문에 굳이 균등을 선택하지 않았습니다. 그러나 판매를 목적으로 하는 스티커라면 상품 가치가 떨어지므로 '균등'을 선택해야 합니다. 균등을 선택하면 흰색 여백 없이 제작되며 원본 이미지는 약간 더 크게 작업해서 보내야 합니다. 금액도 더 추가됩니다.

상하좌우 여백이 1~2mm 차이가 남

균등으로 주문하는 방법

와우프레스 주문 페이지에서 ① 규격은 [원형50(균등)]을 선택합니다. ② [작업사이즈]는 64×64 mm로 자동 입력됩니다. 주문 파일은 ③처럼 만들어서 파일을 넘겨야 합니다. 왼쪽 이미지의 크기는 64×64mm입니다.

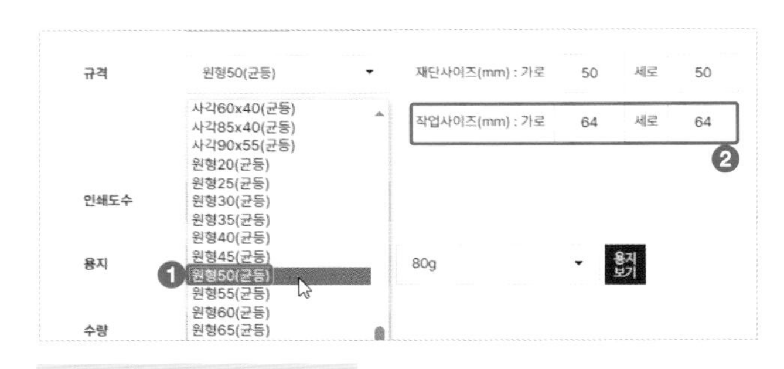

③

▲ 안내선은 모두 비활성화한 상태입니다.

18 [파일업로드] 창이 나타나면 ❶ [파일첨부]를 클릭하고 앞서 저장한 ai 파일을 업로드합니다. ❷ 주문제목을 입력하고 ❸ 작업자 정보를 입력합니다. ❹ [계속 주문하기]를 클릭하고 다음 페이지에서 결제합니다. 주문이 완료되었습니다.

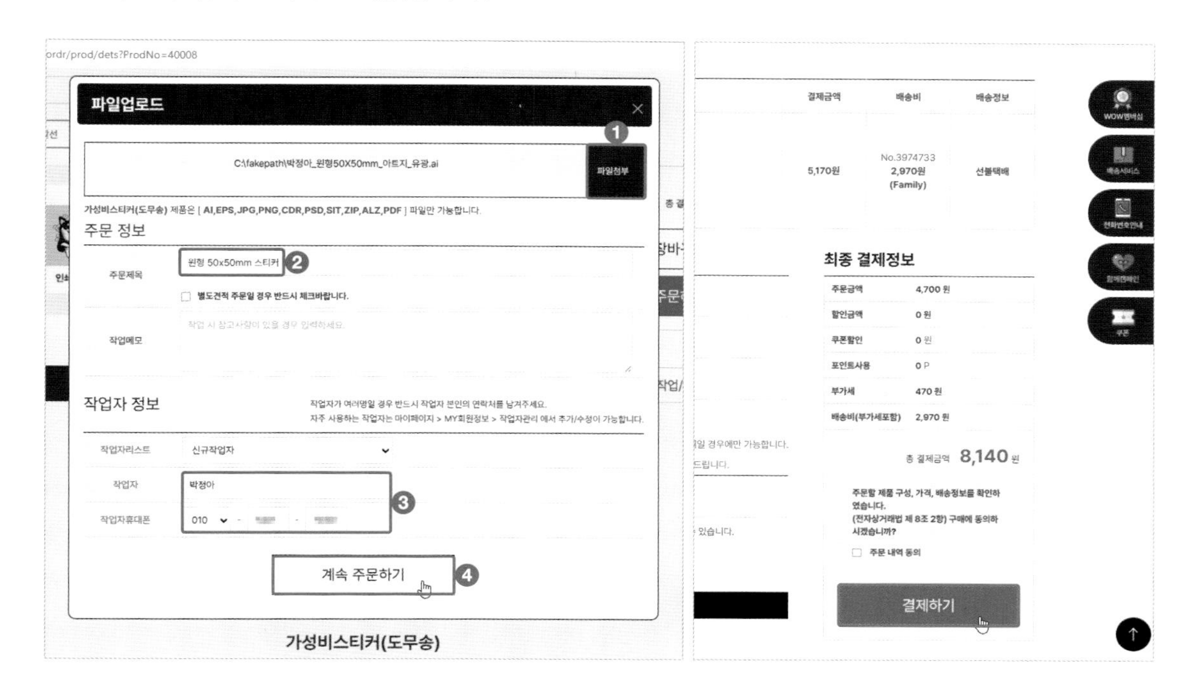

▶ 생생 리뷰 영상 | 원형 스티커 언박싱 & 스티커 코팅 알아보기

QR 코드 또는 아래의 링크로 접속하면 본 예제 파일로 주문한 스티커를 영상으로 확인할 수 있습니다. 업체에서 보내준 택배 박스를 그대로 개봉하고 주문한 스티커를 리뷰하는 영상입니다. 원형 스티커의 실물을 보면서 스티커 코팅에 대한 설명도 함께 드리겠습니다.

- **링크** | https://naver.me/GkkClv2h

03 LESSON 씰 스티커 만들기

굿즈 미리 보기

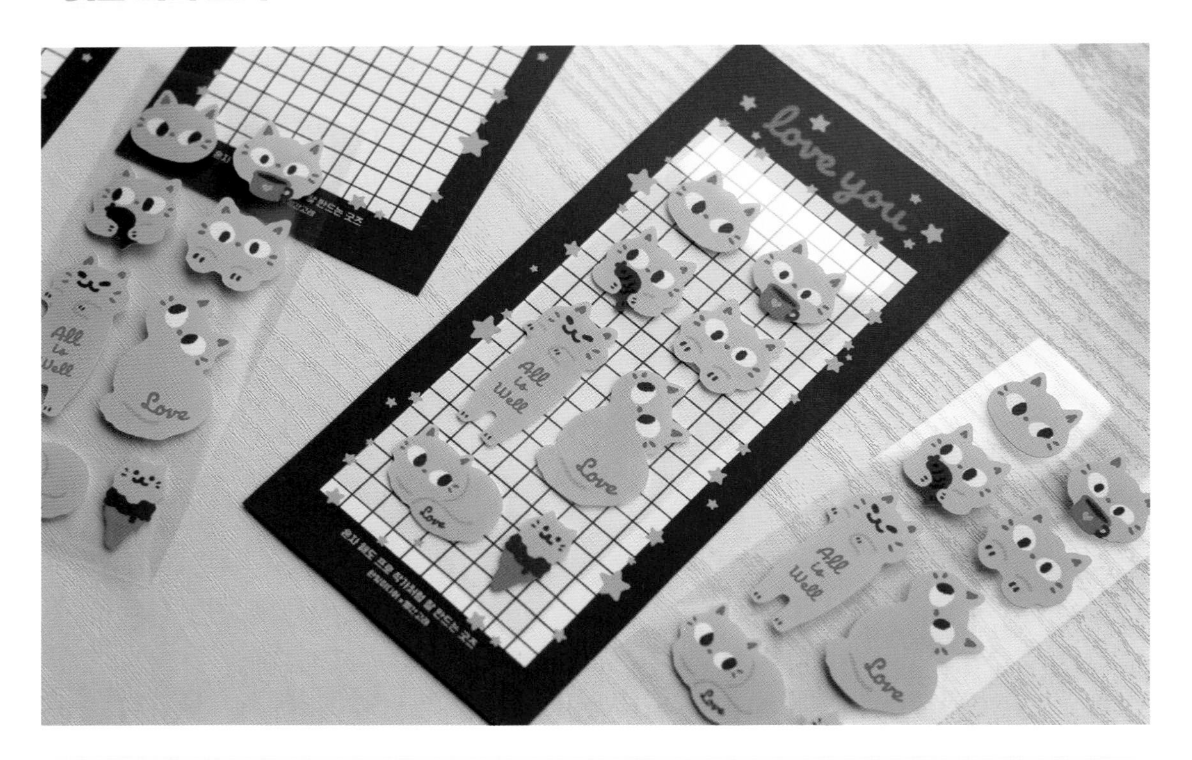

준비 파일 | 3씰스티커_준비.ai / 3씰스티커_준비작업중.ai / 3씰스티커_준비포토샵.psd / 3씰스티커_준비프크.procreate / 3씰스티커_준비변형.psd / 3씰스티커_준비프크.psd

완성 파일 | 3씰스티커_완성.ai /3씰스티커_뒷대지.psd

참고 파일 | 3씰스티커_참고_컬러샘플.ai

제작 업체 | 모다82 https://smartstore.naver.com/moda82

씰 스티커는 굿즈 분야의 꽃이라 할 만큼 인기가 많은 기본 아이템입니다. 씰 스티커의 성패는 칼선을 얼만큼 정교하게 만들 수 있느냐이기에 일러스트레이터로 정밀하게 작업을 해보겠습니다. 씰 스티커를 만들 때 어떤 용지를 선택하면 좋을지 고민된다면 마지막 단계에 있는 리뷰 영상을 꼭 시청하길 바랍니다. 여러 가지 스티커 코팅지에 인쇄를 하고 비교 분석했습니다.

업체 템플릿 다운로드하기

씰 스티커는 모다82에서 주문하겠습니다. 네이버에 로그인한 후 모다82에 접속합니다. https://smartstore.naver.com/moda82에 접속합니다. ❶ 왼쪽 메뉴에서 [씰스티커 굿즈제작용]을 클릭하고 ❷ [PVC 캘지 수성인쇄 리무버블타입 1-50장]을 클릭합니다. 상세페이지를 꼼꼼하게 읽어봅니다.

템플릿(돔보 가이드 파일)은 ❶ 모다82 카카오톡(ID : moda82)으로 개별 요청하면 받을 수 있습니다. 그러나 이 책에서는 템플릿을 요청해야 하는 번거로움을 생략하기 위해 모다82에서 받은 템플릿을 ❷ 예제 파일과 함께 제공하고 있습니다.

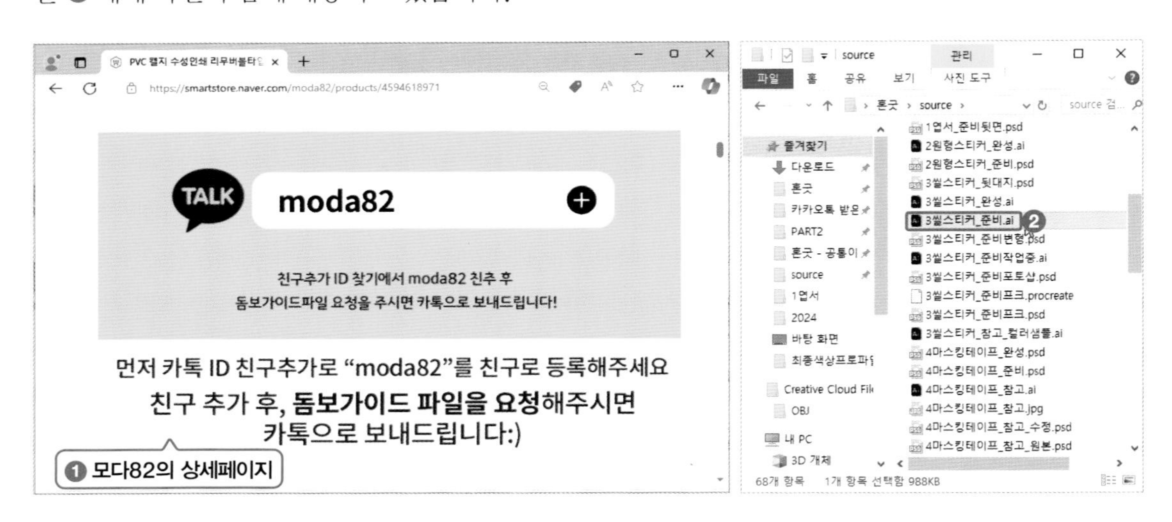

TIP 3씰스티커_준비.ai 파일은 모다82의 템플릿 파일입니다. 실제로 이 파일로 주문이 가능합니다.

※ 템플릿 파일의 저작권은 모다82에 있습니다. 주문/학습용으로만 사용할 수 있고 재배포/판매는 불가합니다.

빨간고래의 실무 꿀팁 씰 스티커 제작 과정 보기

본격적으로 들어가기 전에 씰 스티커의 제작 과정을 미리 맛보면서 전반적인 흐름을 알아보겠습니다.

❶ 템플릿 파일에 스티커를 촘촘하게 배열하여 주문을 하면 ❷ 모다82에서 스티커를 제작하여 택배로 발송해줍니다.

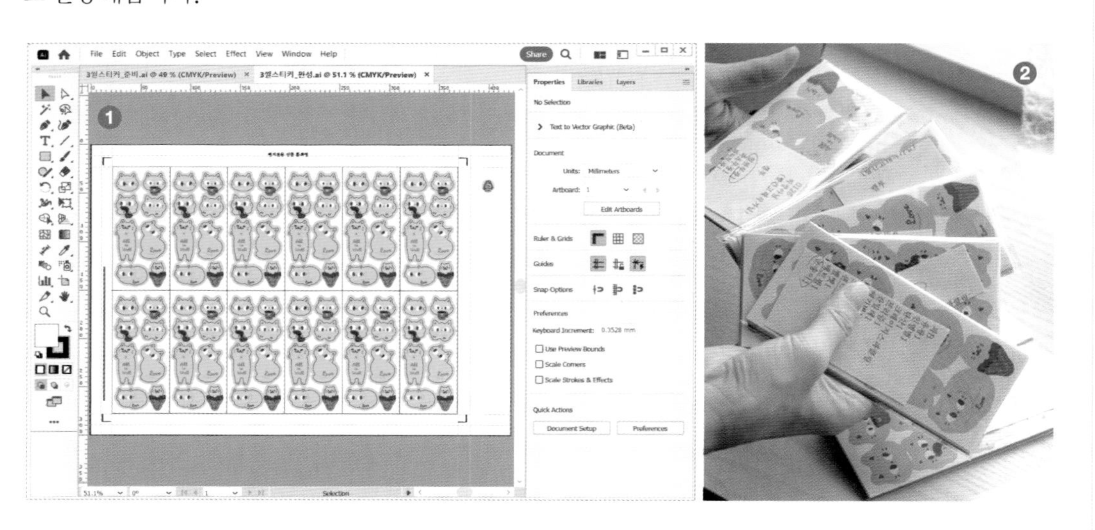

❸ 흰색 배경지를 손으로 떼어낸 다음 ❹ 별도로 제작한 뒷대지와 함께 OPP로 포장합니다.

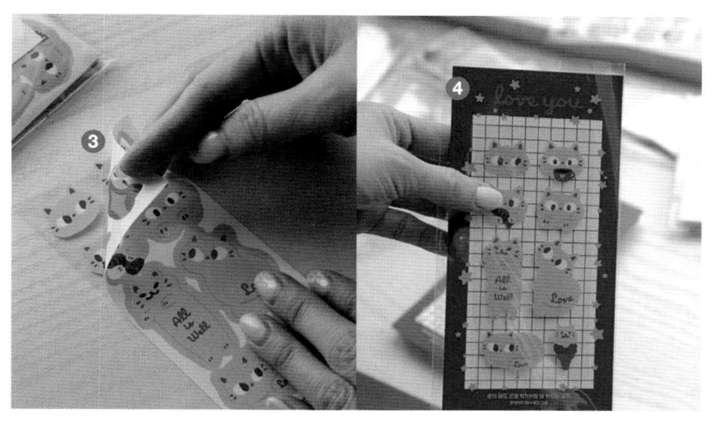

▲ 흰색 배경지를 손으로 떼어낸 다음 별도로 제작한 뒷대지와 함께 OPP로 포장합니다.

개별 재단선 만들기

01 일러스트레이터에서 ❶ Ctrl + O 를 눌러서 **3씰스티커_준비.ai** 파일을 엽니다. 화면 오른쪽에 있는 ❷ [Layers] 패널을 클릭합니다. ❸ [인쇄영역] 레이어를 클릭하고 ❹ 삭제 🗑 를 클릭합니다. ❺ 대화상자가 뜨면 [Yes]를 클릭합니다. ❻ [개별재단] 레이어를 클릭합니다.

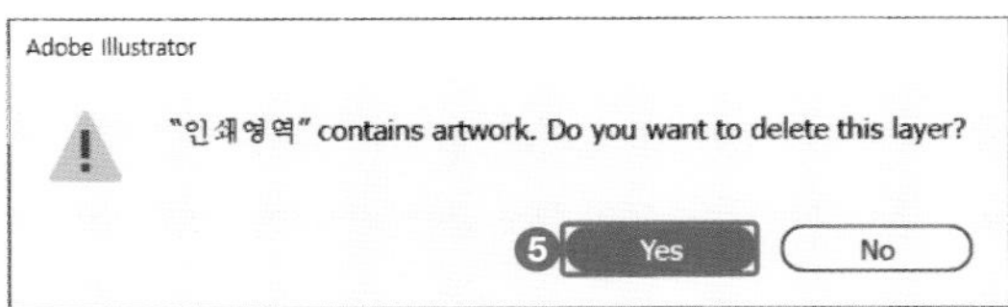

02 ❶ 선 도구 ⁄ 를 길게 클릭하고 ❷ 표 도구 ▦ 를 선택합니다. ❸ 아트보드의 빈 곳을 클릭합니다. ❹ 대화상자가 나타나면 옵션을 다음과 같이 입력합니다. ❺ [OK]를 클릭합니다. 표가 만들어집니다.

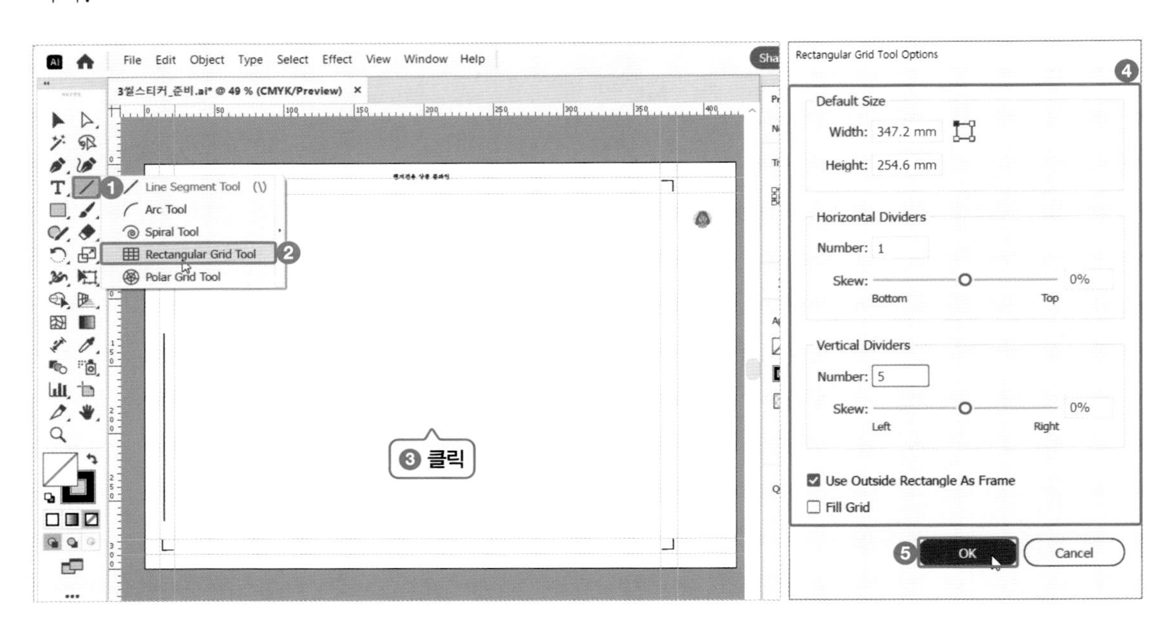

TIP **표 도구가 보이지 않는다면? 모든 도구 다 꺼내놓기!**

도구바 하단의 ••• 를 클릭하고 ☰ 를 클릭합니다. [Advanced(고급)]를 선택합니다. 모든 도구가 나타납니다. 이 책에서는 [Advanced]를 기준으로 실습합니다.

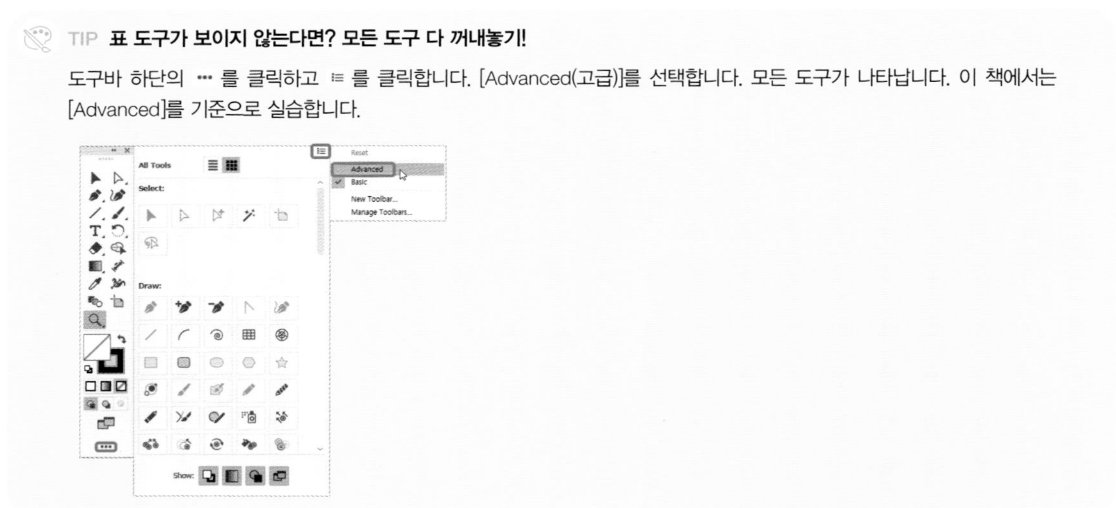

03 ❶ 선택 도구 ▶ 를 클릭하고 ❷ 표가 정확히 하늘색 가이드선 안쪽에 위치하도록 합니다. 하늘색 가이드선을 벗어나면 제작되지 않으니 주의합니다. ❸ 빈 곳을 클릭하여 선택을 해제합니다.

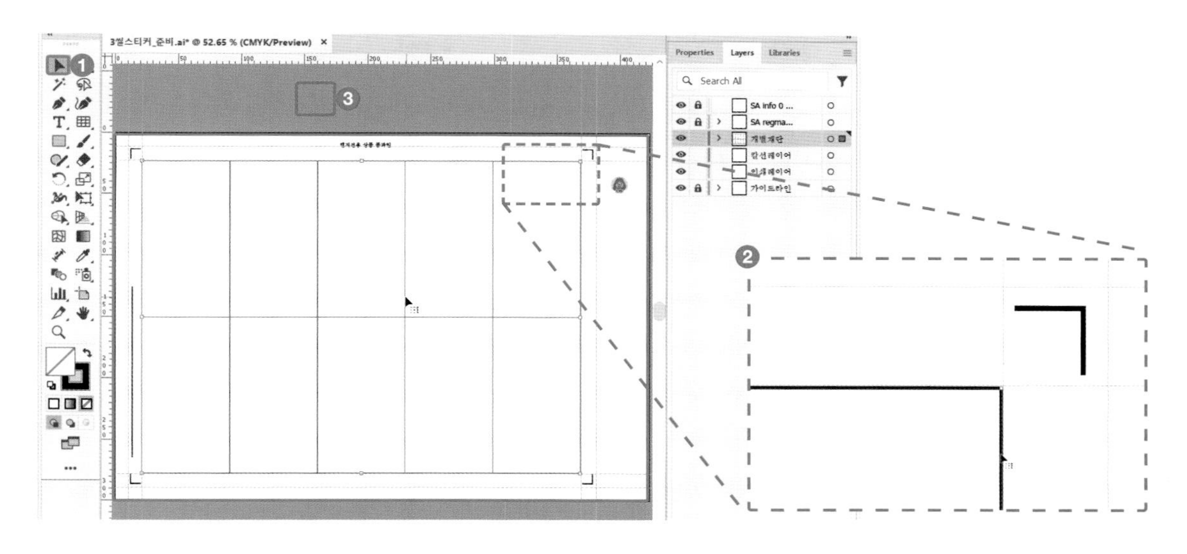

TIP 현재 개별 재단선의 색상은 C:0, M:0, Y:0, K:100이고 굵기는 1pt입니다.

04 스티커 한 세트의 사이즈를 확인하겠습니다. ❶ 사각형 도구 ▭ 를 클릭하고 ❷ [면]만 활성화합니다. 색상은 어느 색으로 해도 상관없습니다. ❸ 한 칸만 정확히 드래그합니다. ❹ [Transform] 패널에서 **W: 57mm, H: 127mm**를 확인합니다. ❺ 확인을 마쳤으니 사각형을 클릭하고 Delete 를 눌러 삭제합니다.

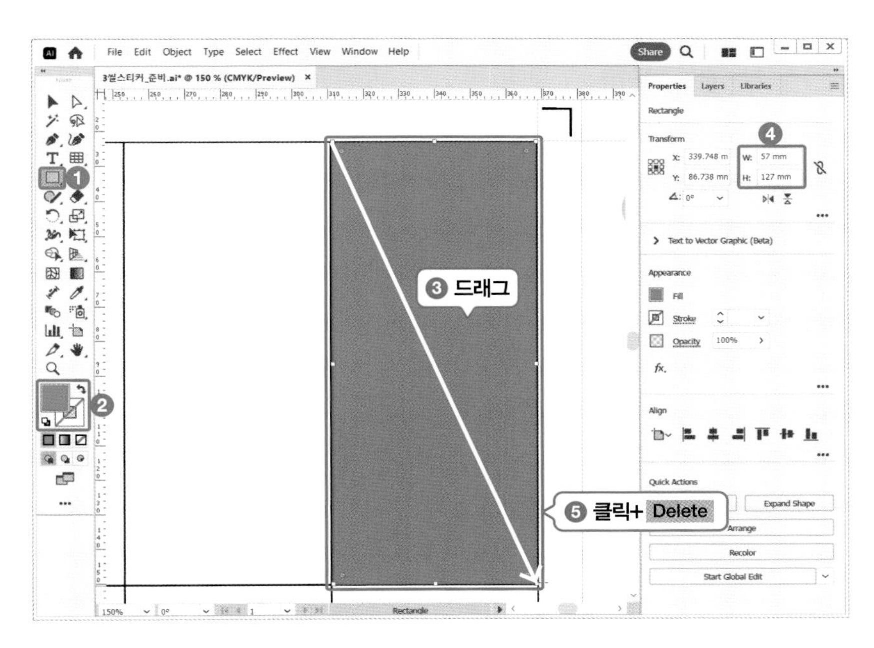

05 ❶ [Layers] 패널에서 [개별재단] 레이어의 잠금을 클릭하여 레이어를 고정합니다. 개별 재단선이 완성되었습니다. 다음 단계부터는 포토샵 또는 프로크리에이트에서 작업할 것이기 때문에 지금까지의 작업은 백업하겠습니다. ❷ [File]–[Save As]를 클릭하고 ❸ 파일 이름을 **3씰스티커_준비작업중.ai**로 입력한 후 저장합니다. 버전은 상관없습니다.

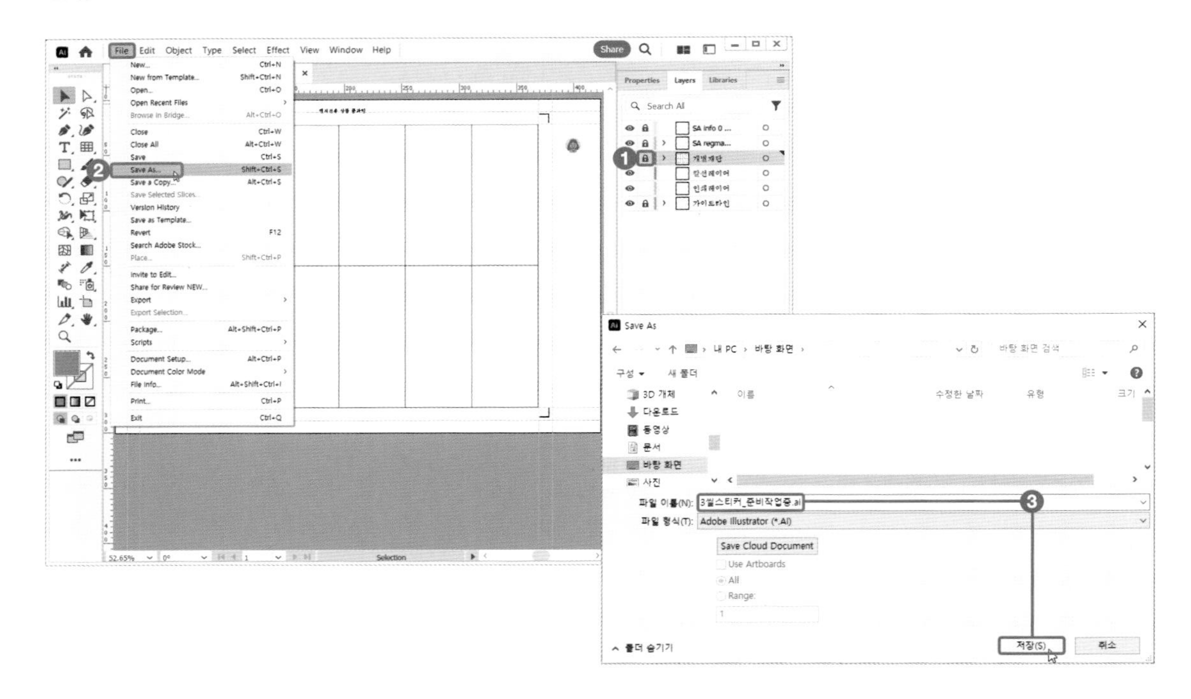

스티커 디자인하기

06 스티커 디자인하기는 영상 강의로 제공됩니다. 스티커 디자인은 포토샵이나 프로크리에이트 중에 어떤 것으로 하든 상관없습니다. 두 가지 버전의 영상을 제공합니다. 영상 강의로 학습하지 않으면 07로 넘어갈 수 없으니 꼭 영상을 시청합니다.

빨간고래의 특별한 영상 강의 | 포토샵에서 스티커 디자인하기

포토샵 사용자의 경우 QR 코드 또는 아래의 링크로 접속하여 영상 강좌로 학습합니다.

• **링크** | https://naver.me/GJE9Sm8A

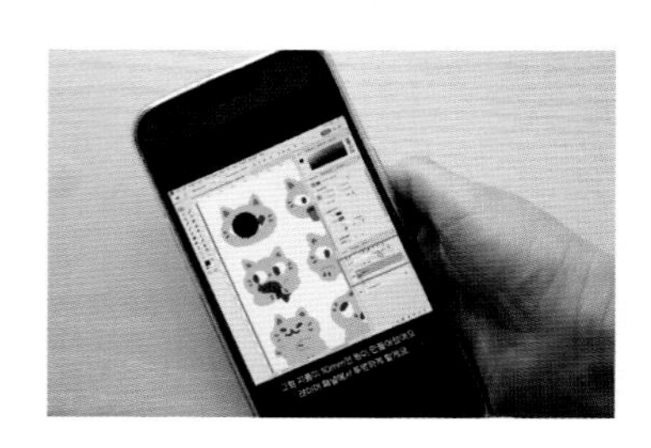

▶ 빨간고래의 특별한 영상 강의 | **프로크리에이트에서 스티커 디자인하기**

프로크리에이트 사용자의 경우 QR 코드 또는 아래의 링크로 접속하여 영상 강좌로 학습합니다.

• **링크** | https://naver.me/5ipoGY0N

칼선 만들기

07 일러스트레이터를 실행하고 ❶ [File]–[Open]을 클릭합니다. ❷ 앞 단계 영상 강좌를 보면서 만든 **3씰스티커_준비프크.psd** 파일을 선택하고 [Open]을 클릭합니다. ❸ [Photoshop import Options] 대화상자에서 [Convert Layers to Objects]를 선택하고 [OK]를 클릭합니다. ❹ 세 개의 레이어가 있는지 확인합니다.

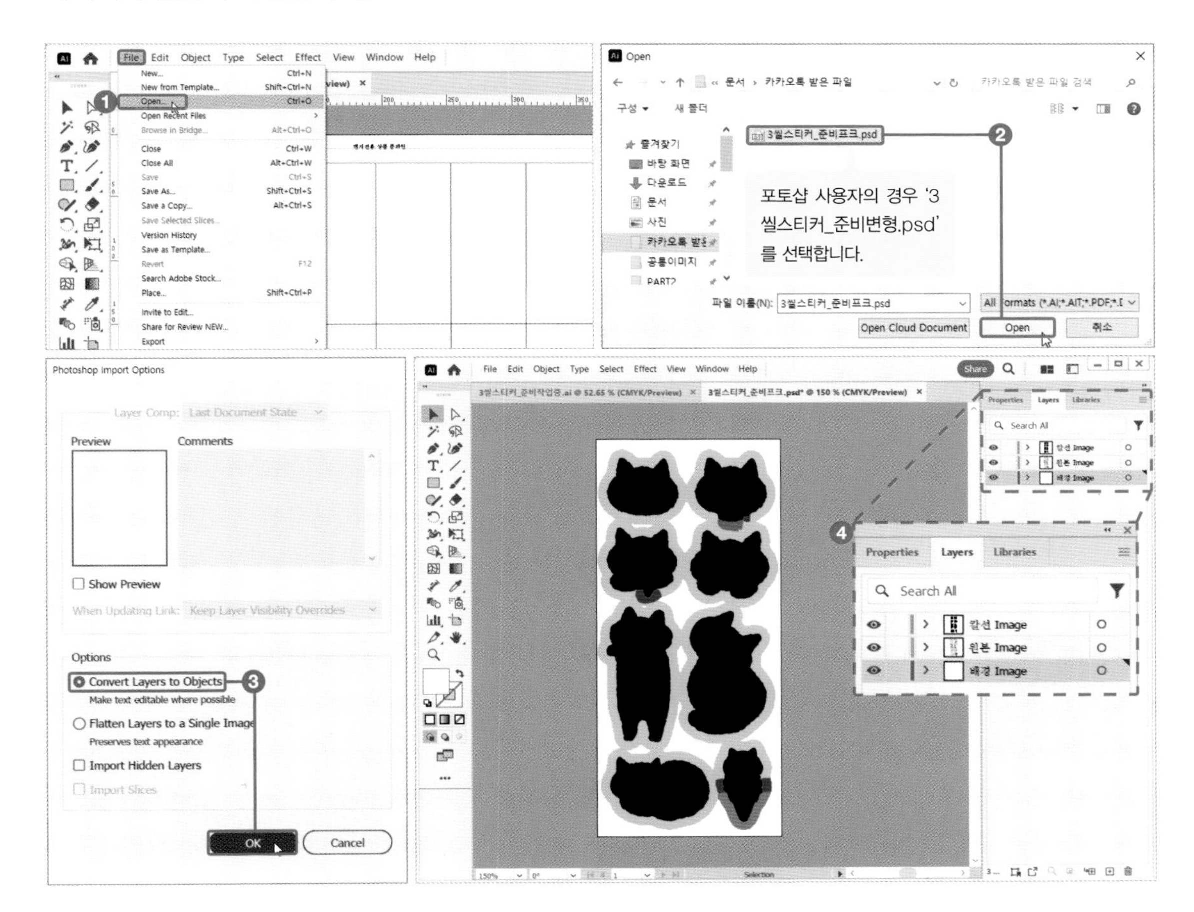

08 [Layers] 패널에서 ❶ [원본 Image] 레이어의 잠금을 클릭합니다. ❷ 맨 아래에 있는 [배경 Image] 레이어를 클릭하고 ❸ 삭제 🗑 를 클릭합니다.

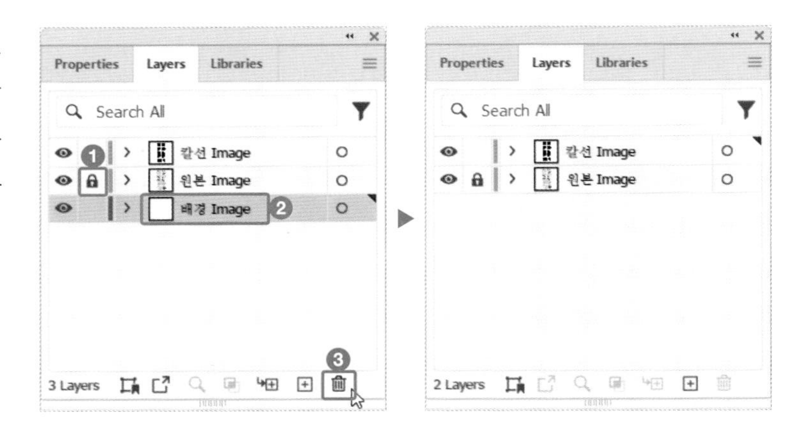

09 ❶ 선택 도구 ▸ 로 ❷ 검은색 면을 클릭합니다. ❸ [Properties] 패널을 선택하고 ❹ [Image Trace]를 클릭한 후 [Sketched Art]를 선택합니다. ❺ [Expand]를 클릭합니다.

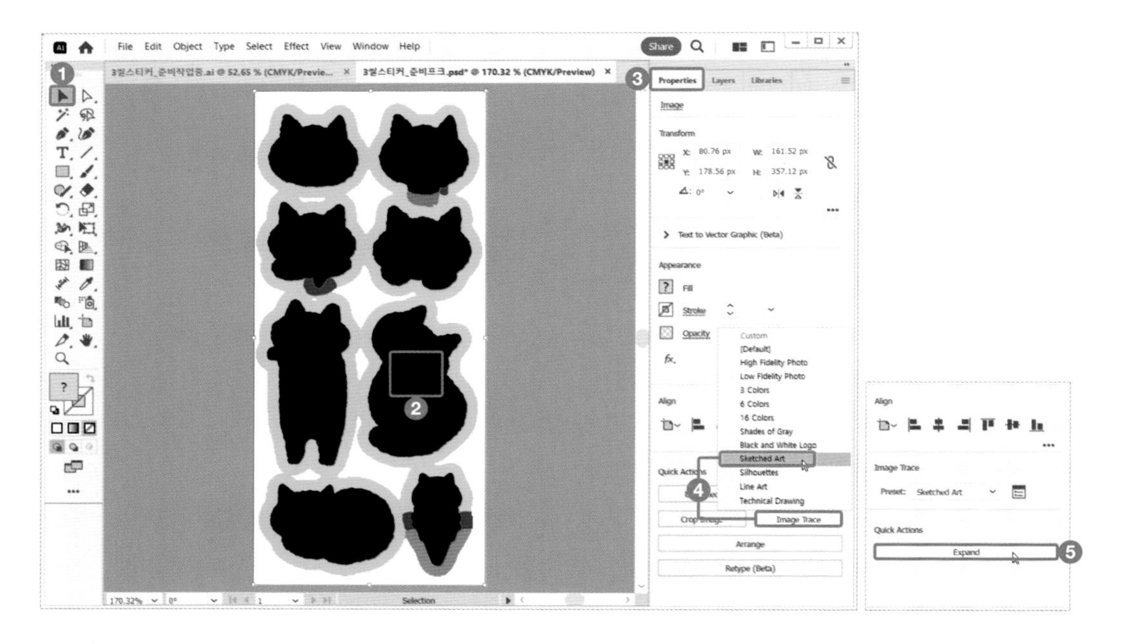

▶ 빨간고래의 특별한 영상 강의 | **책과 메뉴가 다르게 나타난다면?**

[Image Trace]–[Sketched Art]가 없거나 책과 다르게 적용이 된다면 영상 강의를 시청해보세요. QR 코드 또는 아래 링크로 접속합니다.

- **링크** | https://naver.me/52Tn8ds3

10 ❶ 도구바의 변환 ↰ 을 클릭합니다. ❷ [Appearance] 패널에서 [Stroke]를 클릭하고 ❸ [Corner]는 ◨ 를 선택합니다. ❹ [Weight]는 **1pt**로 설정합니다. 칼선이 만들어졌습니다.

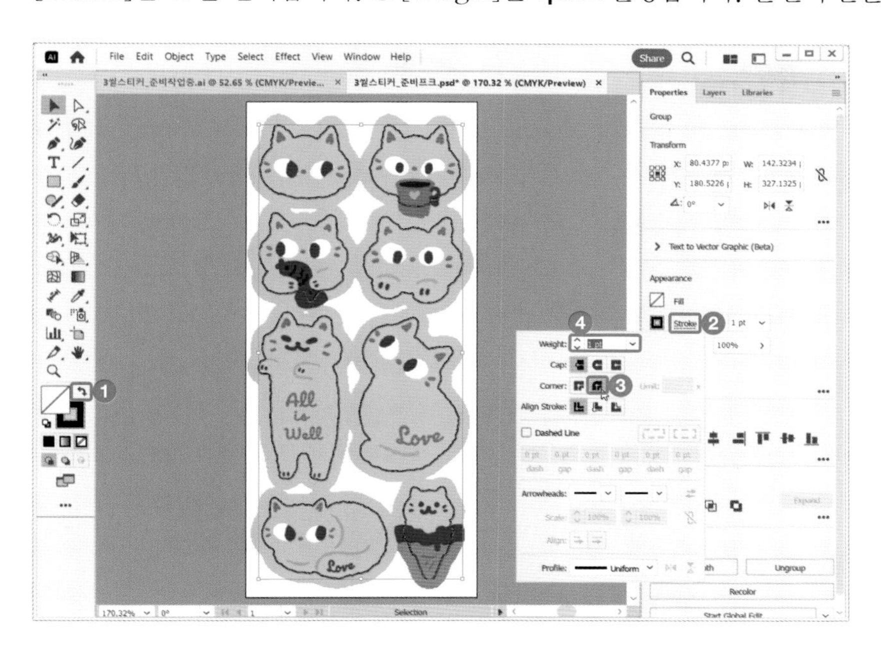

11 현재 칼선이 복잡한 상태라서 깔끔하게 다듬어야 합니다. 다듬는 방법은 글보다는 영상으로 봐야 이해가 더 쉽습니다. 영상 강의로 학습하지 않으면 12로 넘어갈 수 없으니 꼭 영상을 시청합니다.

▶ 빨간고래의 특별한 영상 강의 | **칼선 깔끔하게 다듬기**

복잡한 칼선을 깔끔하게 다듬는 방법은 영상으로 학습해보겠습니다. QR 코드 또는 아래 링크로 접속해보세요.

• **링크** | https://naver.me/Ftuxa9YL

12 [원본 Image] 레이어의 ❶ 🔒 를 클릭하여 잠금을 해제합니다. ❷ Ctrl + A 를 눌러 전체 선택합니다. ❸ Ctrl + C 를 눌러 복사합니다.

13 ❶ 다시 재단선이 있는 파일로 돌아옵니다. 07에서 파일을 닫았다면 **3씰스티커_준비작업중.ai** 파일을 엽니다. ❷ [Layers] 패널에서 [인쇄레이어]를 클릭하고 Ctrl + V 를 누릅니다. ❸ 스티커가 칸 안에 잘 들어가도록 배치합니다.

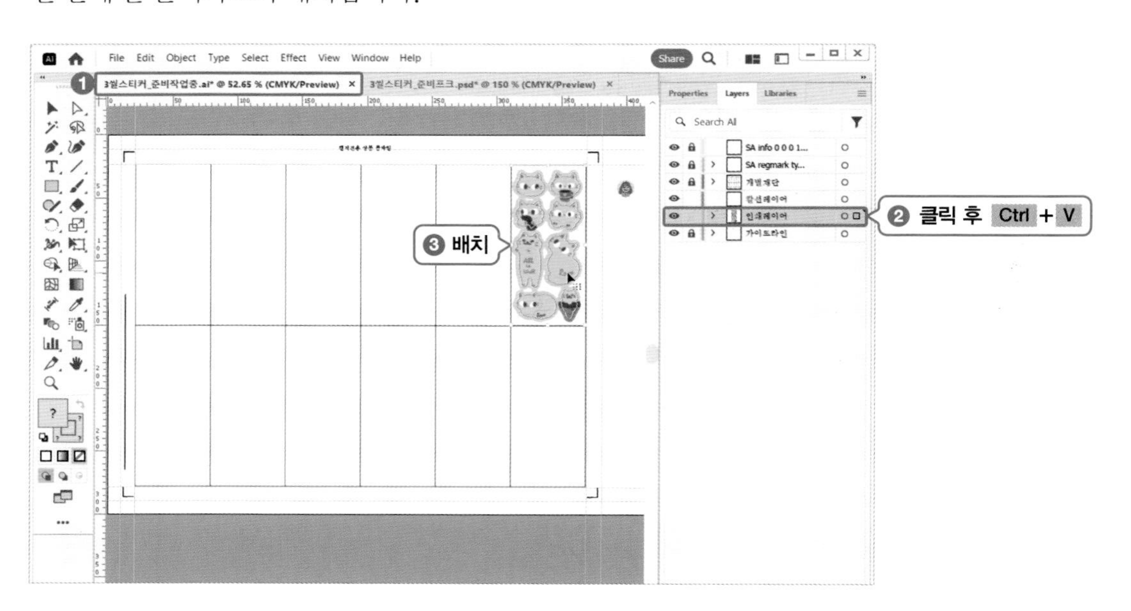

TIP 키보드에서 방향키 ← ↑ ↓ → 를 누르면 섬세하게 위치 조절을 할 수 있습니다.

14 ❶ [인쇄레이어]의 > 를 클릭하면 하위 레이어가 나타납니다. ❷ <Group> 레이어를 [칼선레이어]로 드래그하여 ❸ [칼선레이어] 안으로 이동시킵니다.

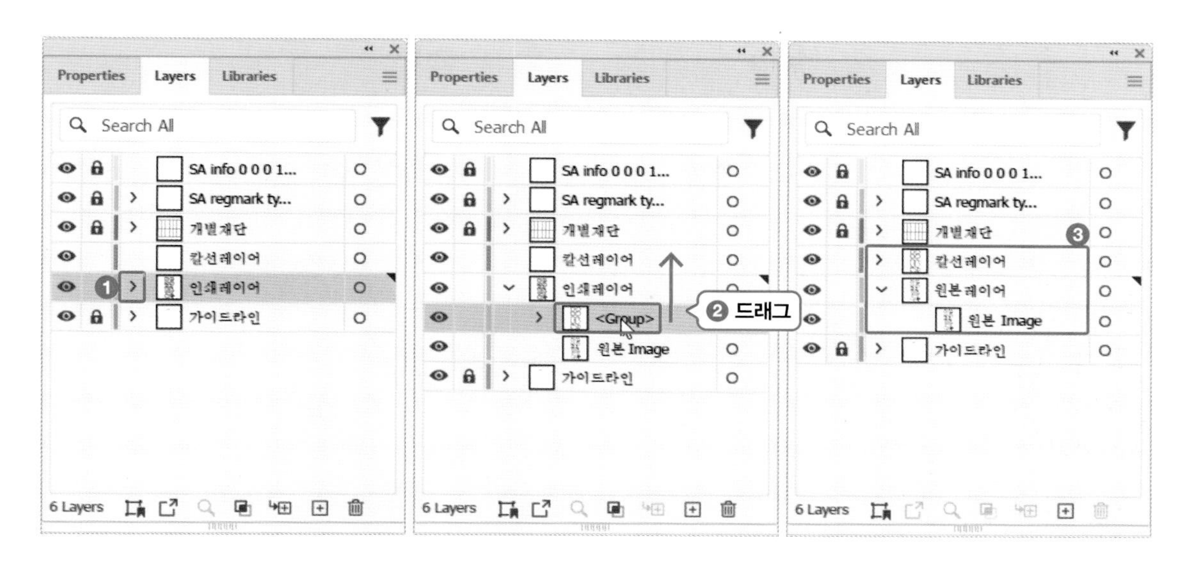

15 ❶ Ctrl + A 를 누릅니다. ❷ Alt + Shift 를 누르면서 왼쪽으로 드래그하며 수평 복제합니다. 같은 방법으로 모든 칸에 복제합니다. ❸ 주문 파일이 완성되었습니다.

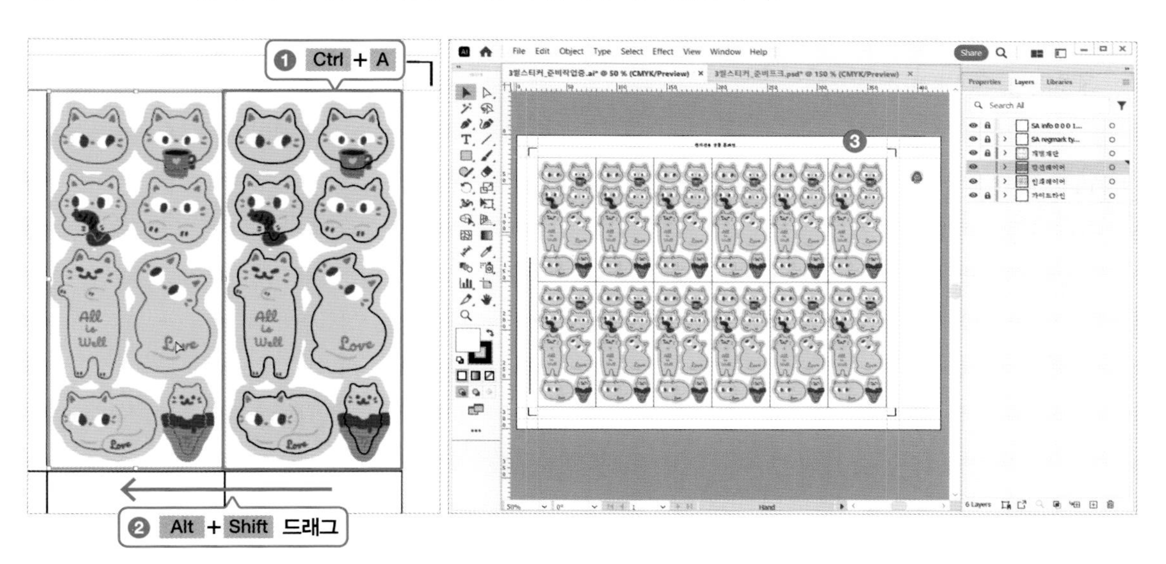

TIP 주문 파일을 보내기 전에 필수로 확인해야 할 사항은 220쪽을 참고합니다.

파일 넘기기 전 확인 필수! 모다82의 코멘트

빨간고래가 모다82의 목소리를 직접 옮겨 담았습니다. 다음 세 가지는 스티커를 주문할 때 많이 하는 실수이니 주문 파일을 넘기기 전에 꼭 확인합니다.

❶ 이미지 Embed(포함) 확인하기

일러스트레이터에서 비트맵 이미지를 선택했을 때 오른쪽 하단에 ⓐ [Embed(포함)]가 활성화되어 있거나 이미지에 ⓑ ×자가 표시되면 안 됩니다. 이런 경우에는 ⓐ [Embed]를 클릭하여 ⓒ [Unembed(미포함)]가 활성화되도록 해야 합니다.

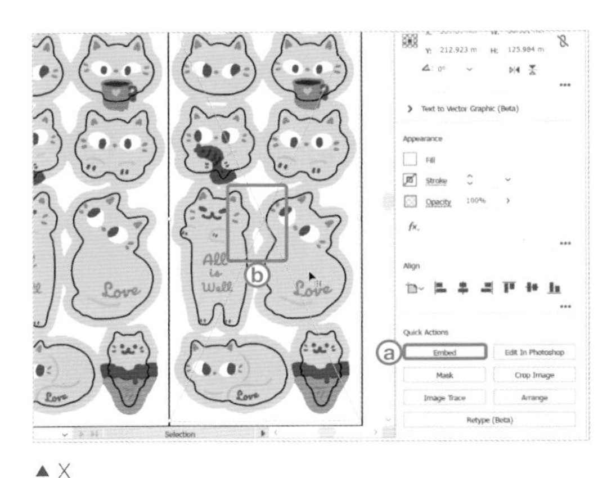

▲ X

▲ O

❷ 이중 칼선 확인하기

ⓐ 칼선이 똑같은 위치에 두 번 겹쳐 있으면 안 됩니다. 이중 칼선은 다른 선들에 비해 진해 보이지만 그렇지 않은 경우도 있으니 주의합니다. 이중 칼선으로 의심된다면 ⓑ 칼선을 선택하고 ⓒ 굵게 한 다음 투명도를 조절하면 쉽게 알 수 있습니다. 이중 칼선으로 된 부분은 겹쳐진 만큼 중복 재단이 되는 불상사가 생깁니다.

▲ 이중 칼선은 선이 약간 진해 보입니다.

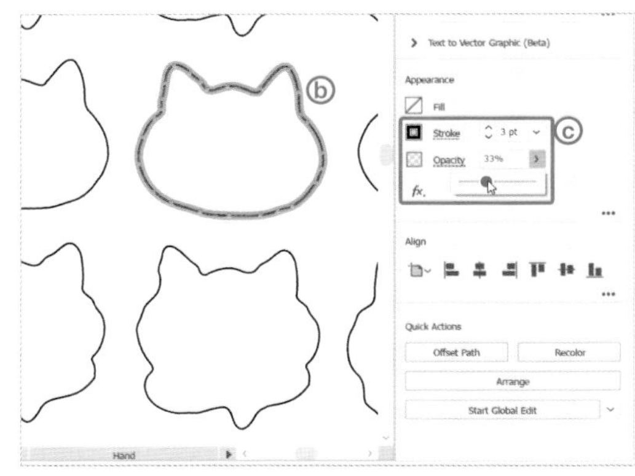

▲ 이중 칼선 확인하는 방법

❸ 개별 재단선 겹치게 그리지 않기

이 책에서는 개별 재단선을 표 도구 ▦ 로 그렸기 때문에 겹친 부분이 없습니다. 그러나 개별 재단선을 ⓐ 사각형 도구 ▢ 로 그리면 선이 ⓑ 겹치는 부분이 생깁니다. 이중 칼선과 마찬가지로 겹친 만큼 재단이 되기 때문에 종이에 큰 손상이 생깁니다.

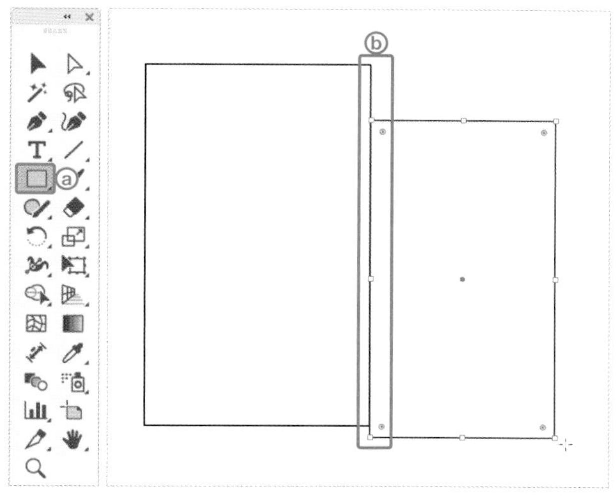

▲ 사각형 도구 ▢ 로 개별 재단선을 그린 경우

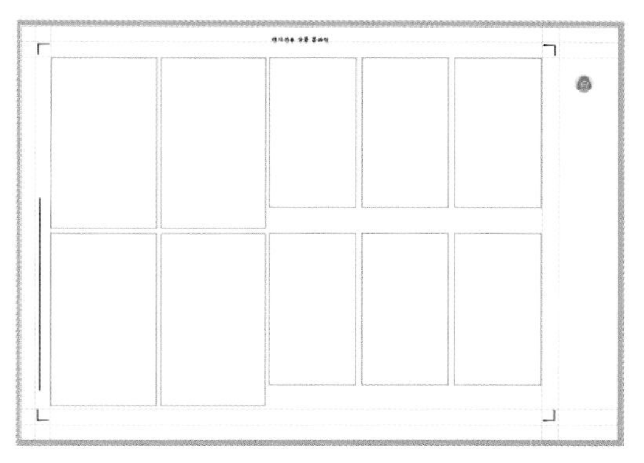

▲ 사각형 도구 ▢ 로 그린다면 사이를 띄워야 합니다.

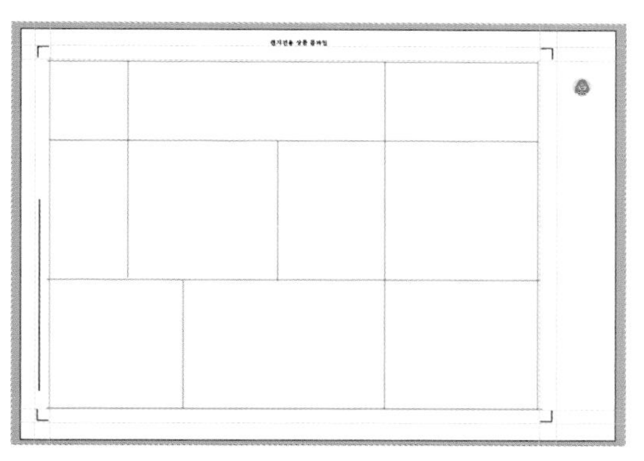

▲ 재단선이 복잡하게 들어간다면 선 도구 ／ 로 그려야 합니다.

16 ❶ [File]–[Save As]를 클릭합니다. ❷ 파일 이름은 아래 실무 꿀팁을 참고하여 입력한 후 저장합니다. ❸ [Illustrator Options] 대화상자에서 버전은 [CS4]를 선택하고 [OK]를 클릭합니다.

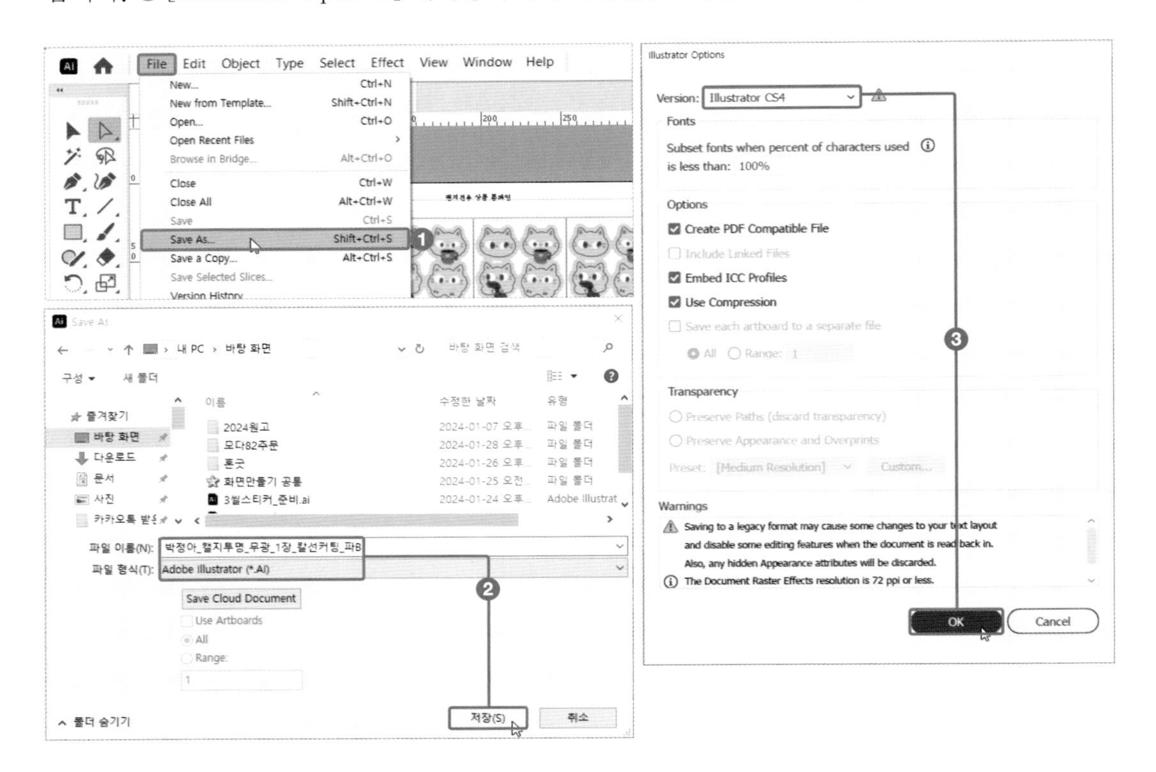

주문 파일 이름 입력하는 방법

❶ 박정아_ ❷ 캘지투명_ ❸ 무광_ ❹ 1장_ ❺ 칼선커팅_ ❻ 파B

❶ **이름** : 주문자의 이름입니다.

❷ **용지** : 모다82 사이트에서 선택할 수 있는 씰 스티커 용지는 두 가지입니다. 여기서는 뒷면이 투명한 PVC캘지(뒷대지 투명)로 주문해보겠습니다.

❸ **코팅 용지** : 모다82 사이트에서 선택할 수 있는 코팅 용지 종류는 약 25가지입니다. 여기서는 무광으로 선택하겠습니다.

❹ **수량** : 1장을 입력하면 템플릿 1장이 제작됩니다.

❺ **칼선커팅**: 칼선이 있으면 '칼선커팅'으로 입력하고 없으면 '인스'로 입력합니다.

❻ **파B** : 색감을 의미합니다. 색감은 세 가지를 선택할 수 있고 디자인에 따라 다르게 선택해야 합니다. 파스텔A / 파스텔B / 일반입니다. 여기서는 파스텔B로 선택하겠습니다. 세 가지 색감의 차이점은 리뷰 영상에서 실물을 확인하면서 설명하겠습니다.

주문하기

17 네이버에 로그인한 후 모다82에 접속합니다. 메뉴에서 [씰스티커 굿즈제작용]–[PVC 캘지 수성인쇄 리무버블타입 1–50장]을 클릭합니다. ❶ [용지선택]은 [PVC캘지(뒷대지 투명)]을 선택합니다. ❷ [코팅선택]은 [무광]을 선택합니다. ❸ [자유형개별재단]은 [고생하셨어요...]를 선택합니다. ❹ 수량은 동일하게 합니다. ❺ [구매하기]를 클릭해 결제합니다.

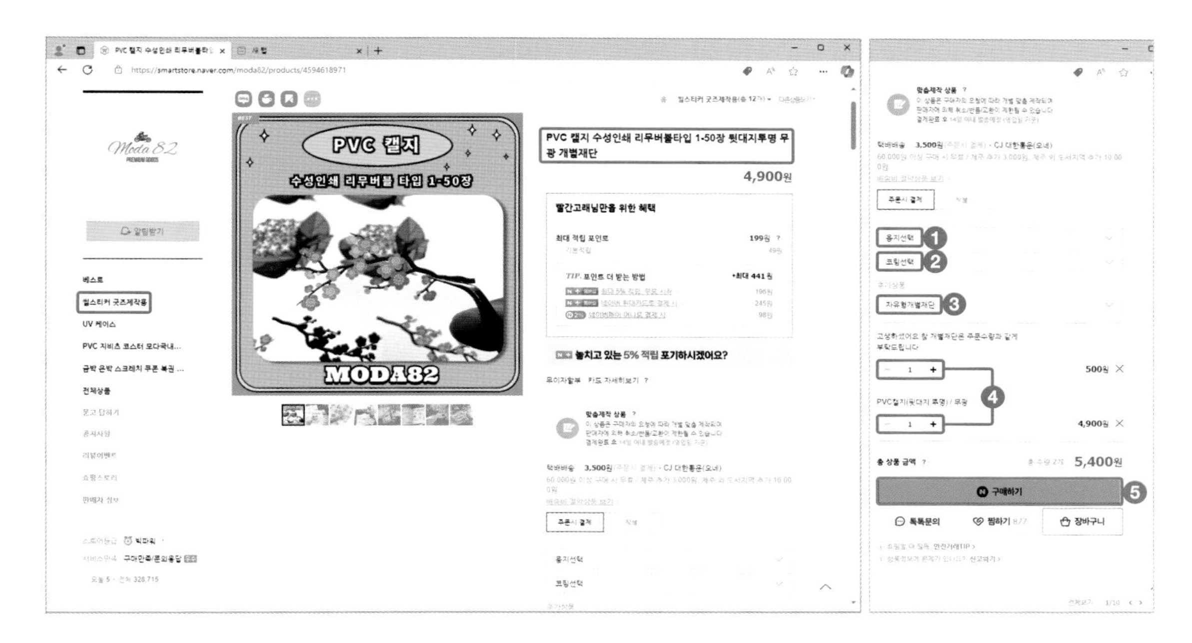

18 PC에서 카카오톡에 접속합니다. ❶ [친구 추가] 아이콘을 클릭합니다. ❷ [ID로 추가]를 선택하고 ❸ **moda82**를 검색하여 ❹ [친구 추가]를 클릭합니다. 채팅을 시작합니다. ❺ 주문 내용을 다음과 같이 입력합니다. ❻ 를 클릭하고 앞 단계에서 저장한 파일을 전송합니다. 주문이 완료되었습니다.

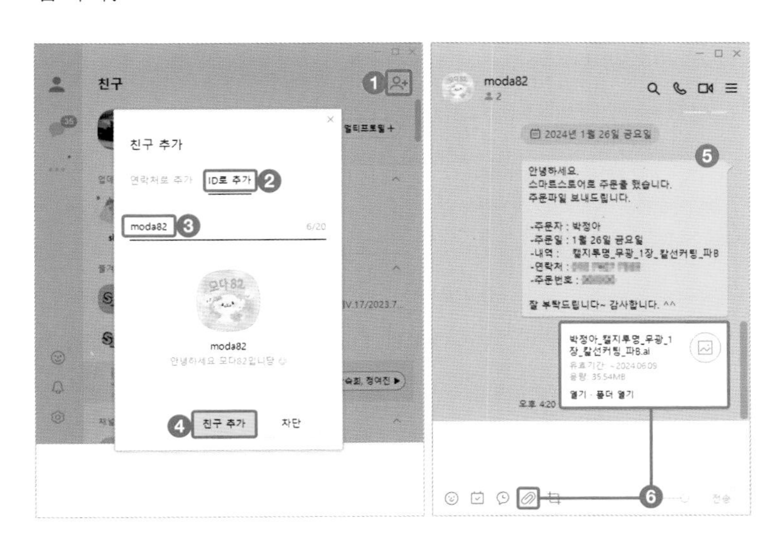

스티커 뒷대지 주문하기

스티커를 더 돋보이게 만들어줄 스티커 뒷대지를 성원애드피아에서 주문하겠습니다. 스티커 뒷대지가 필요없다면 생략해도 좋습니다.

19 사이즈를 확인하겠습니다. 포토샵에서 [File]–[Open]을 클릭하고 **3씰스티커_뒷대지.psd** 파일을 엽니다. 성원애드피아 인쇄물은 도련값(외곽 여유분)이 1mm입니다. 상하좌우로 1mm씩 여유를 두고 작업하겠습니다.

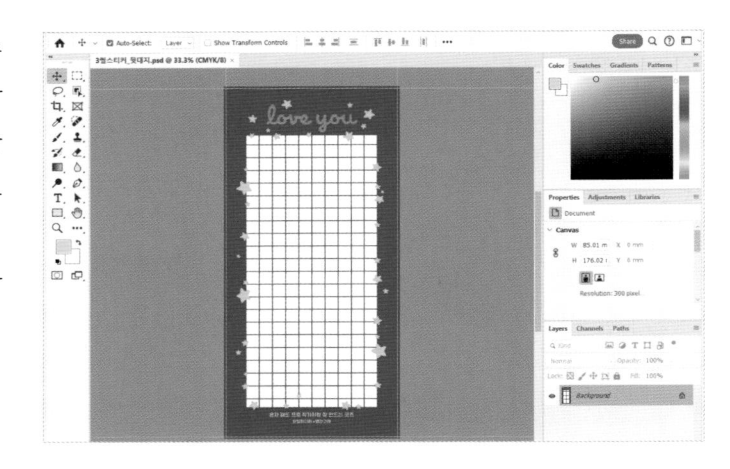

TIP **스티커 뒷대지에 사용한 폰트 알아보기**

- Mister Brown(출처 : https://fonts.adobe.com/fonts/mister-brown)
- 카페24 써라운드(출처 : https://fonts.cafe24.com)

20 ❶ [Image]–[Image Size]를 클릭하고 ❷ [Width(가로)]는 **85mm**, [Height(세로)]는 **176mm**, [Resolution(해상도)]는 **300**임을 확인합니다. ❸ [Layers] 패널에서 모든 레이어가 합쳐진 것을 확인합니다.

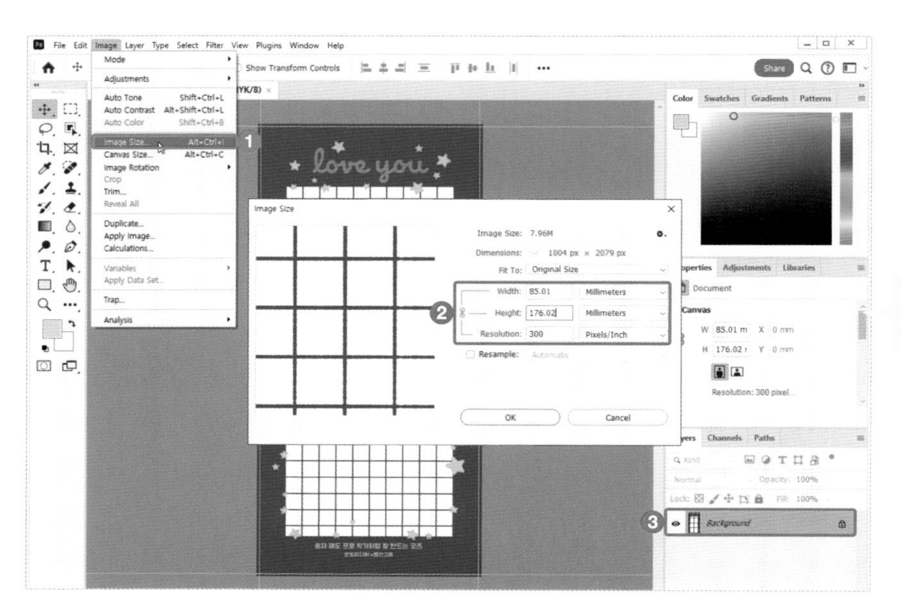

사이즈에서 소수점 뒷자리는 반올림 처리됩니다.

21 성원애드피아 사이트에 접속한 후 로그인합니다. ❶ [디지털 인쇄(인디고/토너)]–[디지털(인디고인쇄)]–[디지털엽서/상품권]을 클릭합니다. ❷ [용지]는 [일반지]–[스노우지 백색 200g]을 선택합니다. ❸ [인쇄도수]는 [단면칼라4도]를 선택합니다. ❹ [규격]은 [직접입력]을 클릭한 후 [가로]는 **83**, [세로]는 **174**를 입력합니다. ❺ 원하는 수량을 선택합니다. ❻ [바로 주문]을 클릭합니다. ❼ [파일추가]를 클릭하고 앞 단계에서 저장한 psd 파일을 추가합니다. ❽ [주문서작성]을 클릭합니다. 다음 단계부터는 주소를 입력하고 결제합니다.

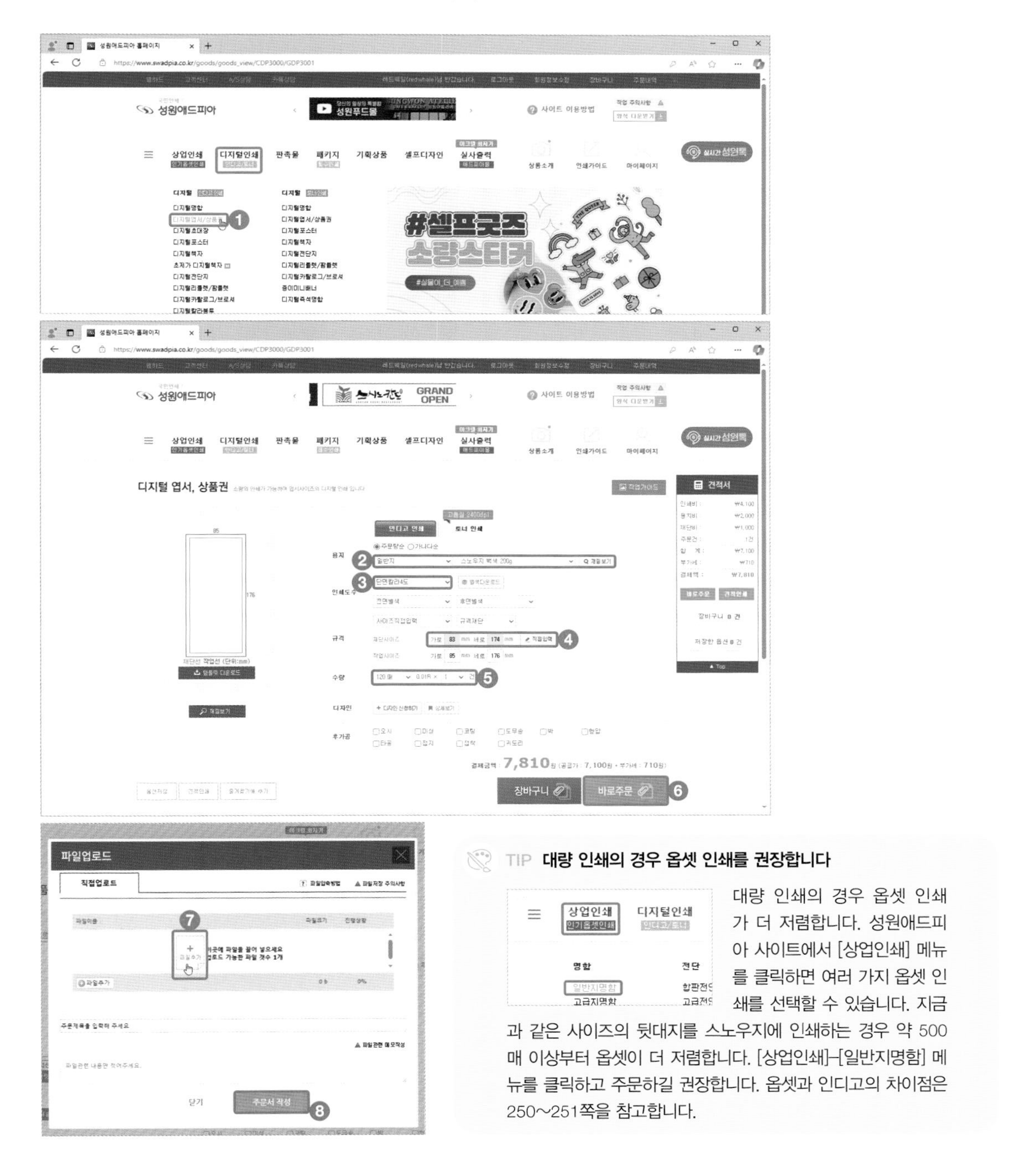

TIP 대량 인쇄의 경우 옵셋 인쇄를 권장합니다

대량 인쇄의 경우 옵셋 인쇄가 더 저렴합니다. 성원애드피아 사이트에서 [상업인쇄] 메뉴를 클릭하면 여러 가지 옵셋 인쇄를 선택할 수 있습니다. 지금과 같은 사이즈의 뒷대지를 스노우지에 인쇄하는 경우 약 500매 이상부터 옵셋이 더 저렴합니다. [상업인쇄]–[일반지명함] 메뉴를 클릭하고 주문하길 권장합니다. 옵셋과 인디고의 차이점은 250~251쪽을 참고합니다.

▶ 생생 리뷰 영상 | 씰 스티커 언박싱 & 스티커 코팅 종류 알아보기

주문한 스티커를 생생하게 영상으로 확인해보세요. 모다82의 경우 인쇄의 색감을 세 가지로 제공하고 있습니다. 파스텔A, 파스텔B, 일반입니다. 세 가지의 차이점에 대해 리뷰하겠습니다. 또한 씰 스티커를 제작할 때 어떤 (코팅)용지를 선택해야 하는지 많은 주문자들이 고민합니다. 이 영상에서는 14종의 (코팅)용지를 비교 분석했으니 참고합니다.

- **링크** | https://naver.me/GXqaBIfj

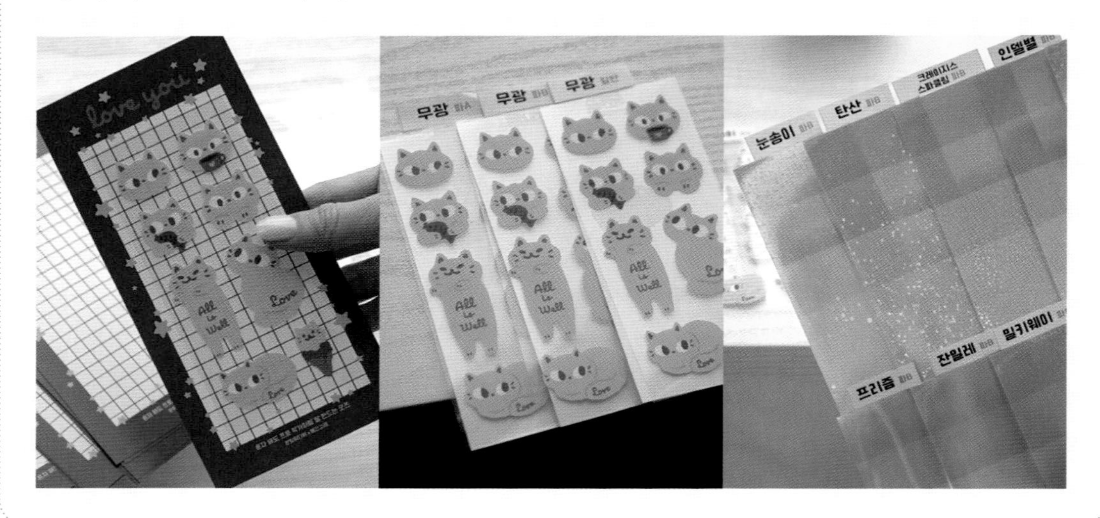

04 LESSON 마스킹 테이프 만들기

굿즈 미리 보기

준비 파일 | 4마스킹 테이프_준비.psd / 4원형라벨_준비.psd

완성 파일 | 4마스킹 테이프_완성.psd / 4원형라벨_완성.psd

참고 파일 | 4마스킹 테이프_참고.jpg / 4마스킹 테이프_참고.ai
4마스킹 테이프_참고_원본.psd / 4마스킹 테이프_참고_수정.psd

제작 업체 | 디테마테 https://www.detemate.co.kr

마스킹 테이프는 인기 있는 굿즈 중 하나입니다. 예쁜 그림과 패턴이 들어간 테이프를 원하는 길이만큼 잘라서 쓸 수 있고, 화지로 만들어져서 만졌을 때 느낌이 좋습니다. 화지는 일반 종이보다 선명하지는 않지만 은은하고 감성적입니다. 요즘은 다이컷, 우표컷, 펄지 등 다양한 모양과 재질의 마스킹 테이프가 있어 구매욕을 불타오르게 합니다.이번에는 일반적으로 많이 판매되는 폭 15mm 마스킹 테이프를 만들어보겠습니다.

업체 선정 후 사이즈 확인하기

마스킹 테이프는 디테마테에서 주문하겠습니다. https://www.detemate.co.kr에 접속합니다. 먼저 사이즈를 확인하겠습니다. 디테마테 사이트에 접속합니다. [마스킹주문제작]-[마스킹 테이프]를 클릭합니다.

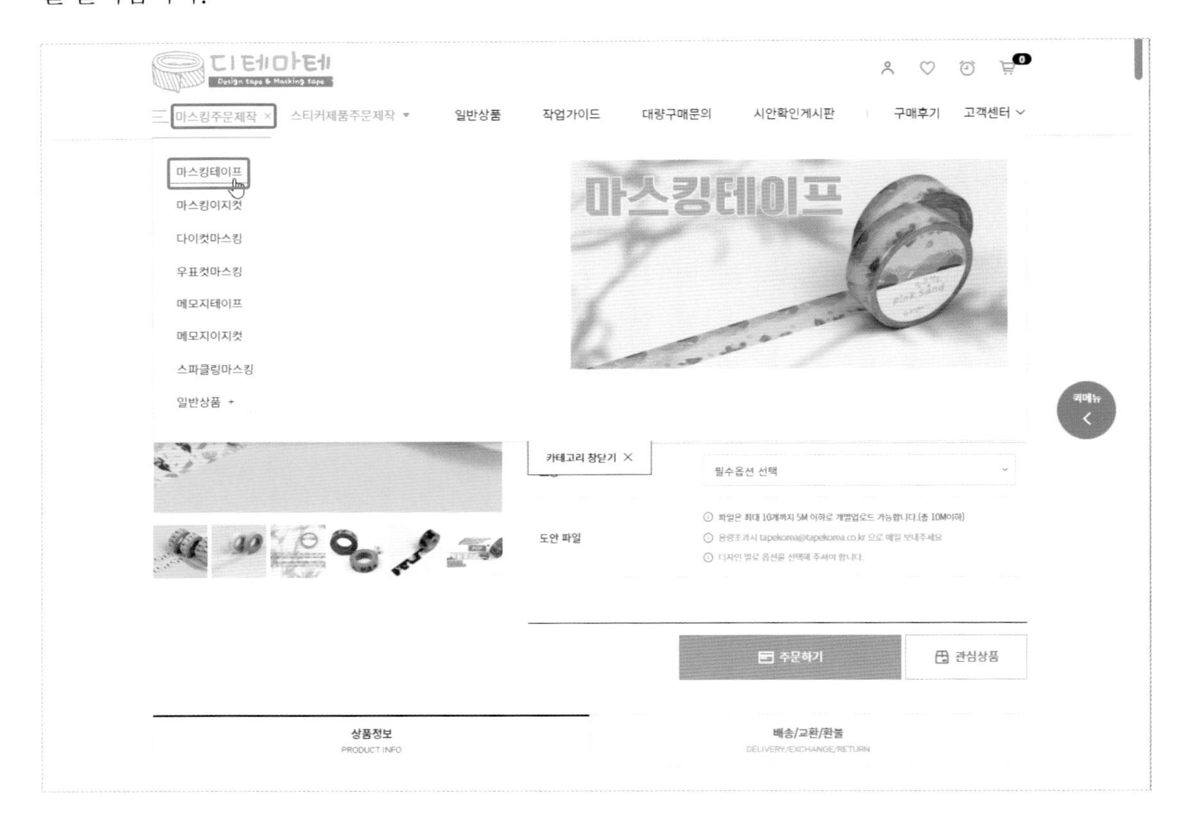

스크롤바를 내려서 사이즈와 단가를 확인합니다. 마스킹 테이프의 가로 길이는 모두 10m(10,000mm)입니다. 세로 길이는 다양하게 있고 세로 길이에 따라 금액이 달라집니다. 이번 실습에서는 15mm로 제작해보겠습니다.

마스킹주문제작 ▾ 스티커제품주문제작 ▾ 일반상품 작업가이드 대량구매문의 시안확인게시판 | 구매후기 고객센터

마스킹 테이프 사양 및 단가표

- 마스킹 총 길이는 10m 입니다.
- 샘플, 낱개 제작 불가능합니다.
- VAT별도 개당 가격

규격					
규격 12mm	25개 (25개 단위로 주문가능)	50~100개	125~525개	550~2075개	2100개~
	2,400원	1,750원	1,500원	1,100원	별도문의
규격 15mm	20개 (20개 단위로 주문가능)	40~120개	140~540개	560~2080개	2100개~
	2,800원	2,100원	1,800원	1,300원	별도문의
규격 20mm	15개 (15개 단위로 주문가능)	30~120개	135~540개	555~2085개	2100개~
	3,700원	2,900원	2,400원	1,800원	별도문의
규격 25mm	12개 (12개 단위로 주문가능)	24~120개	132~540개	552~2088개	2100개~
	4,500원	3,200원	2,800원	2,000원	별도문의
규격 30mm	10개 (10개 단위로 주문가능)	20~110개	130~540개	550~2000개	2100개~
	5,200원	3,800원	3,300원	2,400원	별도문의
규격 35mm	8개 (8개 단위로 주문가능)	24~120개	128~544개	552~2096개	2100개~
	6,300원	4,800원	3,900원	2,900원	별도문의
규격 40mm	7개 (7개 단위로 주문가능)	21~119개	126~546개	553~2093개	2100개~
	7,200원	5,600원	4,400원	3,400원	별도문의
규격 45mm	6개 (6개 단위로 주문가능)	18~120개	126~546개	552~2094개	2100개~
	8,100원	6,100원	4,900원	3,700원	별도문의
규격 50mm	6개 (6개 단위로 주문가능)	18~120개	126~546개	552~2094개	2100개~
	9,000원	6,600원	5,400원	4,000원	별도문의

디테마테 사이트에서 [작업가이드] 메뉴를 클릭하면 여러 제작 가이드가 나타납니다. 본격적으로 들어가기에 앞서 제작 가이드를 읽어보도록 합니다. 특히 [제작가이드 #인쇄방식]은 꼭 읽어주세요. 디자인에 따라 마스킹 테이프가 풀리는 방향이 달라지거나 단가가 바뀔 수도 있습니다.

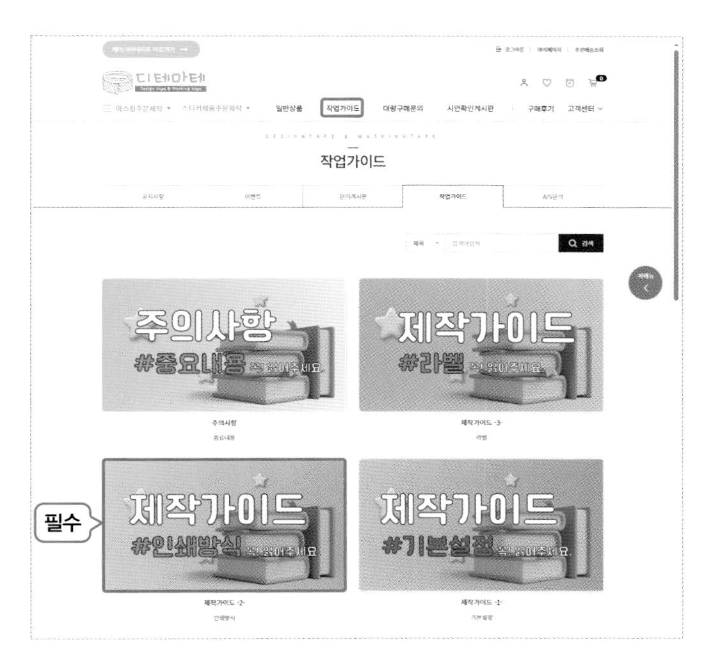

마스킹 테이프 주문 파일 만들기

01 포토샵을 실행합니다. ❶ Ctrl + N 을 누르고 ❷ 단위는 [Milimeters]로 설정합니다. ❸ [Width(가로)]는 **500**, [Height(세로)]는 **15**로 입력합니다. ❹ 나머지 옵션은 다음과 같이 입력합니다. ❺ [Create]를 클릭합니다.

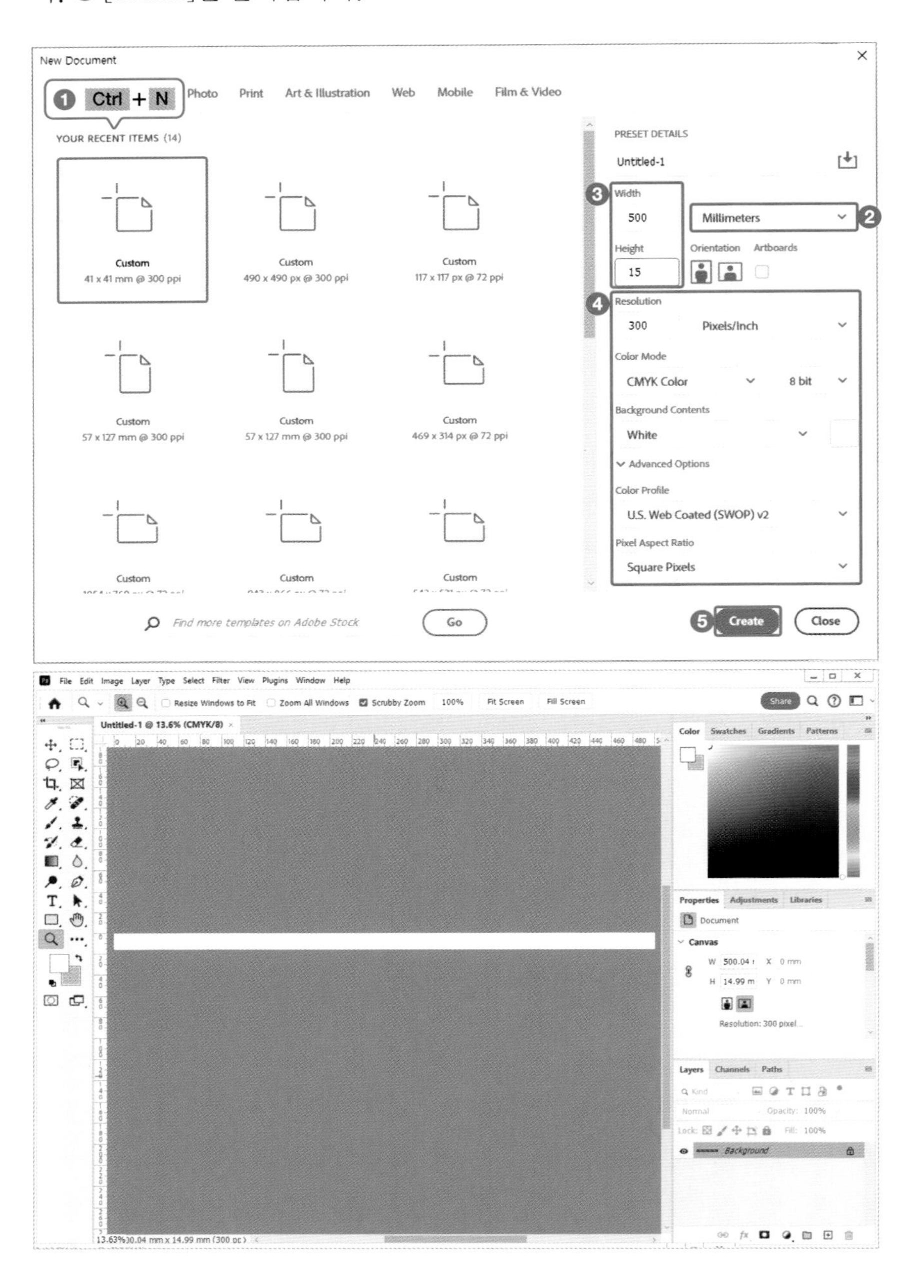

TIP 가로의 길이는 최대 10,000mm까지 디자인이 가능하며 이 안에서 자유롭게 길이를 정하면 됩니다. 지금처럼 500mm로 설정했다면 테이프의 길이가 10,000mm이기 때문에 이 주문 파일로 20번 이어서 제작되는 것입니다.

02 ❶ Ctrl + R 을 누릅니다. 캔버스 외곽에 룰러가 나타납니다. ❷ 룰러 위에서 마우스 오른쪽 버튼을 클릭하고 [Milimeters]를 선택합니다.

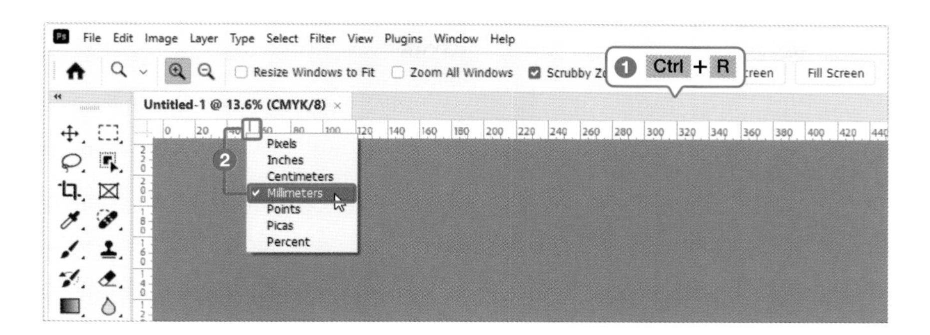

03 ❶ 돋보기 도구 를 클릭하고 ❷ 왼쪽 모서리를 드래그하거나 클릭하여 화면 비율을 [800%] 정도로 확대합니다. ❸ 위쪽 룰러를 아래로 드래그하여 **1.5** 지점에 안내선을 놓습니다. ❹ 스크롤바를 내립니다. ❺ 또 위쪽 룰러를 아래로 드래그하여 **13.5** 지점에 안내선을 놓습니다. 화면 비율을 줄여보면 위아래로 1.5mm 안쪽에 안내선이 생깁니다.

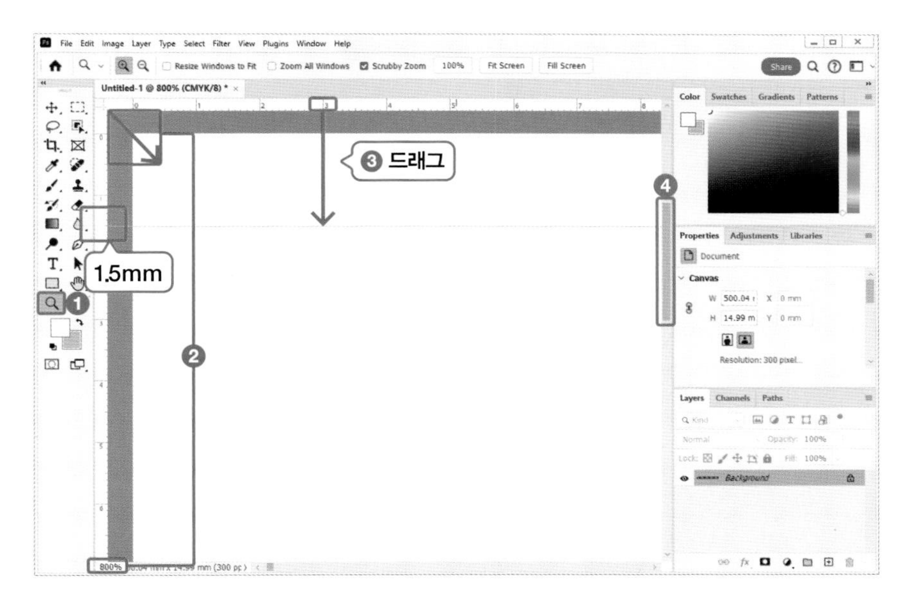

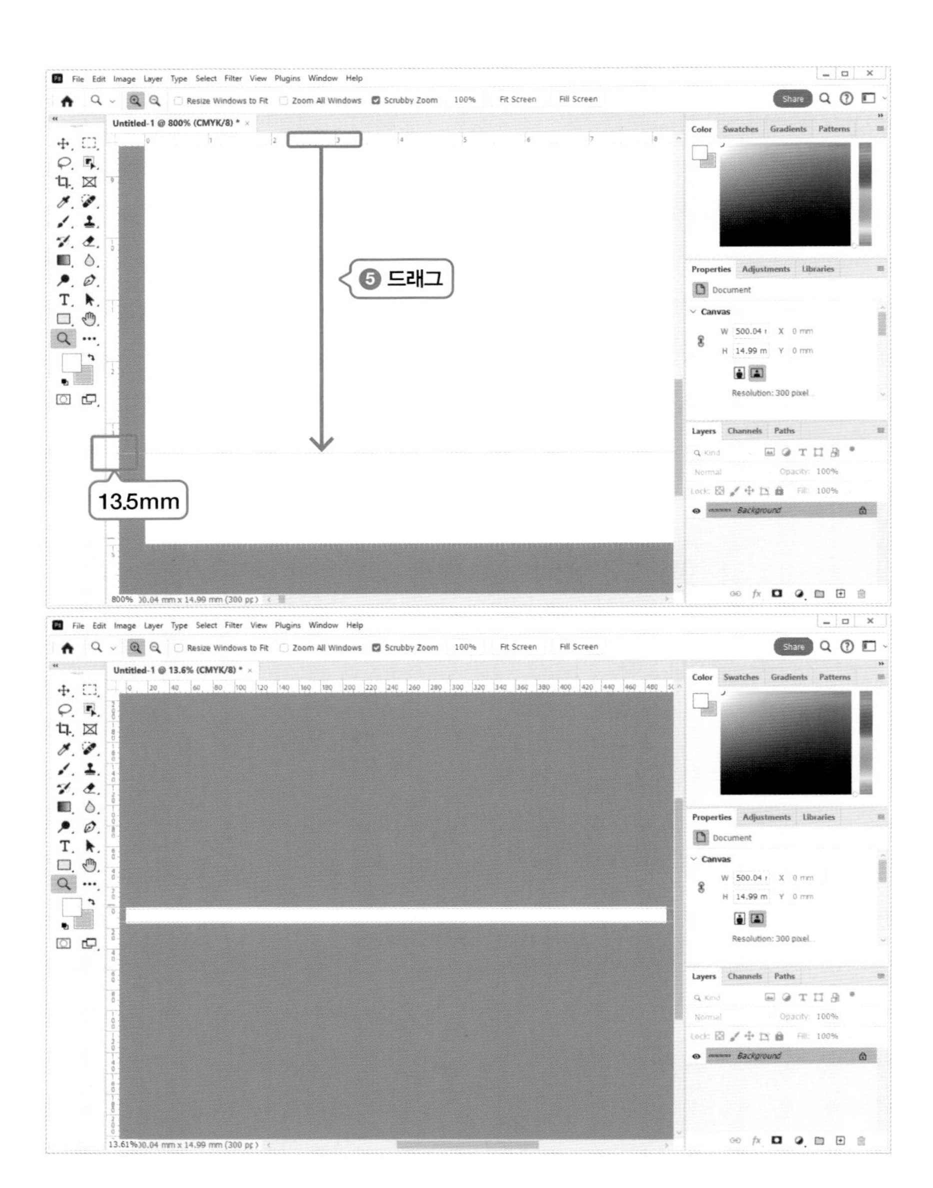
5 드래그
13.5mm

04 ❶ 새 레이어를 추가합니다. ❷ 캔버스에 그림을 그립니다. ❸ 주의할 점은 그림이 안내선 밖으로 넘어가면 안 됩니다. 시간 관계상 지금부터는 빨간고래가 그려놓은 그림으로 작업을 해보겠습니다.

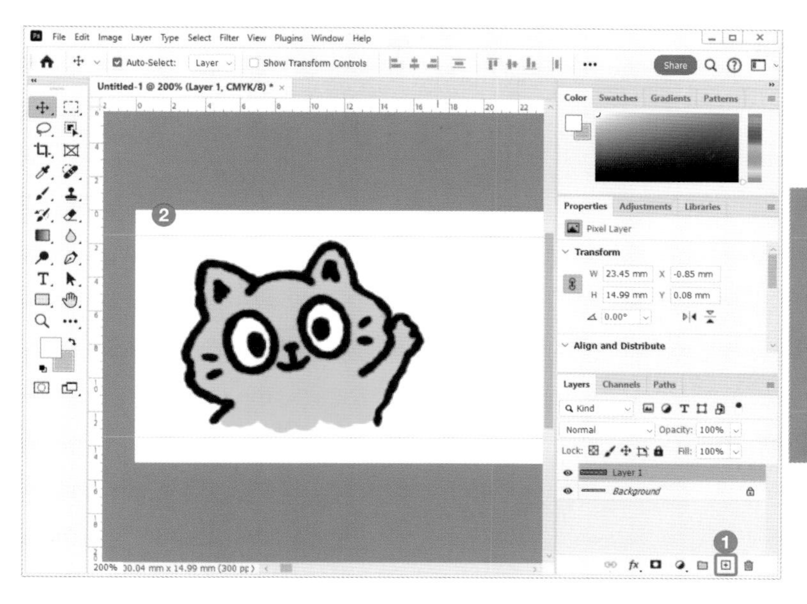

빨간고래의 실무 꿀팁 | 선 두께와 색상값 설정 시 주의사항

❶ 지금처럼 선이 들어가는 경우 ⓐ 두께는 0.1mm 이상이 되어야 합니다. ⓑ 선에 질감이 있거나 굵기가 다양한 경우 0.2mm 이상이 되도록 합니다.

ⓐ ⓑ

❷ CMYK의 숫자 합이 250%가 넘으면 인쇄 뒤 묻음이 발생할 수 있으니 주의합니다.

이런 경우 330%이므로 뒤 묻음이 발생할 수 있습니다. ▶

❸ 검은색을 사용하려면 C:0, M:0, Y:0, K:100으로 설정합니다.

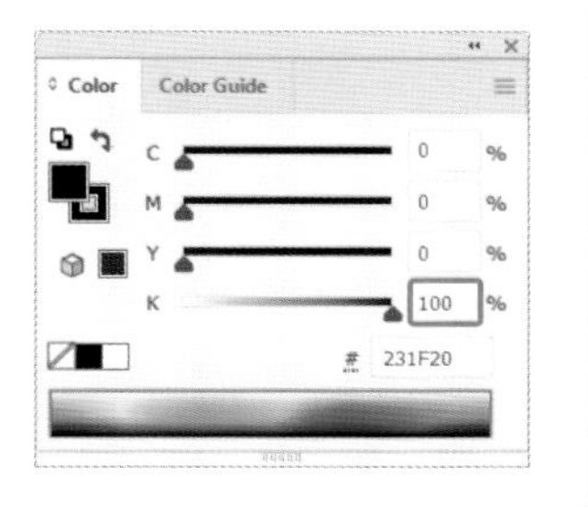

05 [File]–[Open]을 클릭하고 **4마스킹테이프_준비.psd** 파일을 엽니다.

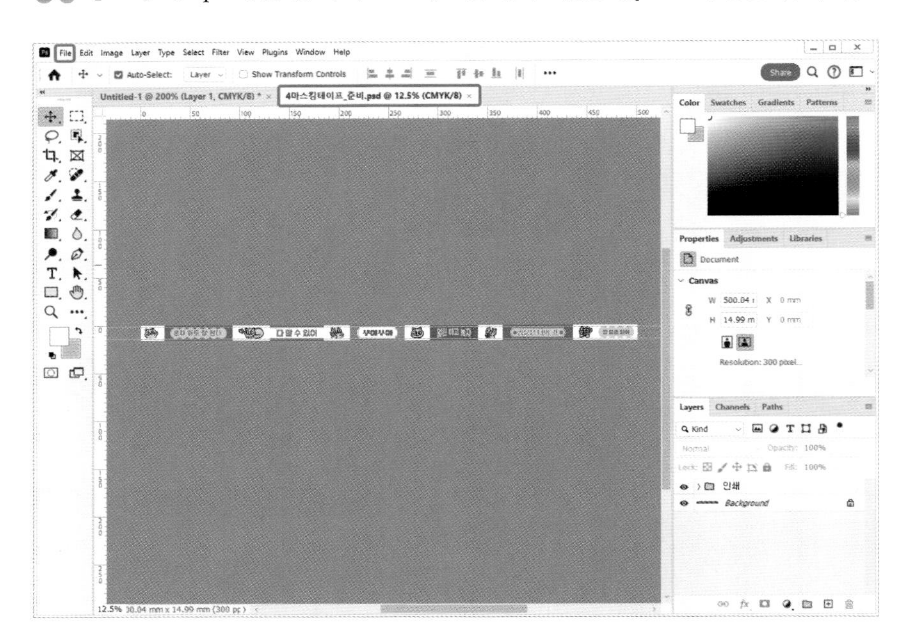

06 규정에 맞게 그림이 들어가 있는 상태입니다. 확인해보겠습니다. ❶ 안내선 안쪽으로 그림이 그려져 있습니다. ❷ 배경색이 들어가는 경우 배경색은 안내선 밖까지 칠해줍니다.

07 개체 간 간격은 6mm인 상태입니다. 그러나 ❶ 맨 왼쪽 개체의 간격은 3mm이며 ❷ 맨 오른쪽에 있는 개체의 간격도 3mm입니다. 이 파일로 주문을 하면 ❸ 이어지는 부분의 간격이 6mm가 되어서 제작됩니다.

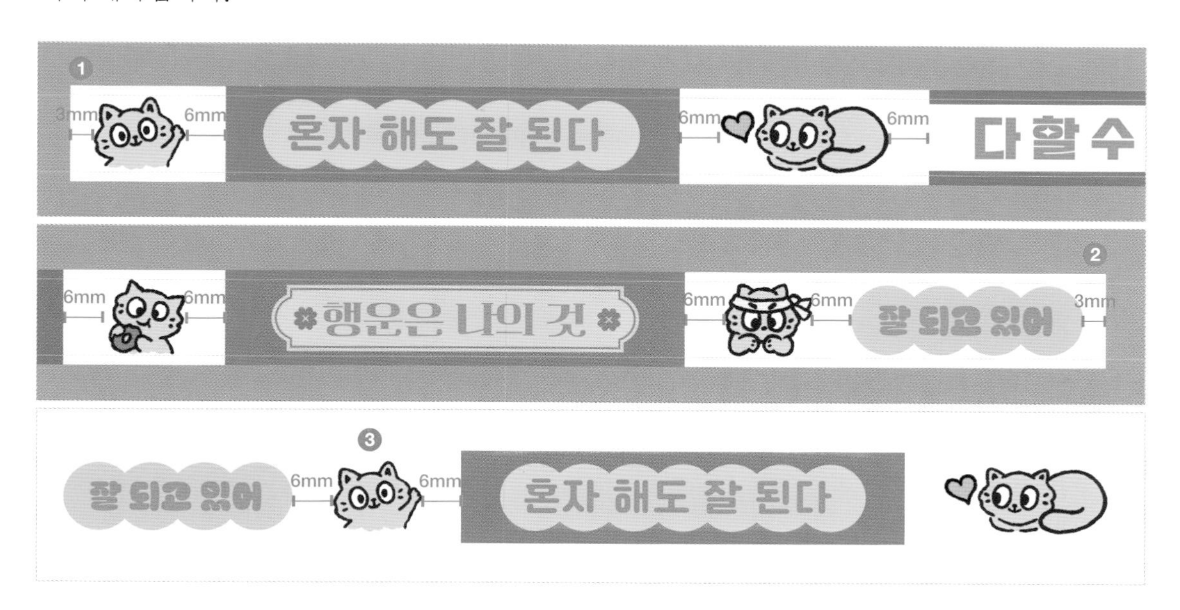

08 간격을 재는 방법을 알려드리겠습니다. ❶ 사각형 도구 ▭ 를 클릭하고 ❷ 아트보드의 빈 곳을 클릭합니다. ❸ [Width(가로)]는 **6mm**, [Height(세로)]는 **12mm**를 입력한 후 [OK]를 클릭합니다. ❹ [Appearance] 패널에서 [Stroke]를 클릭하고 비활성화 ⧄ 를 클릭합니다. ❺ 이동 도구 ✣ 를 클릭하고 ❻ 사각형을 드래그하여 개체 사이에 오도록 합니다. 간격이 6mm임을 확인합니다.

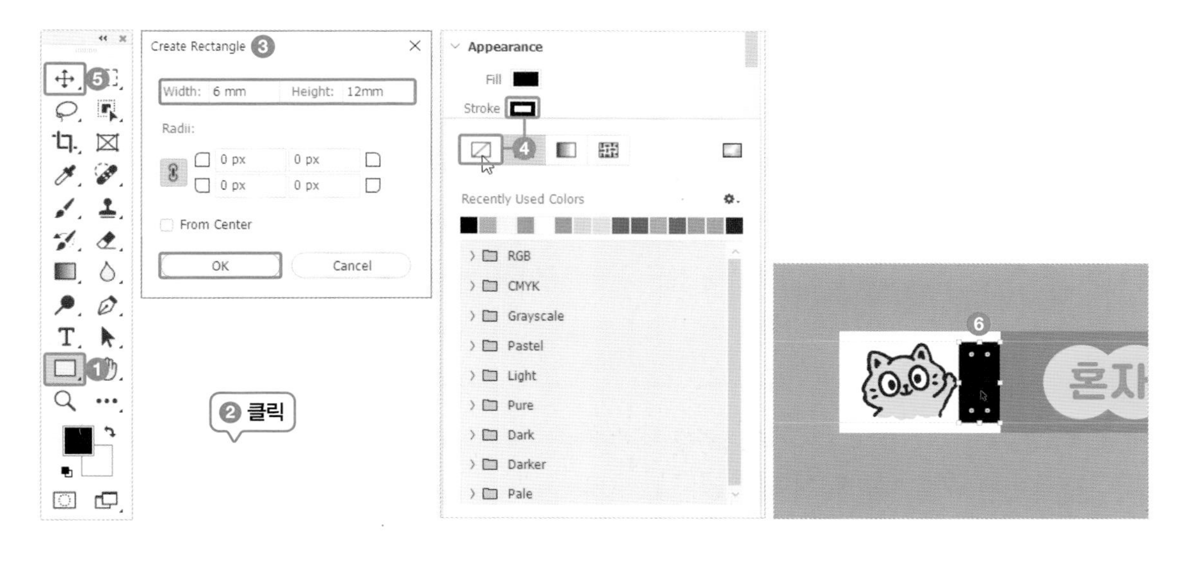

09 ❶ Alt 를 누른 채 왼쪽으로 드래그합니다. [Transform] 패널에서 ❷ 링크 를 클릭하여 해제하고 ❸ [Width(가로)]에 **3mm**를 입력한 후 ❹ Enter 를 누릅니다.

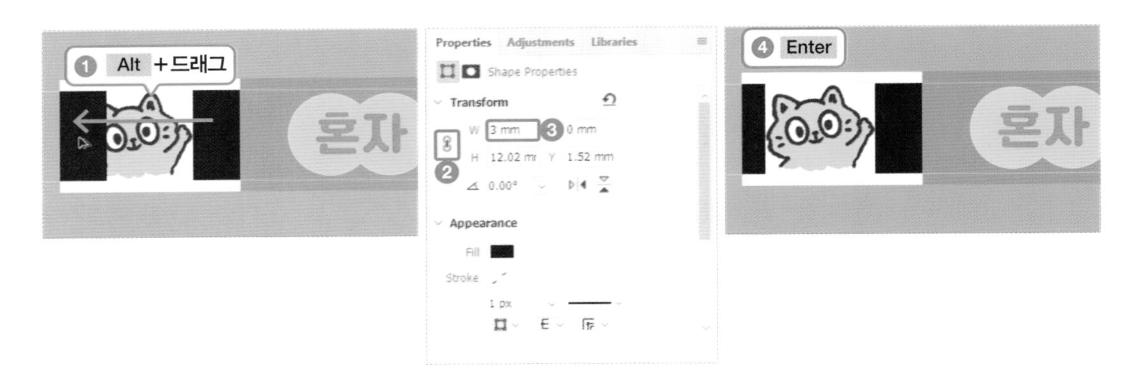

10 이런 방식으로 간격을 가늠해가면서 디자인하면 됩니다. 간격 확인이 끝났으면 ❶ 이동 도구 가 선택된 상태에서 ❷ 사각형을 클릭하고 ❸ Delete 를 눌러 삭제합니다.

11 [Layers] 패널에서 ❶ ≡ 를 클릭하고 ❷ [Flatten Image(배경으로 이미지 병합)]를 선택합니다. 모든 레이어가 합쳐집니다.

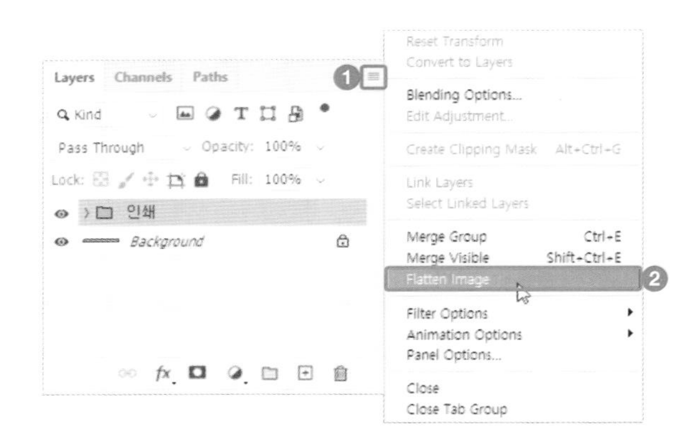

TIP [Layers] 패널에서 모든 레이어를 함께 선택하고 Ctrl + E (Merge Group)를 눌러도 합쳐집니다.

12 ❶ [File]–[Save as]를 클릭합니다. ❷ 파일 형식은 [PSD]를 선택하고 ❸ 파일 이름은 받는 사람이 쉽게 이해할 수 있도록 입력합니다. ❹ [저장]을 클릭합니다.

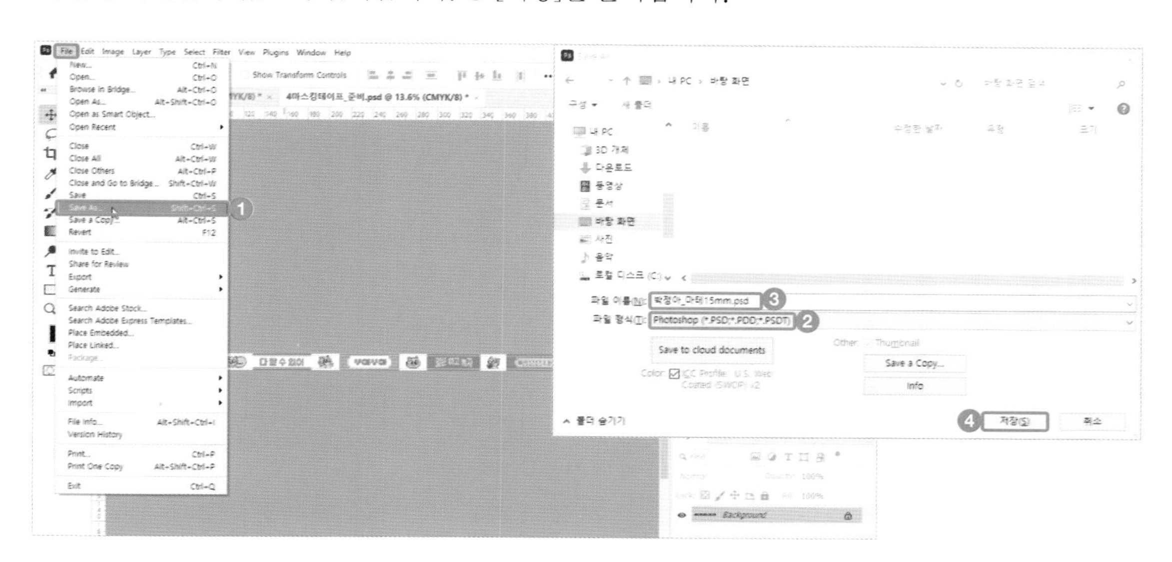

TIP **JPEG 또는 ai로 주문하면 안 되나요?**

물론 가능합니다. [예제 파일] 폴더에서 '4마스킹 테이프_참고.jpeg'와 '4마스킹 테이프_참고.ai'를 참고해주세요.

원형 라벨 주문 파일 만들기

마스킹 테이프 외부에 포장 용도로 부착할 원형 라벨을 만들어보겠습니다.

13 템플릿을 다운로드한 후 작업해보겠습니다. 디테마테 사이트에 접속합니다. ❶ [작업가이드]–[제작가이드 #라벨]을 클릭합니다. 스크롤바를 내려서 ❷ [템플릿 다운받기]를 클릭합니다. ❸ 다운로드한 파일의 압축을 해제합니다.

14 포토샵을 실행합니다. ❶ Ctrl + O 를 누르고 다운로드한 폴더에서 **디테마테_원형라벨.pdf** 파일을 엽니다. ❷ [Import PDF] 대화상자가 나타나면 [CMYK Color]를 선택하고 ❸ [OK]를 클릭합니다. ❹ 템플릿 파일이 열립니다.

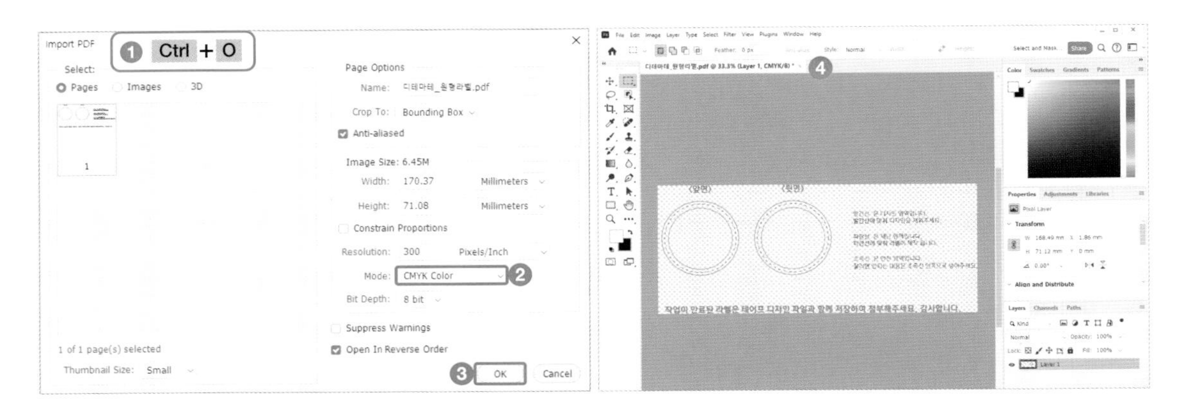

15 ❶ 사각형 선택 윤곽 도구 ⬚ 를 클릭하고 ❷ 왼쪽에 있는 원 세 개가 선택되도록 크게 드래그합니다. ❸ Ctrl + C 를 누릅니다.

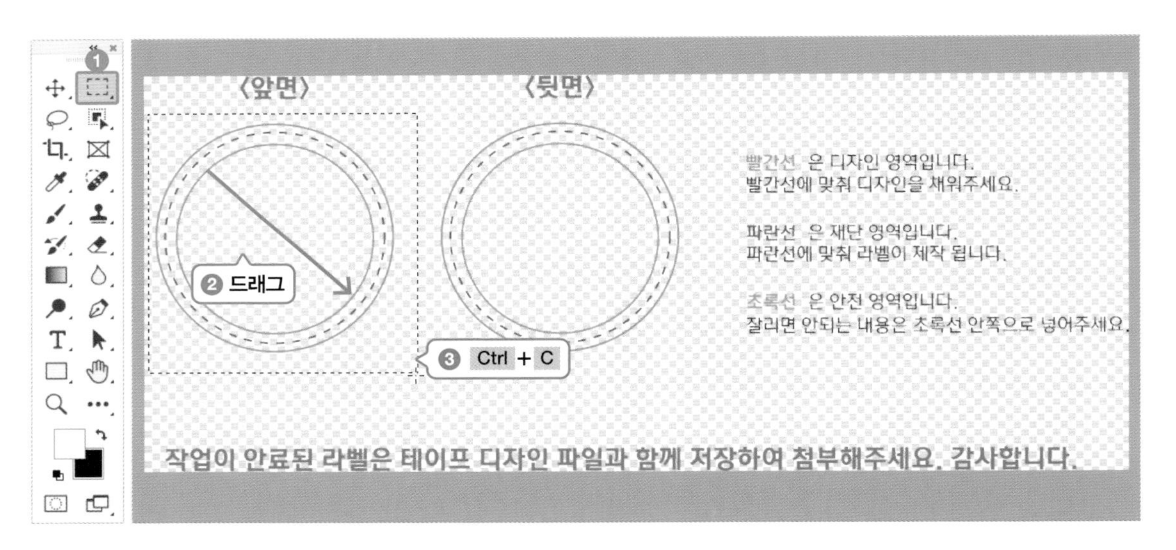

16 ❶ Ctrl + N 을 누릅니다. ❷ 단위는 [Milimeters]로 설정합니다. ❸ [Width(가로)]는 **41mm**, [Height(세로)]는 **41mm**로 입력합니다. ❹ 나머지 옵션은 다음과 같이 입력합니다. ❺ [Create]를 클릭합니다.

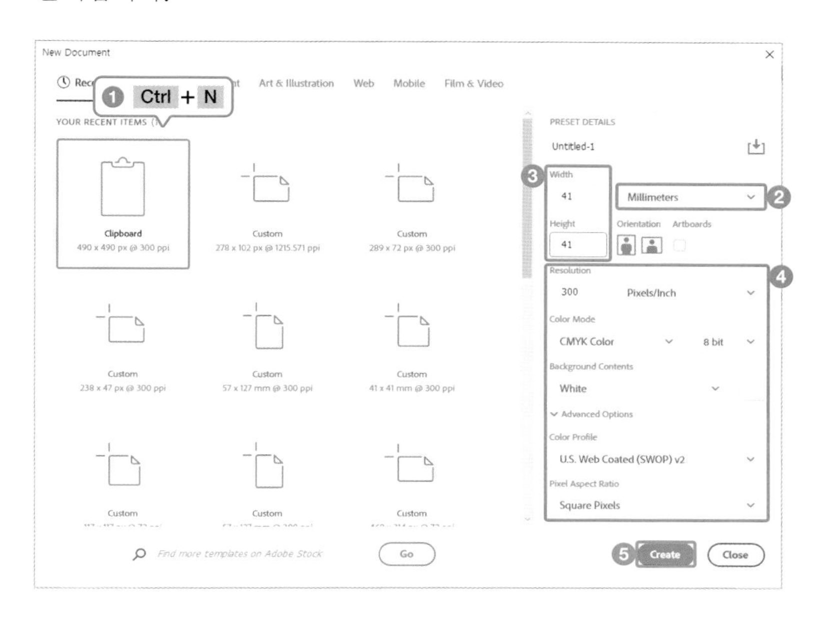

17 15에서 복사한 원들을 붙여 넣겠습니다. ❶ Ctrl + V 를 누릅니다. ❷ 이동 도구 ✥ 를 클릭하고 ❸ 방향키 ← ↑ ↓ → 를 눌러서 안내선이 캔버스의 정 가운데에 오도록 이동합니다.

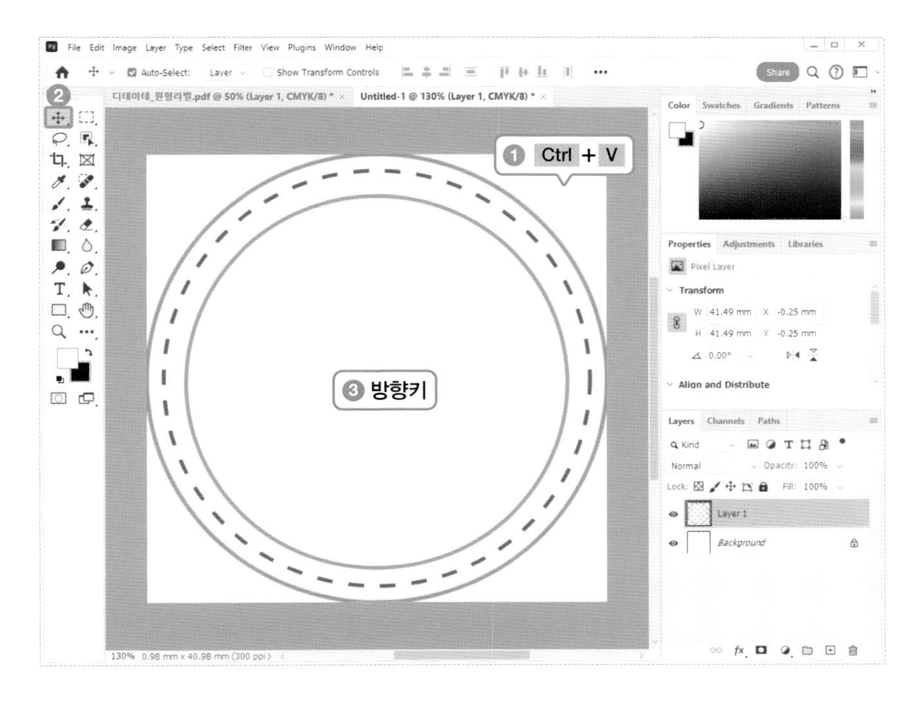

18 [Layers] 패널에서 새 레이어를 추가하고 라벨 디자인을 합니다. 시간 관계상 Ctrl + O 를 눌러서 **4원형라벨_준비.psd** 파일을 열고 다음 단계로 넘어가겠습니다.

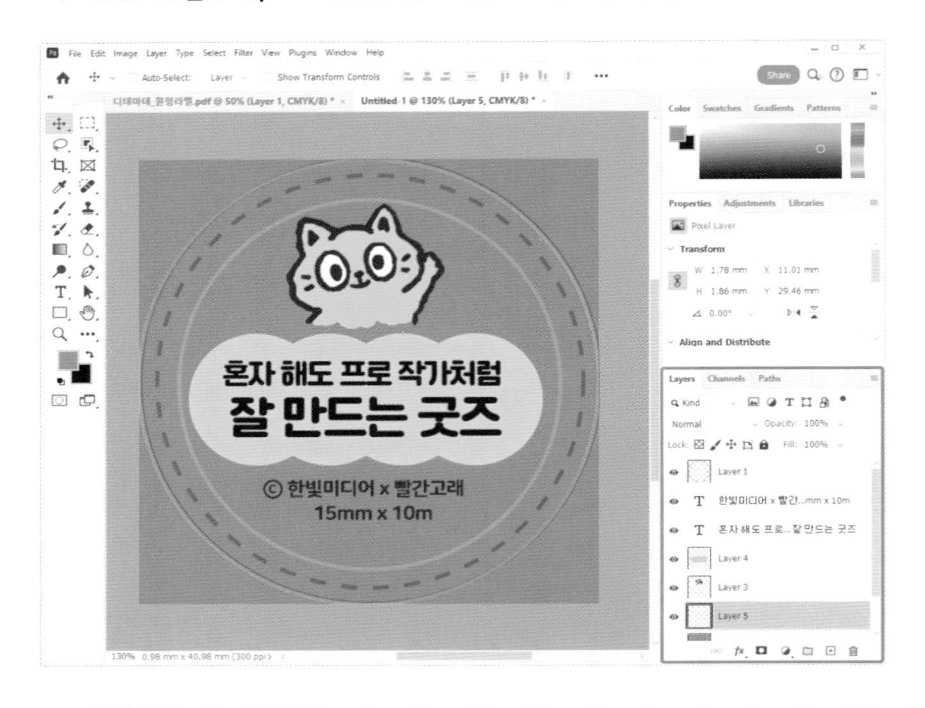

TIP **원형 라벨에 사용된 폰트**

- 카페24 써라운드(출처 : https://fonts.cafe24.com)
- 나눔스퀘어라운드OTF (출처 : https://hangeul.naver.com/font)

19 ❶ 안내선이 있는 레이어를 클릭하고 ❷ 삭제 🗑 를 클릭합니다. ❸ ≡ 를 클릭하고 ❹ [Flatten Image]를 선택하면 완성입니다.

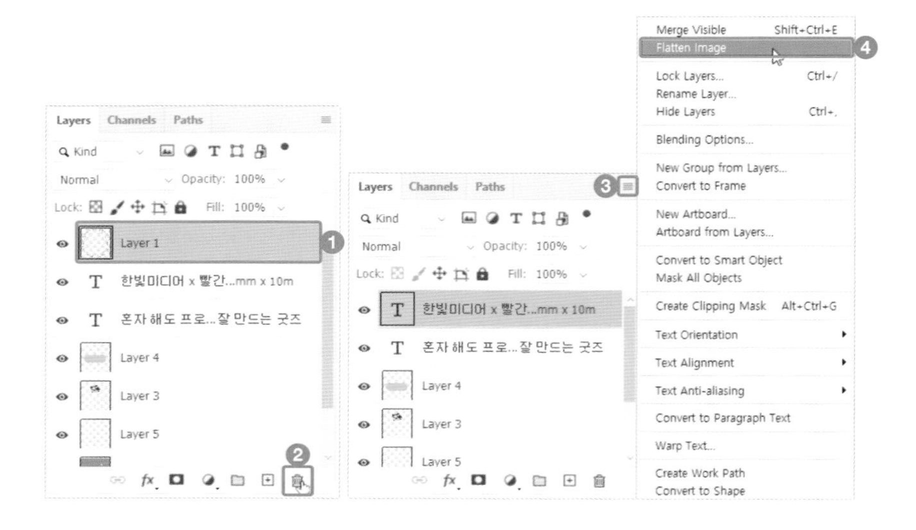

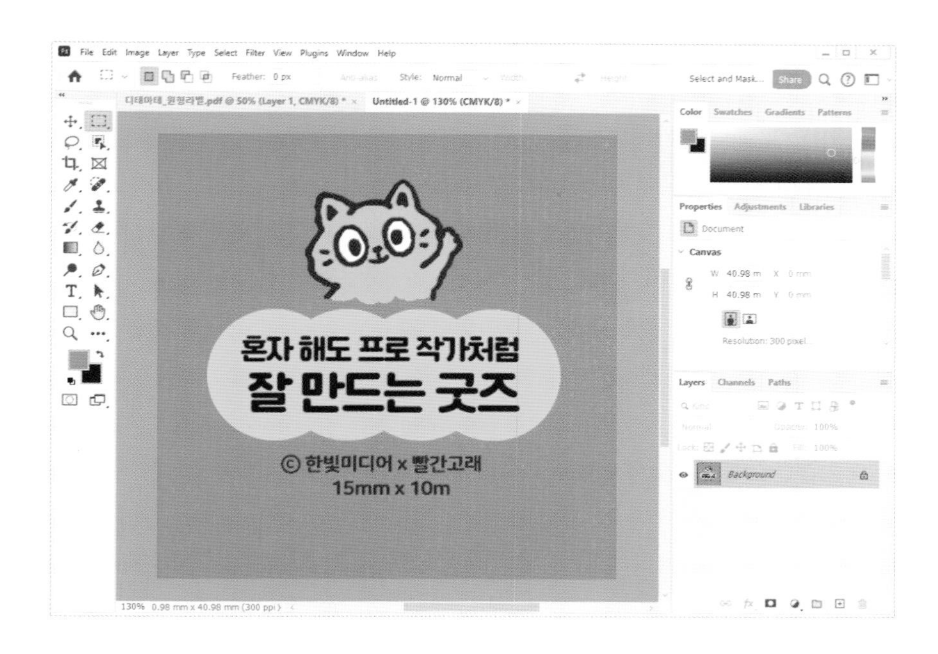

20 ❶ [File]–[Save as]를 클릭합니다. ❷ 파일 형식은 [PSD]를 선택하고 ❸ 파일 이름은 받는 사람이 쉽게 이해할 수 있도록 입력한 후 ❹ [저장]을 클릭합니다.

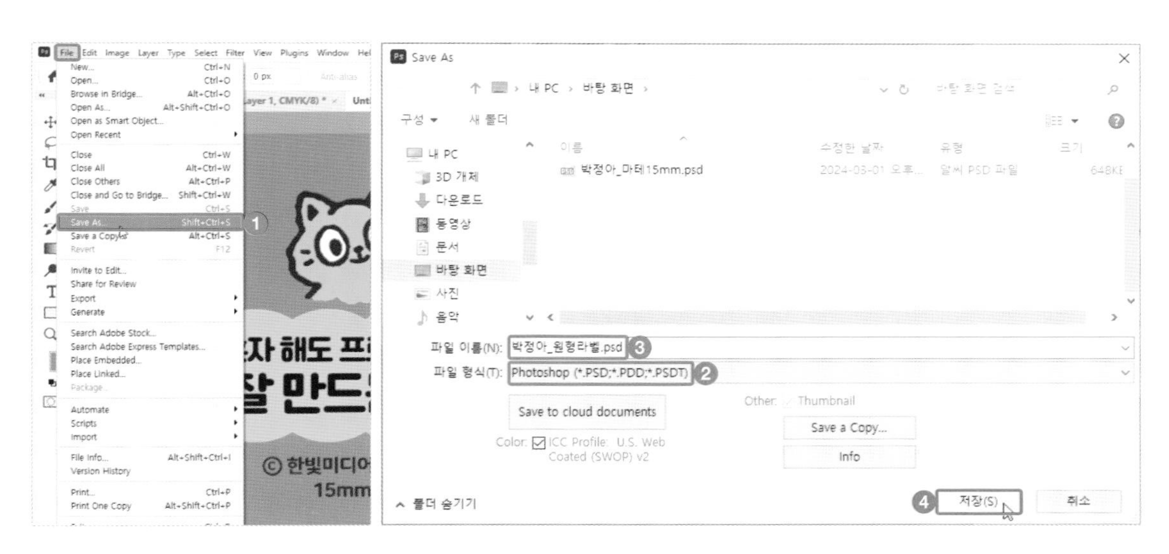

21 바탕화면으로 나옵니다. 앞 단계에서 저장한 두 개의 파일을 같이 선택하고 압축합니다.

주문하기

22 디테마테 사이트에 접속한 후 로그인합니다. ❶ [마스킹주문제작]-[마스킹테이프]를 클릭합니다. ❷ [폭]은 [15mm]로 선택하고 ❸ [길이]는 [10M]를 선택합니다. ❹ [포장]은 [쉬링크단면(35mm이상 쉬링크 불가)]을 선택합니다. ❺ 수량은 원하는 만큼 설정합니다. ❻ [파일 선택]을 클릭하고 앞 단계에서 만든 zip 파일을 업로드합니다. ❼ [주문하기]를 클릭하고 결제합니다. 주문이 완료되었습니다.

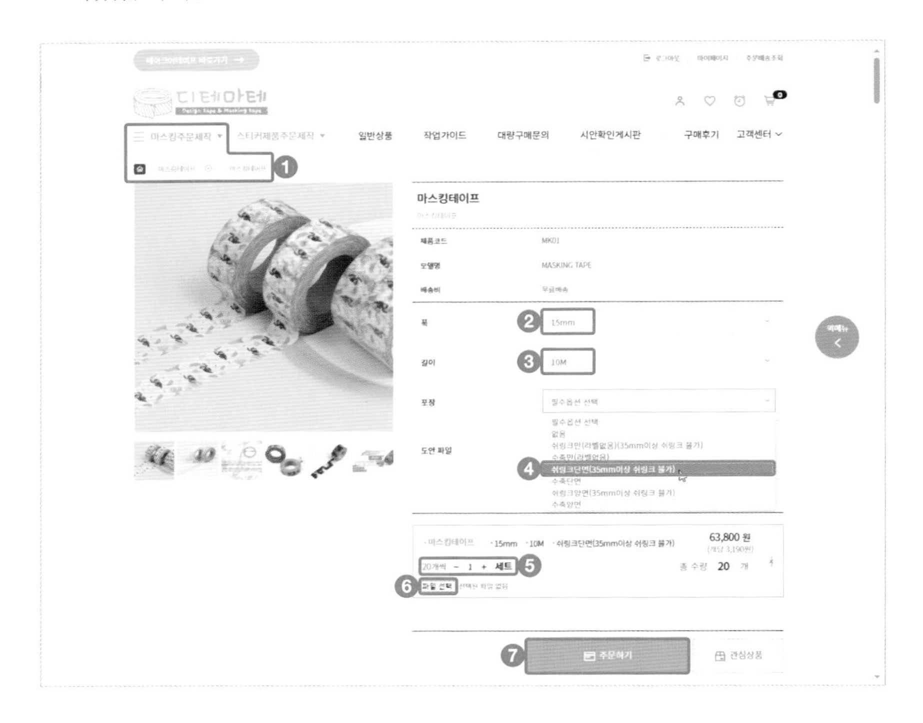

23 다음 단계에서 ❶ 주소와 결제 정보를 입력하고 주문하기를 클릭합니다. 주문이 완료되었습니다. 접수를 하고 나면 디테마테에서 파일을 확인한 다음 디테마테 사이트에 있는 ❷ [시안확인게시판]에 나의 시안을 업로드해주고 카카오톡으로 안내 메시지를 보내줍니다. ❸ 내 이름으로 된 게시물을 클릭합니다.

TIP 주문을 하고 나면 카카오톡으로 메시지가 옵니다

디테마테에서 [시안확인게시판]에 시안을 업로드하고 나면 카카오톡으로 안내 메시지를 발송합니다. 메시지 아래쪽에 있는 [시안확인 바로가기]를 터치해도 [시안확인게시판]으로 연결됩니다. 시안 업로드는 오후 4시 전까지 주문이 접수되면 당일에 업로드되지만 문의량에 따라 조금씩 달라질 수 있습니다. (주말/공휴일 제외)

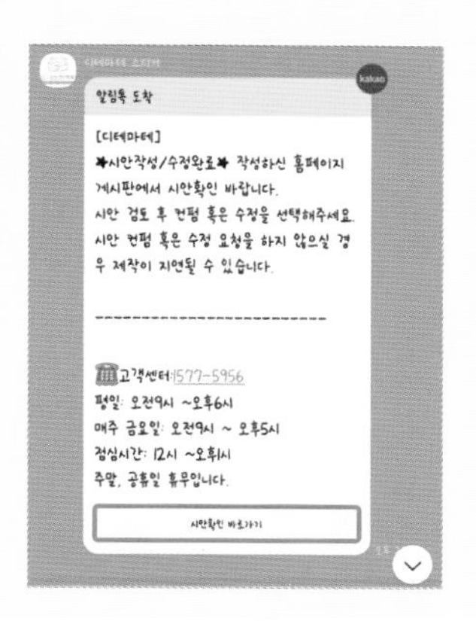

24 시안에서 잘못된 부분이 없는지 확인합니다. 이미지를 클릭하면 크게 보입니다. 수정이 필요 없다면 ❶ [시안컨펌]을 클릭합니다. 수정이 필요하다면 ❷ [수정요청]을 클릭하고 ❸ 담당자의 메일 주소로 파일을 다시 보냅니다. 수정이 완료되면 본 게시물에 재업로드됩니다. 재업로드된 시안을 확인하고 문제가 없으면 [시안컨펌]을 클릭합니다. 제작이 시작됩니다. 제작 기간은 약 8~10일(주말/공휴일 제외)이 소요됩니다.

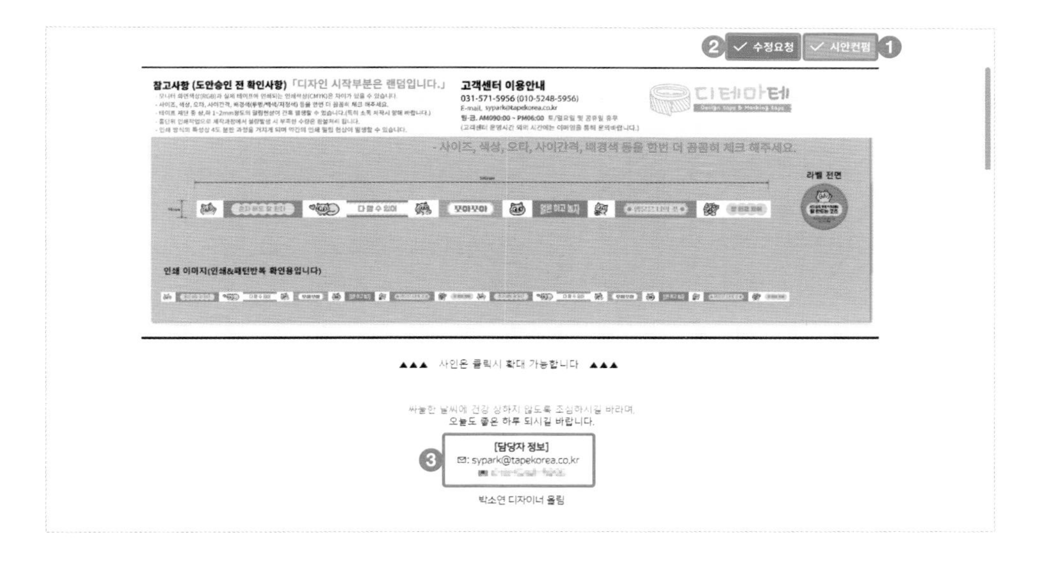

빨간고래의 실무 꿀팁

마스킹 테이프의 제작 방식

마스킹 테이프는 디자인에 따라 네 가지 방식으로 제작됩니다. 제작 방식에 따라 가격과 양식이 달라집니다. 그래서 본인이 만들고자 하는 마스킹 테이프의 제작 방식을 숙지하고 주문해야 합니다. 참고로 이 책에서 주문한 **4마스킹테이프_완성.psd** 파일은 ❷ **상하 맞물림 방식**입니다.

❶ 중앙 인쇄

배경이 없거나 단색으로 되어 있는 경우로, 기본 인쇄 방식입니다. 위아래 1.5mm 안내선을 넘지 않도록 디자인합니다.

❷ 상하 맞물림

배경에 패턴이 있더라도 상하좌우로 끊임없이 자연스럽게 연결되는 경우입니다. 이번 실습에서 만든 **4마스킹테이프_완성.psd** 파일도 상하 맞물림 방식입니다.

❸ 상하 반전

① 중앙 인쇄 또는 ② 상하 맞물림이 불가능하고 반전했을 경우 이어진다면 상하 반전 방식으로 제작됩니다.

그러나 상하 반전으로 주문한 수량의 절반은 ⓐ 정방향으로 풀립니다. 그리고 나머지 절반은 ⓑ 역방향으로 풀리며 디자인은 좌우로 반전되어 나오기 때문에 텍스트가 있는 경우 좌우로 반전됩니다.

그래서 텍스트가 있다면 ⓒ 레이어가 살아 있는 파일로 주문해야 합니다. 업체마다 다르겠지만 레이어를 살려서 보내는 경우 대부분 업체에서 텍스트 부분만 좌우로 반전하여 제작합니다. 디테마테의 경우 레이어가 살아 있는 원본 파일만 보내면 됩니다.

만약 업체에서 수정해주지 않는다면 아래와 같이 두 개의 파일을 함께 보냅니다.

▲ 4마스킹테이프_참고_원본.psd

▲ 4마스킹테이프_참고_수정.psd

④ 투 터치

투 터치로 제작해야 하는 경우는 ①, ②, ③이 안되는 경우입니다. 위아래로 2.5mm씩 여유분이 있어야 합니다. 그래서 세로가 15mm인 마스킹 테이프를 만드는 경우 세로길이가 25mm인 파일로 주문을 해야 하며 금액도 25mm의 가격이 됩니다.

▶ 생생 리뷰 영상 | 마스킹 테이프 언박싱하기

QR 코드 또는 아래 링크로 접속하여 주문한 마스킹 테이프를 생생한 영상으로 확인해보세요.

- **링크** | https://m.site.naver.com/1jGYK

05 LESSON 우표컷 마스킹 테이프 만들기

굿즈 미리 보기

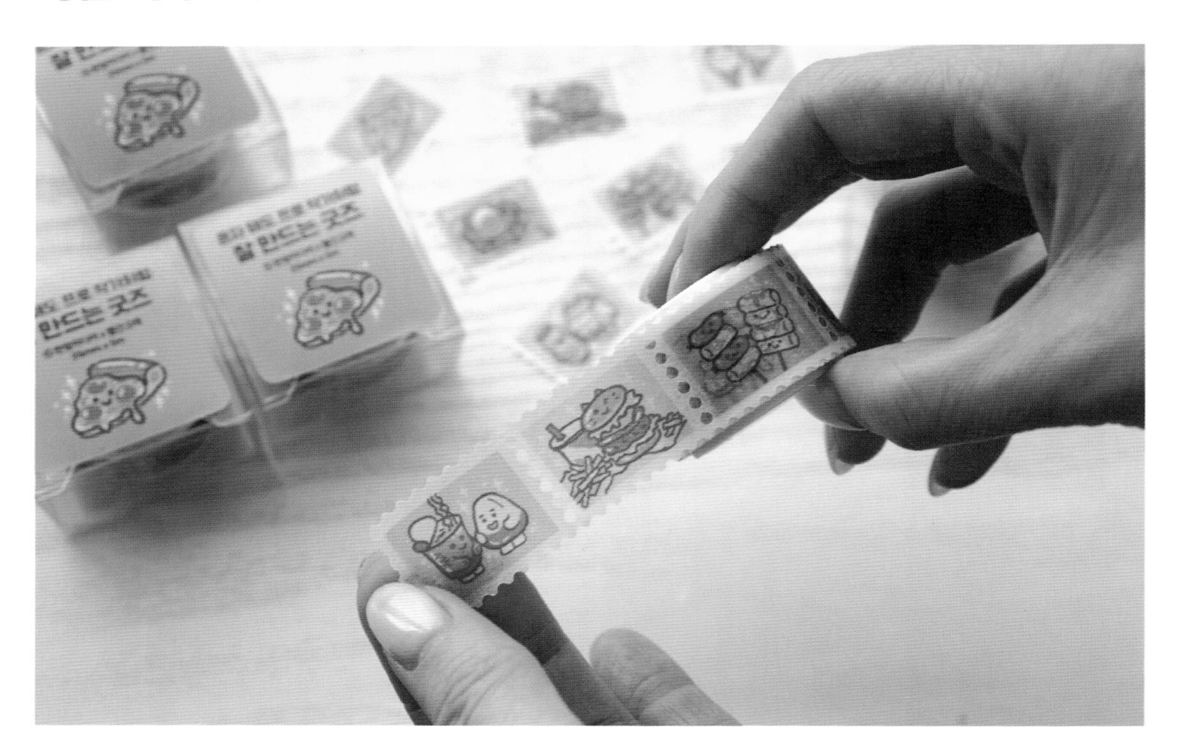

준비 파일 | 5우표마테_준비작업중.psd / 5우표마테_준비.psd / 5우표마테_준비작업중.ai / 5우표마테_준비변형.psd / 5사각라벨_준비.psd

완성 파일 | 5우표마테_완성.ai

제작 업체 | 디테마테 https://www.detemate.co.kr

우표 모양의 마스킹 테이프를 만들어보겠습니다. 빈티지한 감성이 있는 재미있는 아이템입니다. 손으로 뜯어서 쓰기에도 편합니다. 일반적인 마스킹 테이프보다 비싸지만 독특한 매력을 갖고 있습니다.

업체 선정 후 사이즈 확인하기

우표컷 마스킹 테이프는 디테마테에서 주문하겠습니다. https://www.detemate.co.kr에 접속합니다. 먼저 사이즈를 확인하겠습니다. 디테마테 사이트에서 [마스킹주문제작]-[우표컷마스킹]을 클릭합니다.

스크롤바를 내려서 사이즈와 단가를 확인합니다. 우표컷 마스킹 테이프의 가로 길이는 모두 5m(5,000mm)입니다. 세로 길이는 다양하게 있고 세로 길이에 따라 금액이 달라집니다. 25mm로 제작해보겠습니다.

마스킹주문제작 ▾ 스티커제품주문제작 ▾ 일반상품 작업가이드 대량구매문의 시안확인게시판 구매후기 고객센터

우표 마스킹 사양 및 단가표

마스킹 총 길이는 5m 입니다.
샘플, 낱개 제작 불가능합니다.
VAT별도 개당 가격

규격					
15mm	20개 (20개 단위로 주문가능)	40~120개	140~540개	560~2080개	2100~
	2,600원	2,200원	1,700원	1,350원	별도 문의
20mm	15개 (15개 단위로 주문가능)	30~120개	135~540개	555~2085개	2100~
	3,400원	2,900원	2,300원	1,700원	별도 문의
25mm	12개 (12개 단위로 주문가능)	24~120개	132~540개	552~2088개	2100~
	4,000원	3,400원	2,800원	2,050원	별도 문의
30mm	10개 (10개 단위로 주문가능)	20~110개	130~540개	550~2000개	2100~
	5,000원	4,200원	3,300원	2,450원	별도 문의
35mm	8개 (8개 단위로 주문가능)	16~120개	128~544개	552~2096개	2100~
	5,750원	4,900원	3,900원	2,850원	별도 문의

대량 주문 - 디자인당 160개 이상씩 주문시 총 합산 수량으로 단가 적용 됩니다. (단, 같은 규격끼리 합산가능)
ex) 규격: 20mm / 디자인: 5종 / 주문수량: 각 165개씩 / 총 수량: 825개 제작시 개당 단가는 1,600원으로 적용됩니다.

단가표에 기재되지 않는 규격, 수량은 전화(1577-5956) 또는 메일로 문의 주세요.

보고 있는 웹페이지에서 스크롤바를 더 내려서 [템플릿 다운받기]를 클릭합니다. 다운로드한 zip 파일을 더블클릭하여 압축을 해제합니다.

우표컷 마스킹 테이프 주문 파일 만들기

01 일러스트레이터를 실행합니다. Ctrl + O 를 누르고 다운로드한 폴더에서 **디테마테_우표컷_25mm.pdf** 파일을 엽니다. 이제 이 템플릿을 기반으로 우표 모양 프레임을 만들어보겠습니다. 프레임을 디자인하는 방법은 영상 강의로 제공됩니다.

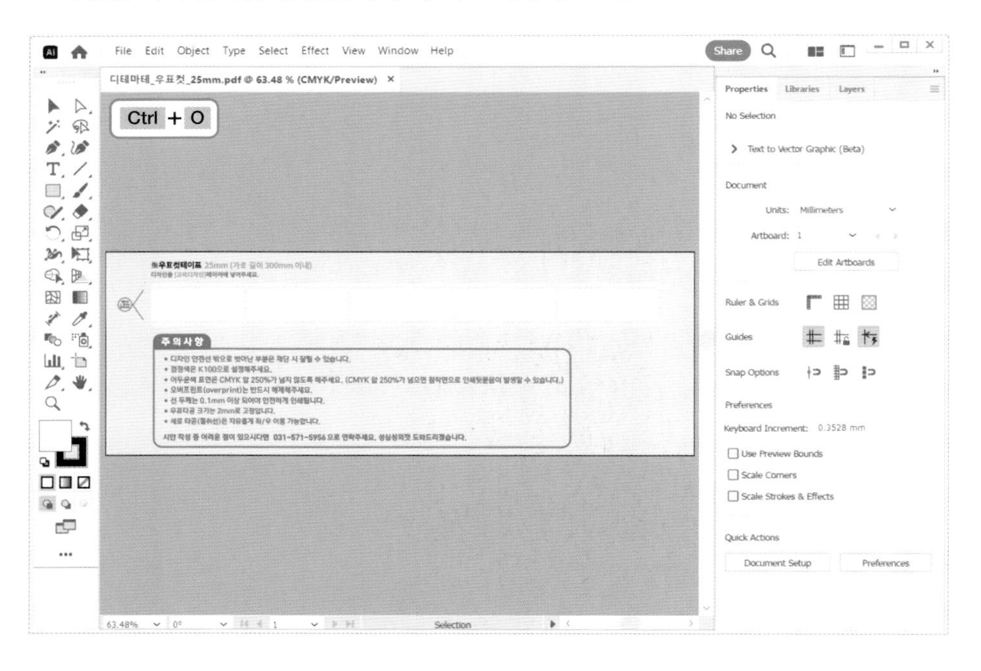

빨간고래의 특별한 영상 강의 | 우표컷 마스킹 테이프 프레임 디자인하기

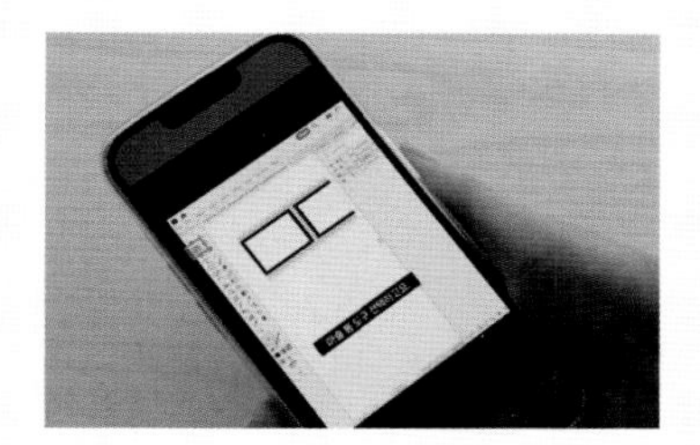

만드는 과정은 영상으로 제공됩니다. QR 코드 또는 아래 링크에 접속해서 영상을 시청합니다.

• **링크** | https://m.site.naver.com/1jl7w

02 포토샵을 실행합니다. ❶ 앞 단계의 영상에서 제작한 **5우표마테_준비작업중.psd** 파일을 엽니다. [Layers] 패널에서 ❷ Shift 를 누른 채 [세로칼선(이동가능)] 그룹과 [가로칼선(고정)] 그룹을 함께 클릭합니다. ❸ 삭제 🗑 를 클릭합니다.

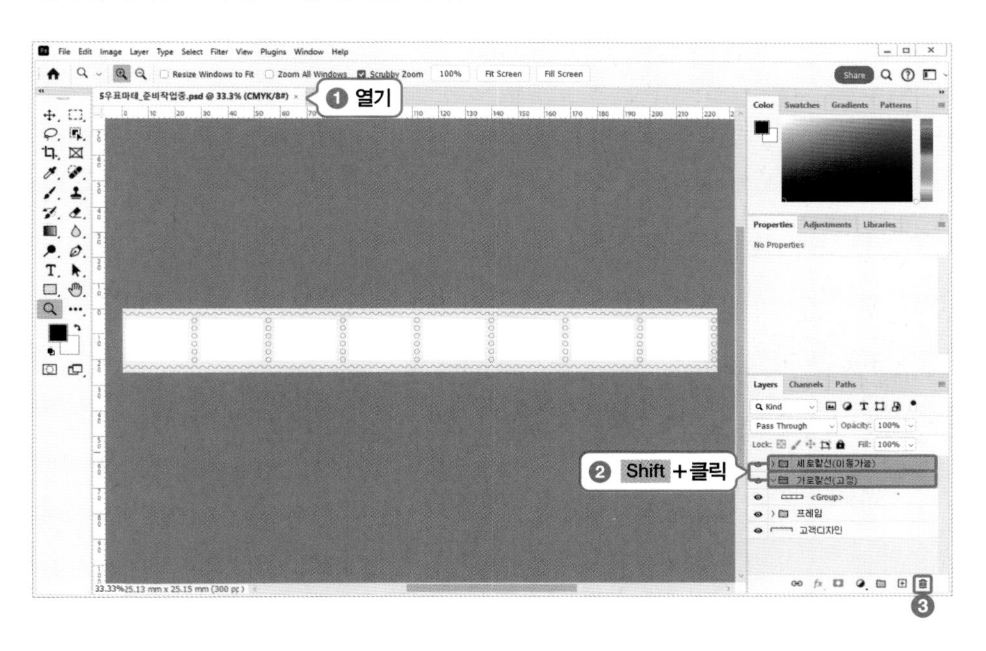

03 [Layers] 패널에서 ❶ [프레임] 그룹을 클릭하고 Ctrl + E 를 누릅니다. ❷ 새 레이어 ⊞ 를 클릭합니다. ❸ 추가한 새 레이어에 그림을 그려 넣으면 됩니다. 시간 관계상 빨간고래가 미리 그려놓은 그림으로 대신하겠습니다.

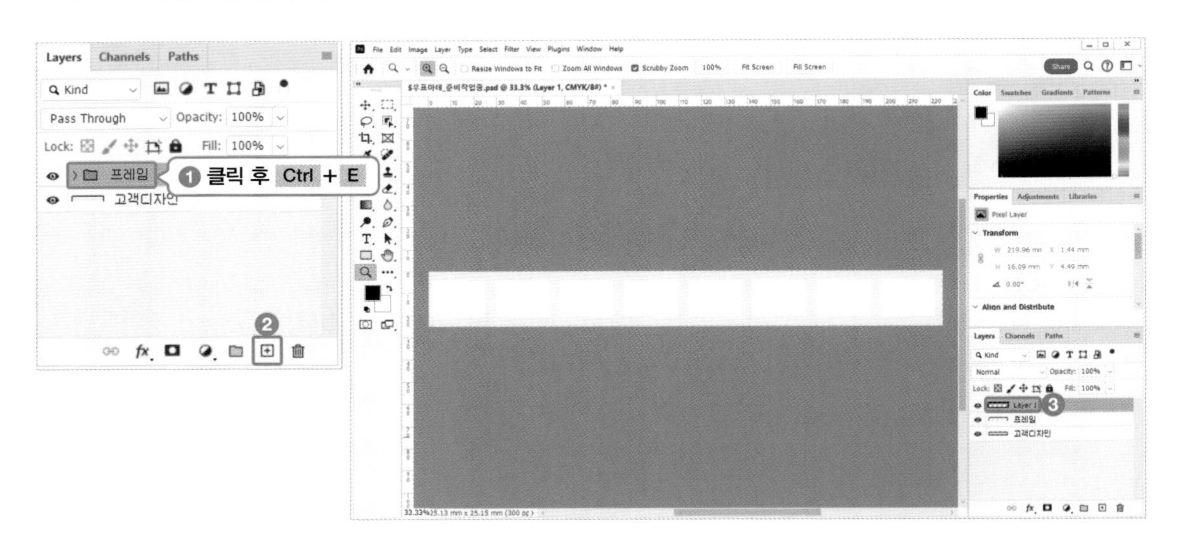

04 ❶ [File]–[Open]를 클릭하고 **5우표마테_준비.psd** 파일을 엽니다. ❷ Ctrl + A 를 누르고 ❸ Ctrl + Shift + C 를 누릅니다.

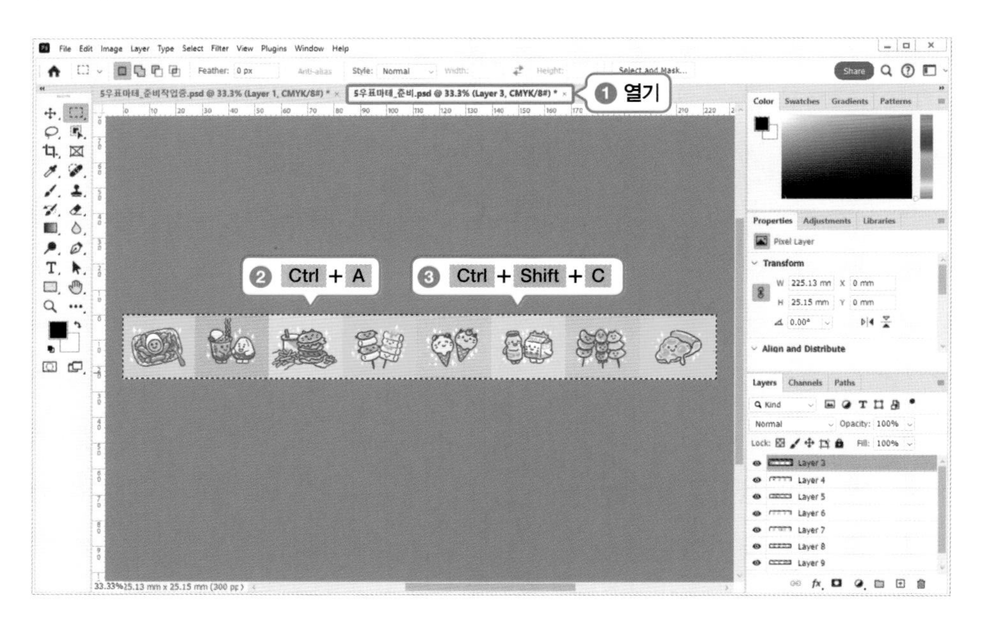

05 프레임이 있는 파일의 탭을 클릭하고 Ctrl + V 를 눌러 붙여 넣습니다.

06 [Layers] 패널에서 Alt 를 누른 채 [Layer1]과 [프레임] 레이어 사이에 마우스를 댑니다. 마우스 포인터가 ↲□ 모양이 되었을 때 클릭합니다. 클리핑 마스크가 적용됩니다.

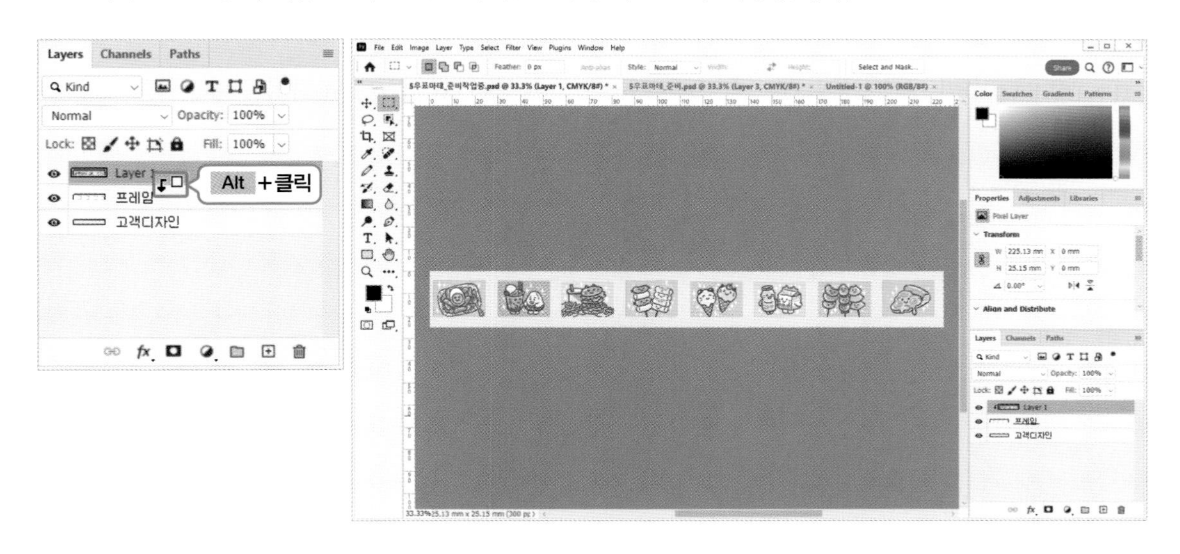

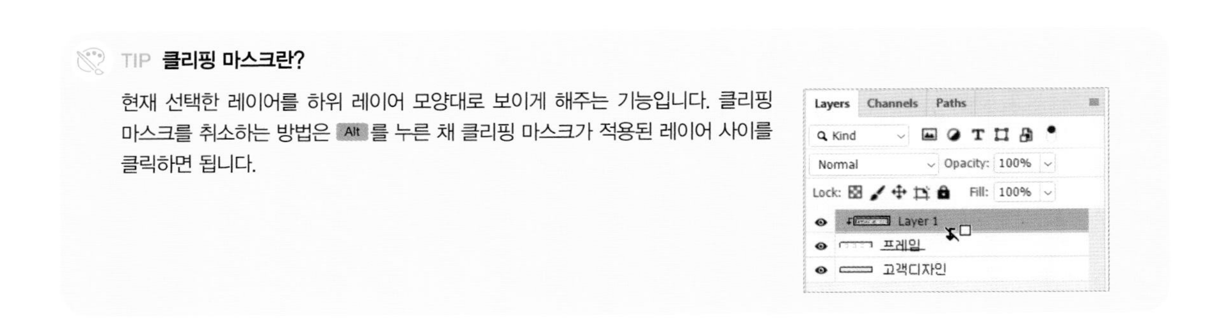

TIP **클리핑 마스크란?**

현재 선택한 레이어를 하위 레이어 모양대로 보이게 해주는 기능입니다. 클리핑 마스크를 취소하는 방법은 Alt 를 누른 채 클리핑 마스크가 적용된 레이어 사이를 클릭하면 됩니다.

07 [Layers] 패널에서 ❶ [고객디자인] 레이어를 클릭합니다. 도구바에서 ❷ 초기값 칠과 선 을 클릭합니다. ❸ Ctrl + Delete 를 누릅니다. 배경색이 흰색으로 채워집니다.

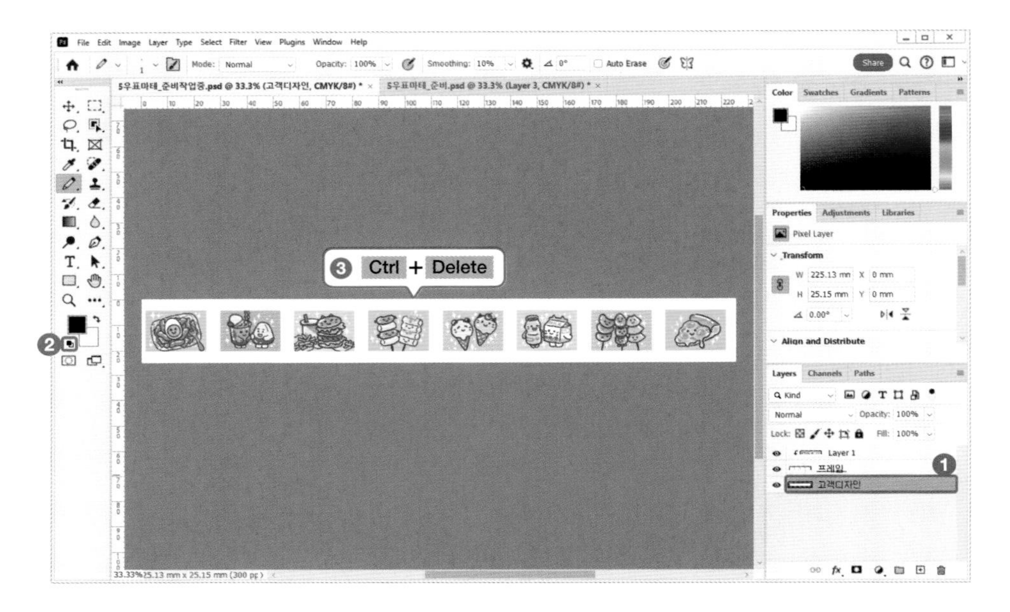

08 [Layers] 패널의 [고객디자인] 레이어가 선택된 상태에서 ❶ Shift 를 누른 채 [Layer1]을 클릭합니다. 모든 레이어가 함께 선택됩니다. ❷ Ctrl + E 를 누릅니다. 모두 합쳐지면 완성입니다.

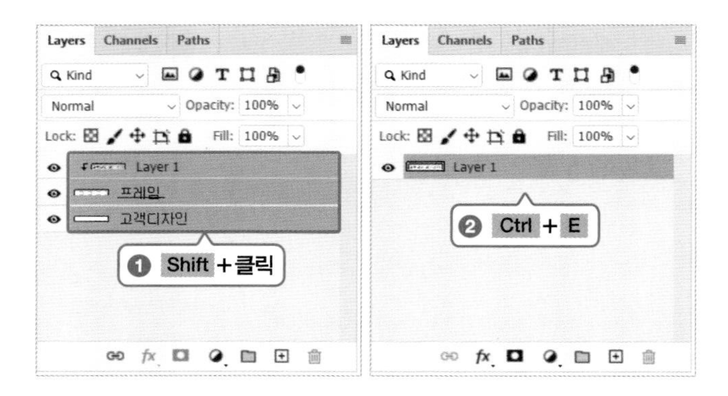

09 ❶ [File]−[Save As]를 클릭하고 ❷ [PSD]를 선택한 후 알맞은 이름으로 입력합니다. ❸ [저장]을 클릭합니다.

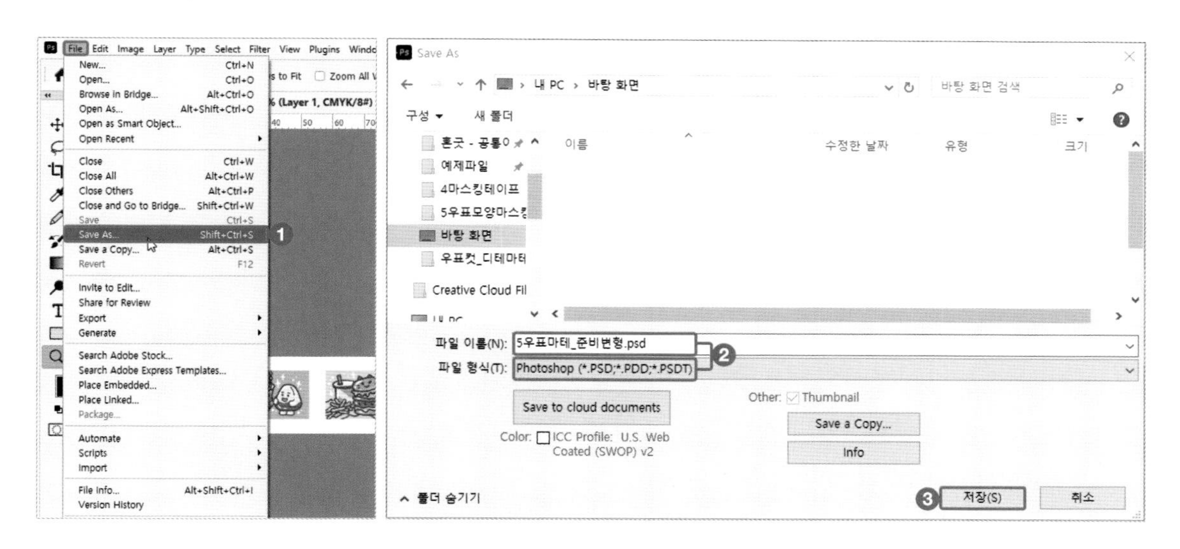

10 일러스트레이터를 다시 실행하고 01에서 만든 파일에서 작업을 이어나가겠습니다.

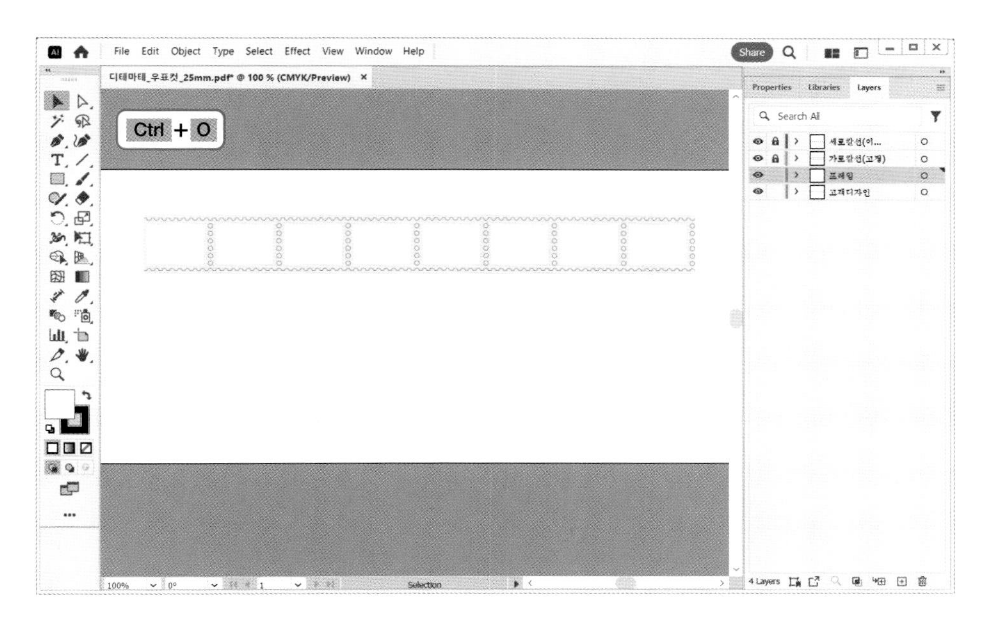

TIP 01에서 영상 강좌를 보면서 만든 파일을 닫았다면 Ctrl + O 를 눌러 '5우표마테_준비작업중.ai' 파일을 엽니다.

11 [Layers] 패널에서 ❶ [프레임] 레이어를 클릭하고 ❷ 삭제 🗑 를 클릭합니다.

12 ❶ [File]−[Place]를 클릭하고 ❷ 09에서 저장한 PSD 파일을 클릭합니다. ❸ [Link]는 체크를 해제하고 ❹ [Place]를 클릭합니다. ❺ 아트보드의 빈 곳을 클릭합니다. 09에서 파일을 저장하지 않았다면 **5우표마테_준비변형.psd** 파일을 불러옵니다.

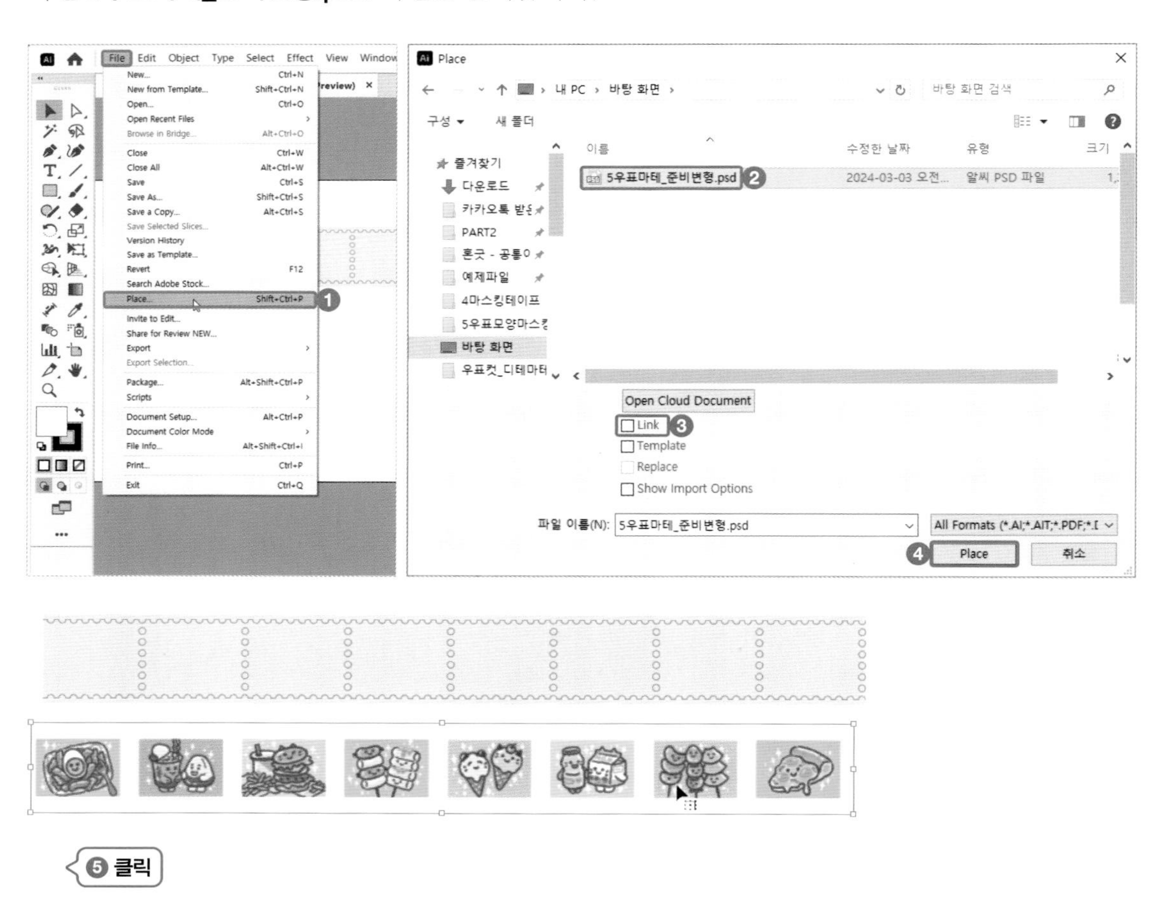

13 [Layers] 패널에서 ❶ [세로칼선]과 [가로칼선]이 잠겨 있는지 확인합니다. ❷ Ctrl + A 를 누릅니다. ❸ 선택 도구 ▶ 로 회색 사각형을 클릭합니다. 회색 사각형의 외곽선이 두꺼워집니다. ❹ [Align] 패널에서 ⊞, ⊞ 를 클릭합니다. ❺ 불러온 이미지가 회색 사각형과 똑같은 위치에 있게 됩니다.

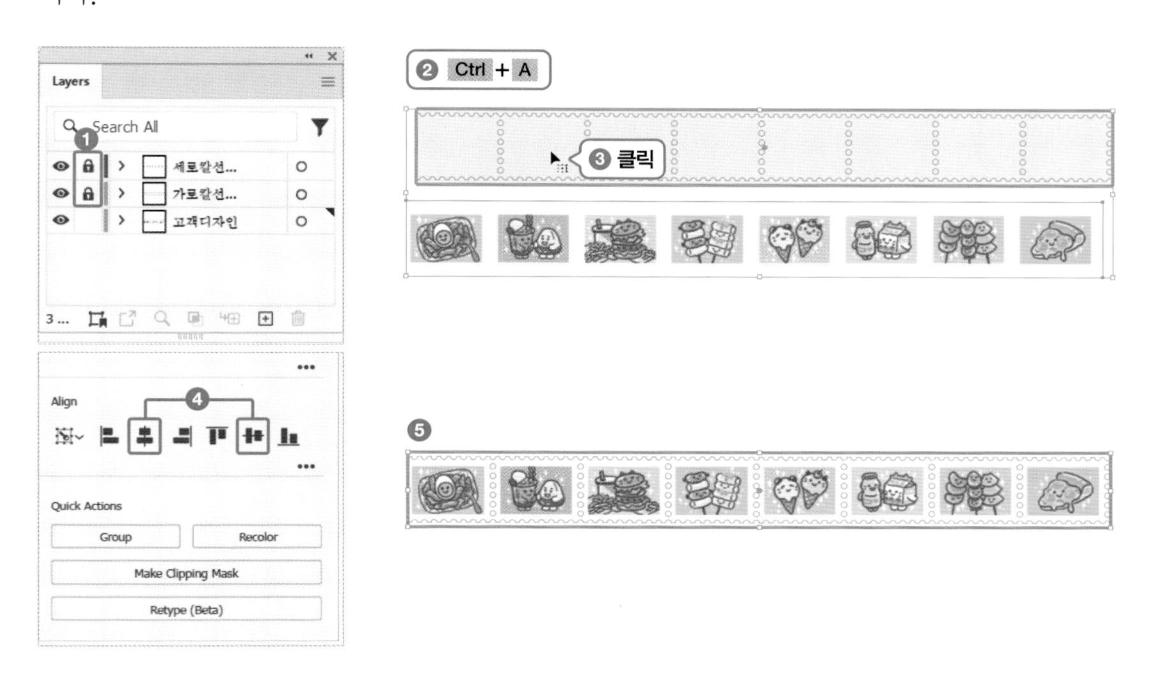

14 [Layers] 패널에서 ❶ [고객디자인] 레이어의 › 를 클릭하여 하위 레이어가 보이게 합니다. ❷ 맨 아래 레이어를 클릭하고 삭제 🗑 를 클릭합니다. 완성입니다.

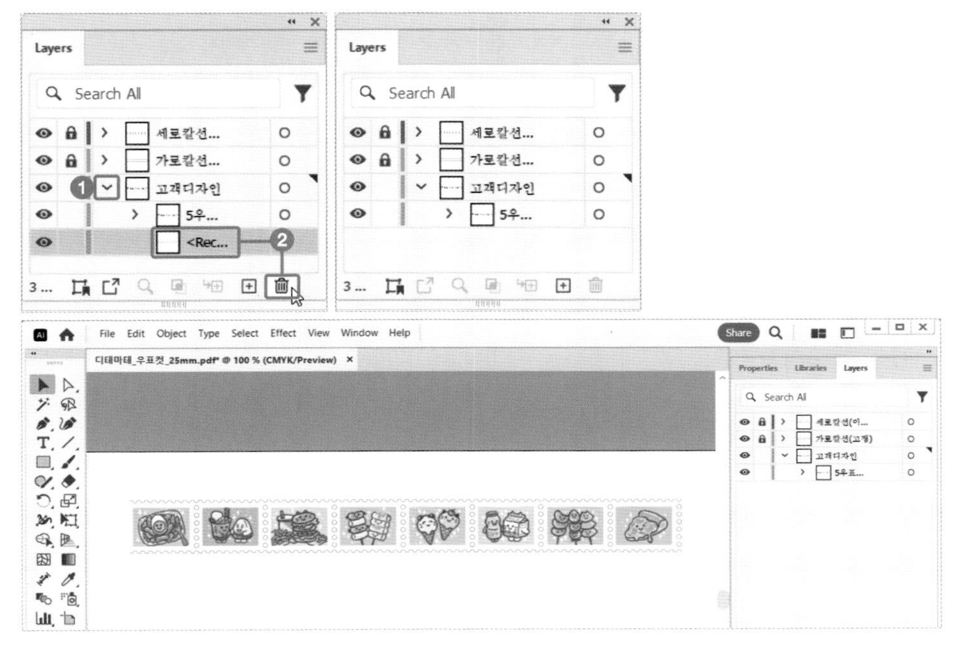

사각 라벨 주문 파일 만들기

마스킹 테이프의 포장용으로 부착될 사각 라벨 디자인을 해보겠습니다.

15 [Layers] 패널에서 ❶ ⊞ 를 클릭하여 새 레이어를 추가합니다. ❷ 새 레이어의 이름 부분을 더블 클릭하여 **라벨**이라고 입력하고 Enter 를 누릅니다. ❸ [라벨] 레이어를 아래로 드래그하여 맨 아래로 옮깁니다.

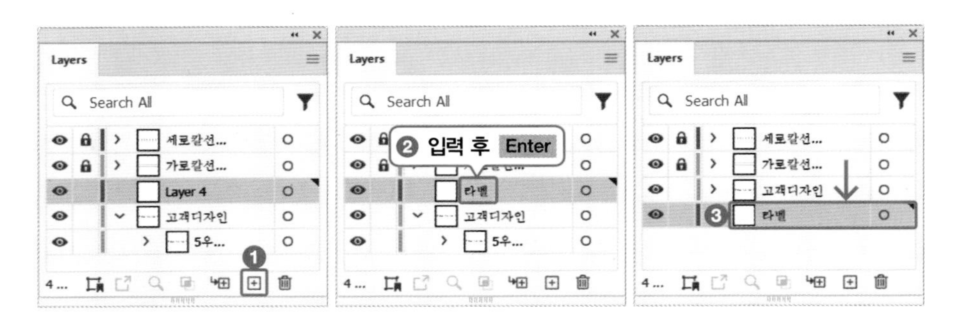

16 ❶ [File]–[Place]를 클릭하고 ❷ **5사각라벨_준비.psd** 파일을 선택합니다. ❸ [Link]는 체크를 해제하고 ❹ [Place]를 클릭합니다. ❺ 마스킹 테이프 아래쪽의 빈 곳을 클릭합니다.

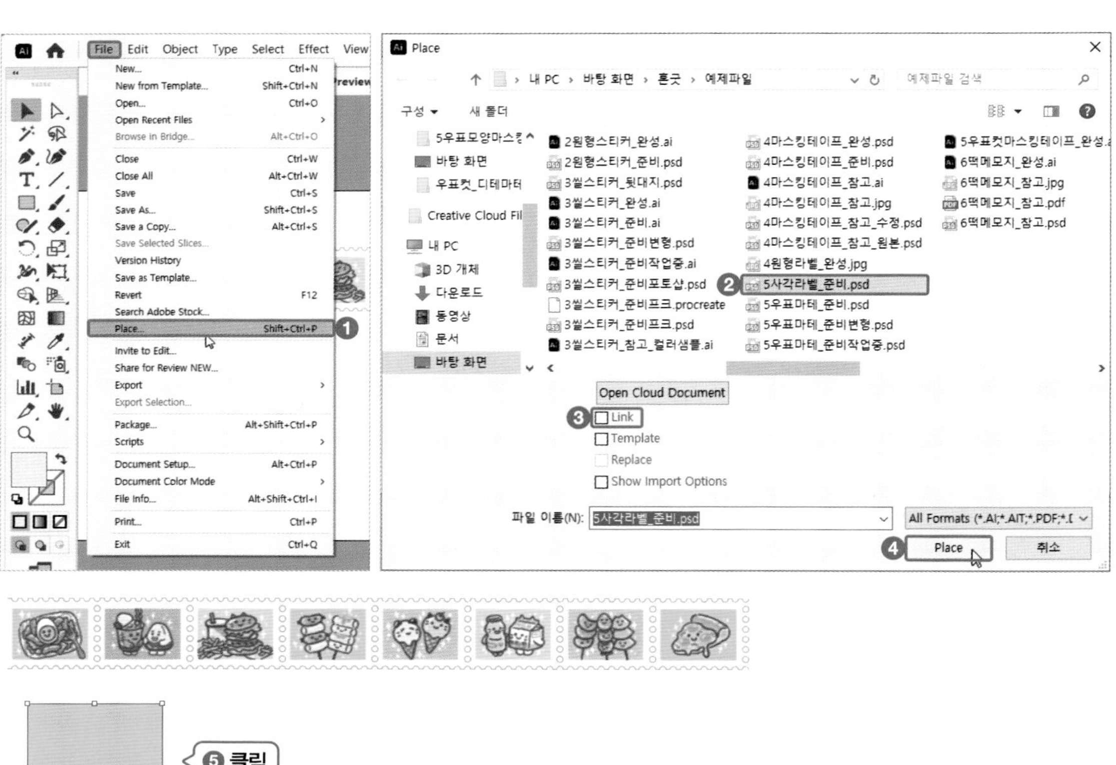

17 칼선을 불러오겠습니다. ❶ Ctrl + O 를 누르고 디테마테 사이트에서 다운로드한 템플릿 폴더에서 ❷ **디테마테_사각라벨.pdf** 파일을 선택합니다. ❸ [Open]을 클릭합니다.

18 [Layers] 패널에서 ❶ [주의사항] 레이어의 🔒 를 클릭하여 잠금을 해제합니다. ❷ 선택 도구 ▶ 를 클릭하고 ❸ 사각형을 클릭한 후 Ctrl + C 를 누릅니다.

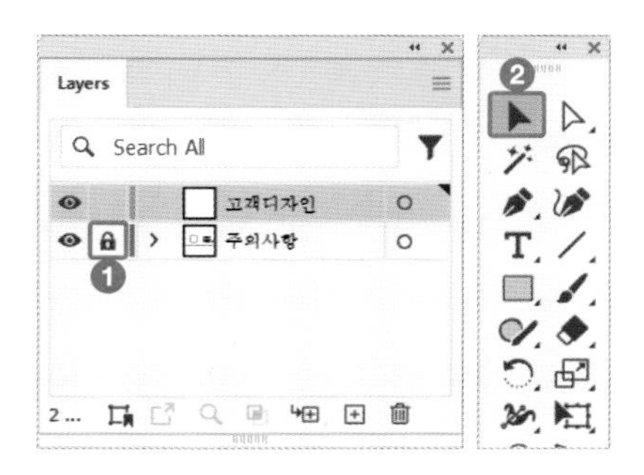

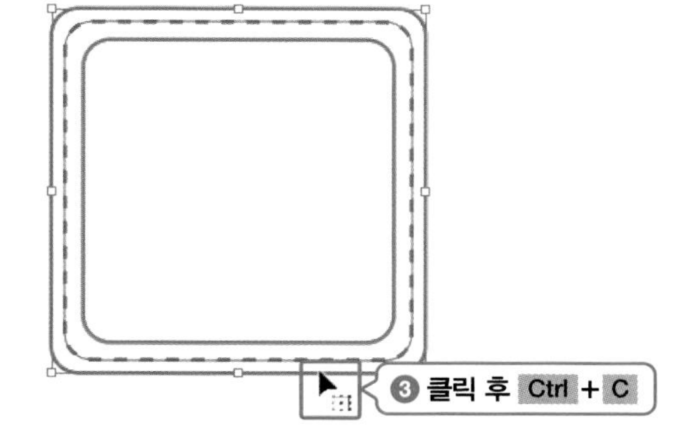

19 ❶ 원래 작업 중이던 파일의 탭을 클릭합니다. ❷ Ctrl + V 를 누릅니다.

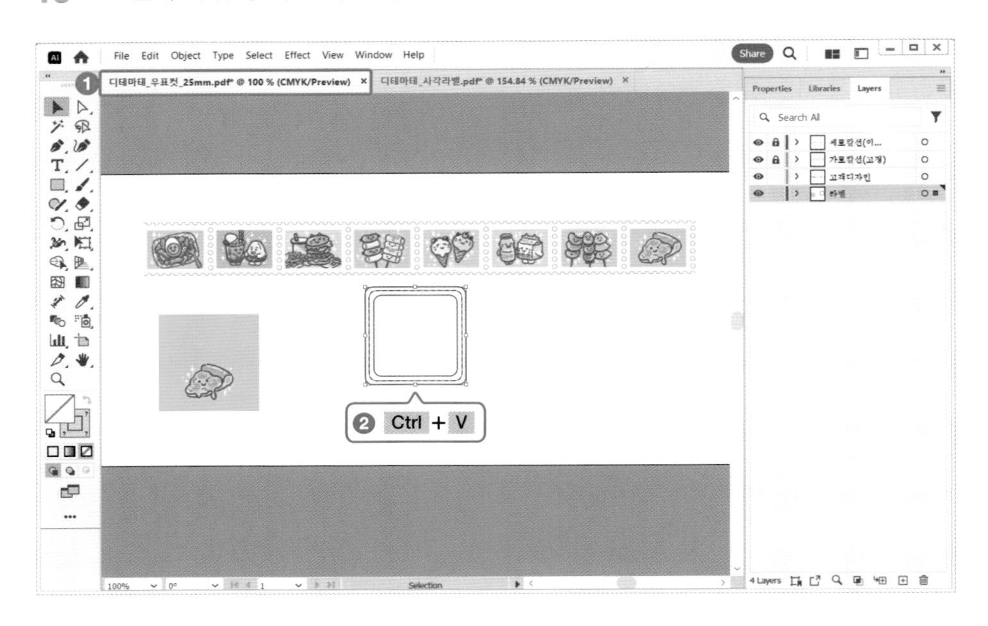

20 ❶ Shift 를 누른 채 노란색 사각형 이미지를 클릭하여 함께 선택하고 ❷ [Align] 패널에서 , 을 클릭합니다. 두 개가 겹쳐집니다.

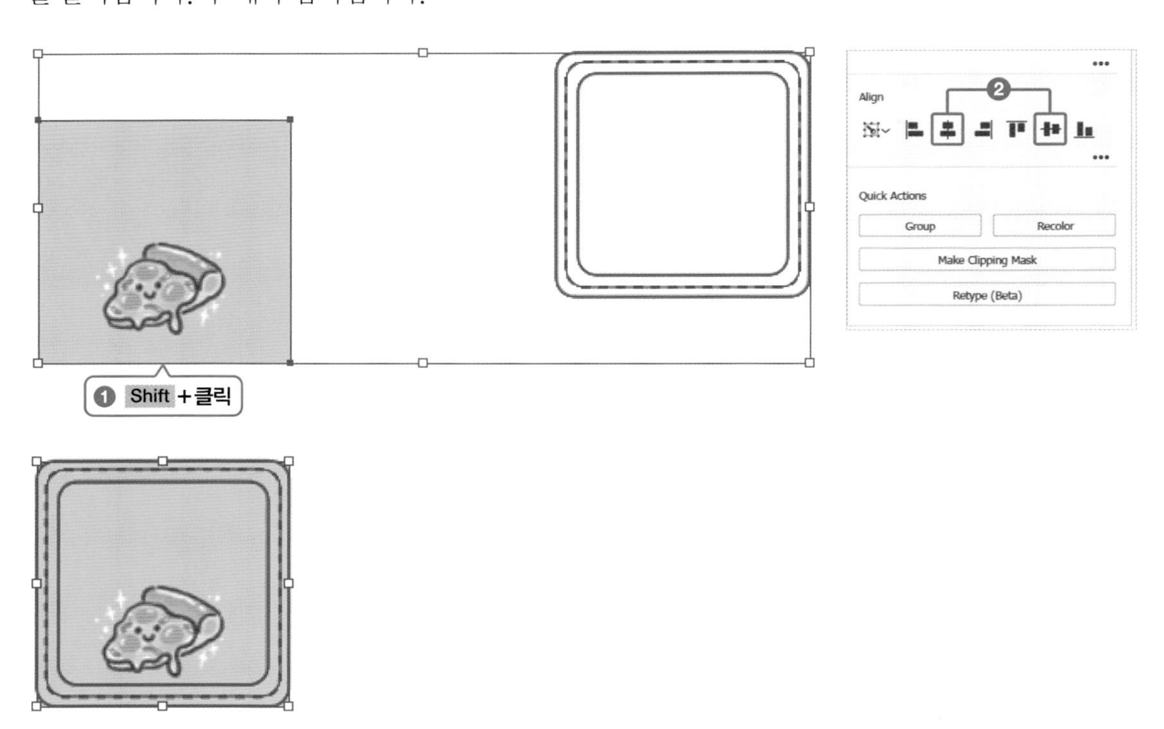

21 ❶ 문자 도구 T 로 녹색선 안쪽을 클릭합니다. ❷ 텍스트를 입력합니다.

TIP **사각 라벨에 사용한 폰트**

- 카페24 써라운드 (출처: https://fonts.cafe24.com)
- 나눔스퀘어라운드OTF (출처: https://hangeul.naver.com/font)

22 ❶ 입력한 텍스트를 클릭하고 ❷ Ctrl + Shift + O 을 누릅니다. 일반적인 패스가 됩니다.

파일 안에 있는 글자는 꼭 이미지화해야 합니다. 윤곽선 만들기(래스터화)에 대한 내용은 220쪽을 참고합니다.

23 ❶ 사각 안내선을 클릭하고 Delete 를 누릅니다. ❷ 이미지를 크게 드래그하여 ❸ Ctrl + G 를 누릅니다.

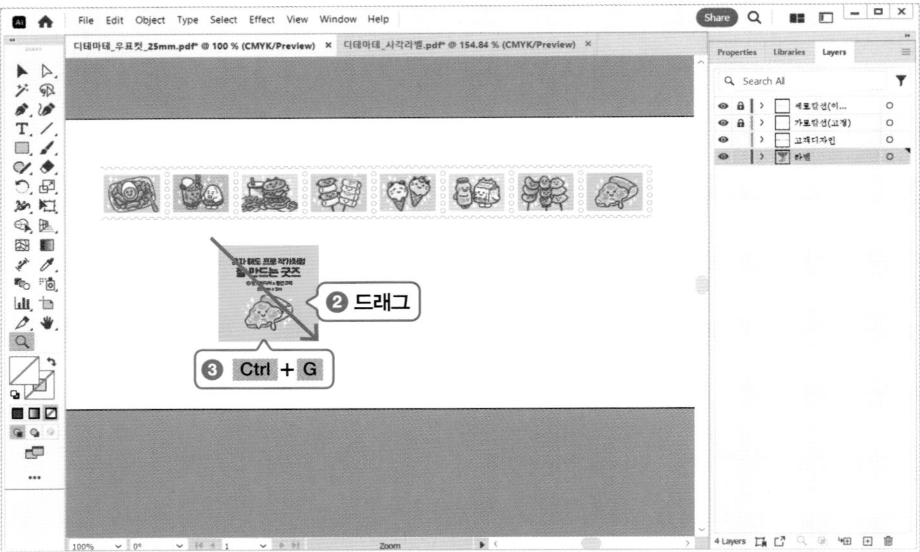

TIP 일러스트레이터 파일로 주문을 할 때에는 한 파일 안에 테이프와 라벨을 함께 넣고 저장합니다.

24 ❶ [File]-[Save As]를 클릭합니다. ❷ 파일 이름은 받는 사람이 이해하기 쉽도록 입력합니다. ❸ 파일 형식은 [AI]로 선택하고 저장합니다. ❹ [Version]은 [Illustrator CS4]로 선택하고 ❺ [OK]를 클릭합니다.

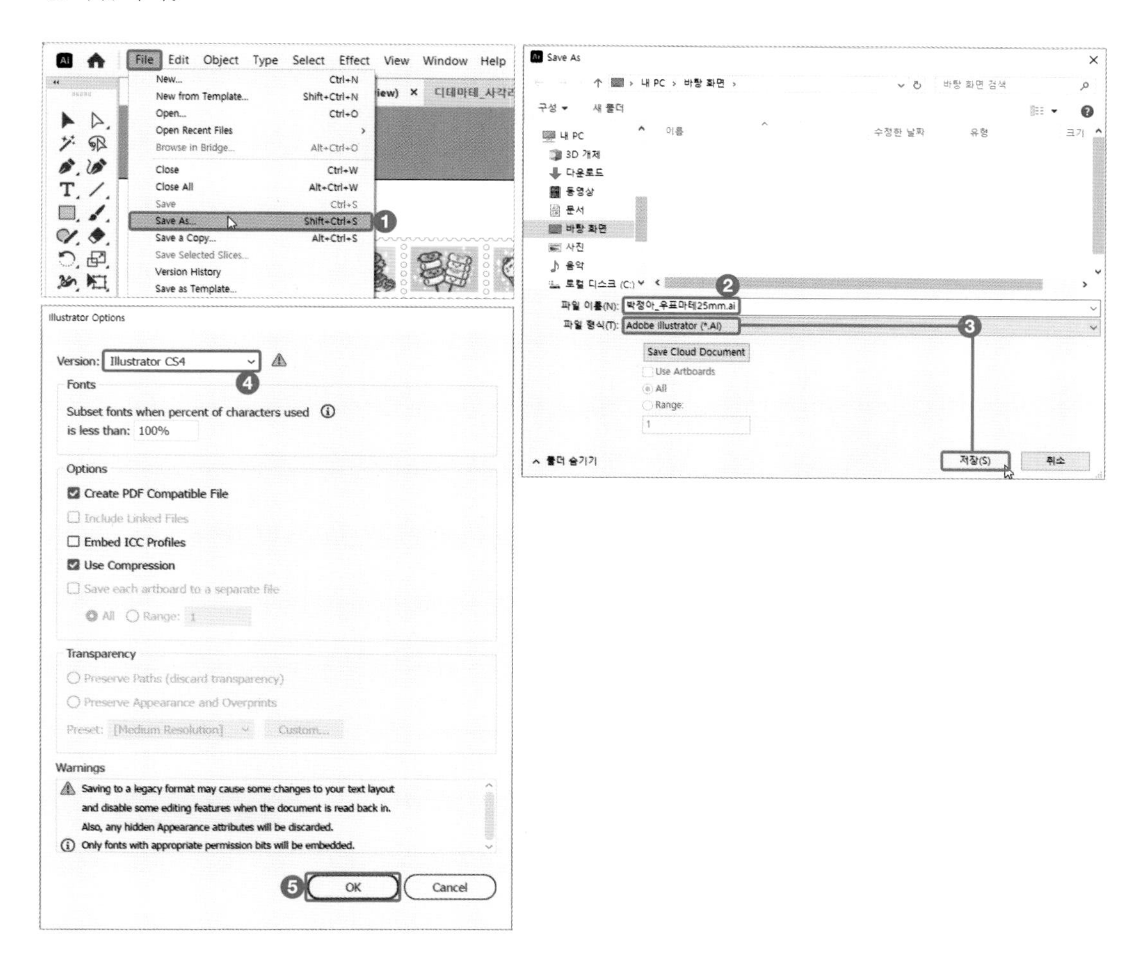

주문하기

25 ❶ 디테마테 사이트에 접속한 후 로그인합니다. ❷ [마스킹주문제작]–[우표컷마스킹]을 클릭합니다. ❸ [폭]은 [25mm]로 선택하고 ❹ [길이]는 [5M]를 선택합니다. ❺ [포장]은 [사각PET(라벨포함)]을 선택합니다. ❻ 수량은 원하는 만큼 설정합니다. ❼ [파일 선택]을 클릭하고 앞 단계에서 만든 ai 파일을 업로드합니다. [주문하기]를 클릭한 후 ❽ 다음 단계에서 주소와 결제 정보를 입력하고 [주문하기]를 클릭합니다. 주문이 완료되었습니다.

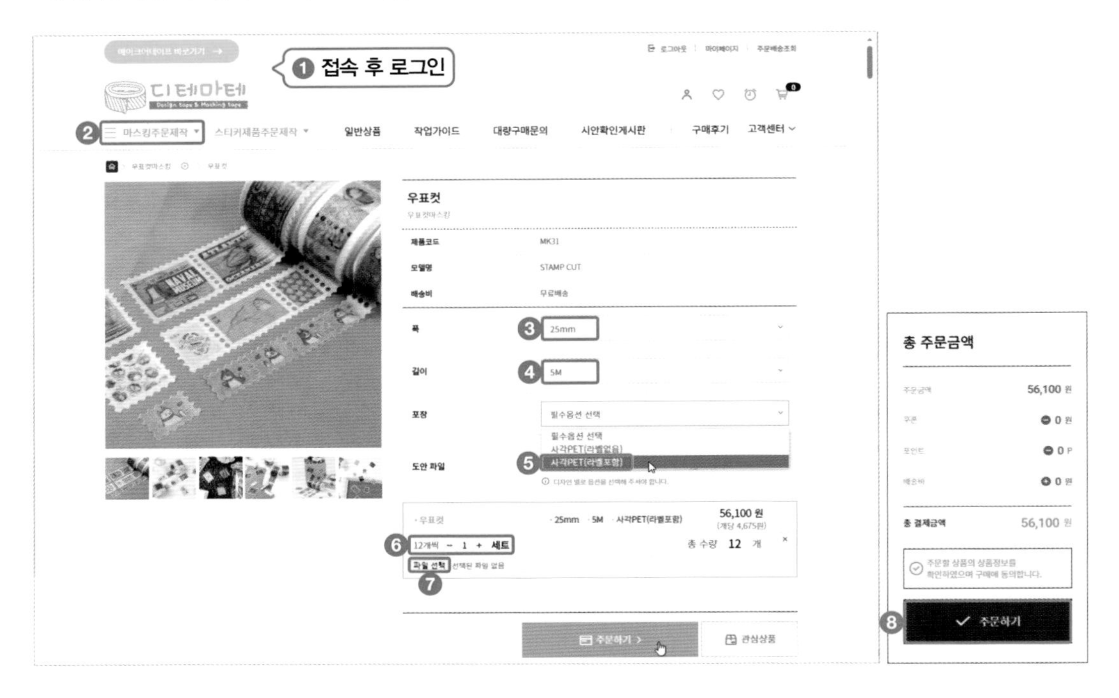

26 접수를 하고 나면 디테마테에서 파일을 확인한 다음 디테마테 사이트에 있는 ❶ [시안확인게시판]에 나의 시안을 업로드해주고 카카오톡으로 안내 메시지를 보내줍니다. ❷ 내 이름으로 된 게시물을 클릭합니다.

TIP 주문을 하고 나면 카카오톡으로 메시지가 옵니다. 자세한 내용은 121쪽을 참고합니다.

27 시안에서 잘못된 부분이 없는지 확인합니다. 이미지를 클릭하면 크게 보입니다. 수정이 필요 없다면 ❶ [시안컨펌]을 클릭합니다. 수정이 필요하다면 ❷ [수정요청]을 클릭하고 ❸ 담당자의 메일 주소로 파일을 다시 보냅니다. 수정이 완료되면 본 게시물에 재업로드됩니다. 재업로드된 시안을 확인하고 문제가 없으면 [시안컨펌]을 클릭합니다. 제작이 시작됩니다. 제작 기간은 약 8~10일(주말/공휴일 제외)이 소요됩니다.

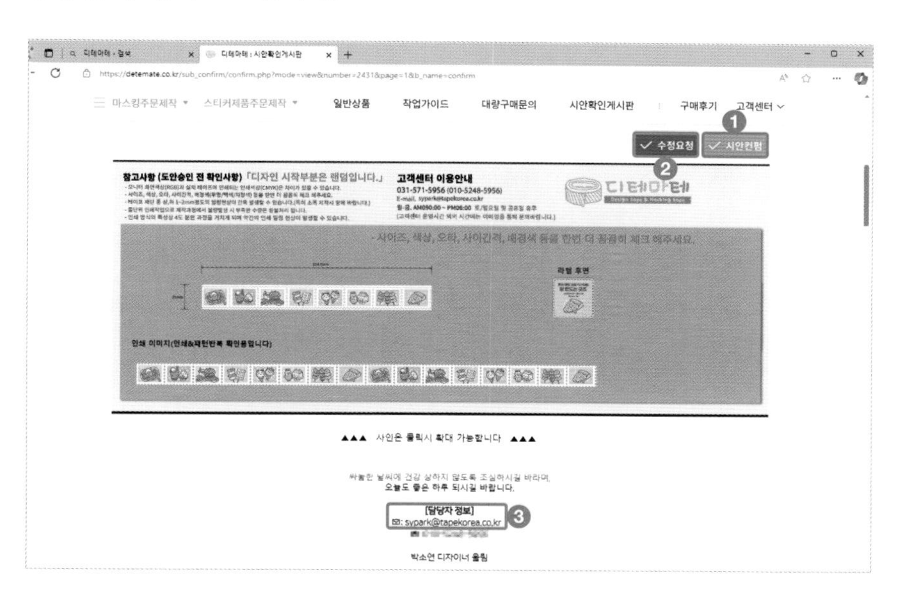

▶ 생생 리뷰 영상 | 우표컷 마스킹 테이프 언박싱하기

QR 코드 또는 아래 링크로 접속합니다. 주문한 우표컷 마스킹 테이프를 생생한 영상으로 확인합니다.

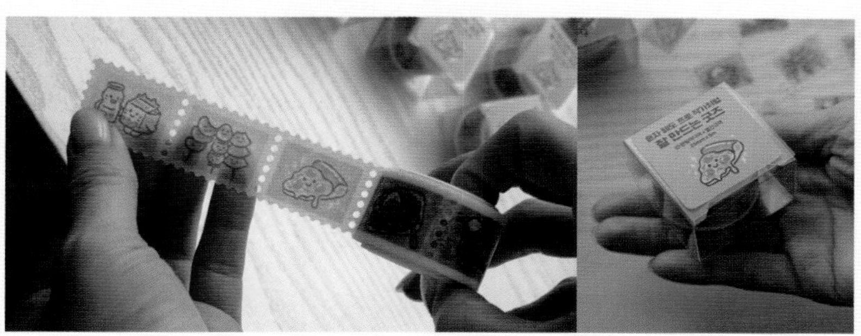

• **링크** | https://m.site.naver.com/1jKfH

06 LESSON 떡메모지 만들기

굿즈 미리 보기

준비 파일 | 없음

완성 파일 | 6떡메모지_완성.ai

참고 파일 | 6떡메모지_참고.jpg / 6떡메모지_참고.pdf / 6떡메모지_참고.psd

제작 업체 | 와우프레스 https://wowpress.co.kr

떡메모지를 만들어보겠습니다. 여러 장의 메모지를 '떡 제본'했다고 해서 떡메모지라고 부릅니다. 한 장씩 뜯어 쓸 수 있으며 다꾸(다이어리 꾸미기), 사무 용품에는 빠지지 않는 아이템입니다. 포스트잇처럼 재접착성은 없지만 예쁜 디자인으로 눈길을 사로잡습니다. 계산서, 견적서처럼 실무에서 쓰이는 떡메모지도 있습니다. 이번에는 실용적인 위클리 플랜 떡메모지를 만들어보겠습니다.

업체 선정 후 사이즈 확인하기

01 떡메모지는 와우프레스에서 주문하겠습니다. ❶ https://wowpress.co.kr에 접속합니다. ☰를 클릭하고 ❷ [굿즈/다꾸]–[떡메모지]를 클릭합니다.

02 만들고자 하는 사이즈가 있는지 확인하겠습니다. ❶ [규격]은 [32절(127×182)]를 선택하겠습니다. ❷ [재단사이즈(mm)]는 **127×182**, [작업사이즈(mm)]는 **130×185**를 확인합니다. ❸ [칼선 다운로드]를 클릭합니다.

03 다운로드한 파일의 압축을 해제하고 **떡메모지_32절 127x182mm.ai** 파일을 더블클릭합니다. 일러스트레이터가 실행되면서 파일이 열립니다.

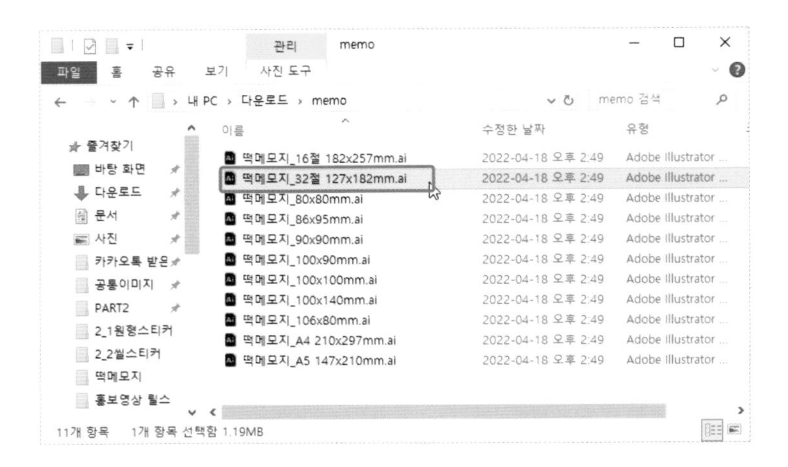

정확한 수치로 표 만들기

04 [Layers] 패널에서 ❶ › 을 클릭하여 하위 레이어가 보이게 합니다. ❷ 〈Group〉 레이어 두 개는 👁 를 클릭하여 숨깁니다. ❸ [Layer 1] 레이어를 클릭합니다.

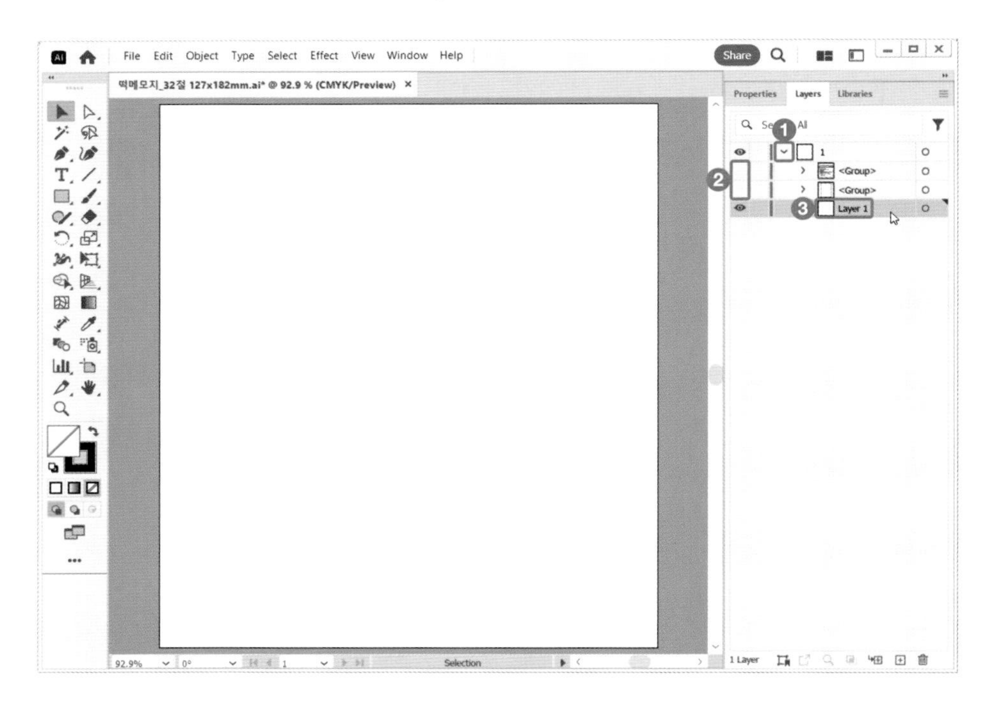

05 도구바 하단에서 ❶ [획]을 비활성화합니다. ❷ [칠]을 클릭하고 [Color] 패널에서 **C:0, M:25, Y:100, K:0**으로 설정합니다. ❸ 사각형 도구 ▭ 를 클릭하고 ❹ 아트보드의 빈 곳을 클릭합니다. ❺ [Rectangle] 대화상자가 나타나면 **130×185mm**를 입력하고 ❻ [OK]를 클릭합니다. 사각형이 만들어집니다.

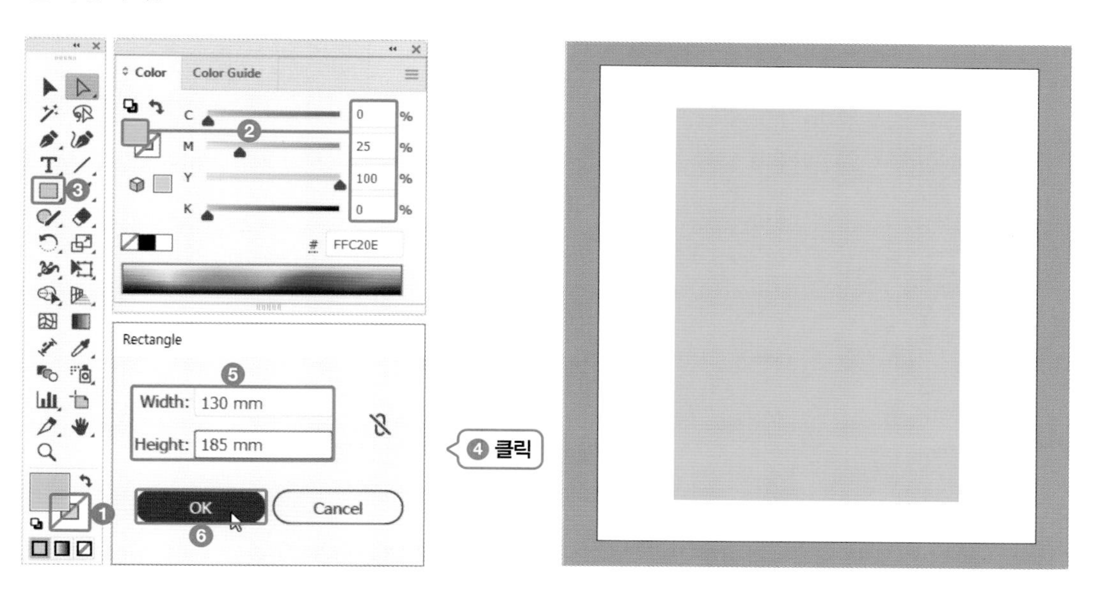

TIP [Color] 패널이 보이지 않는다면 F6 을 누르거나 [Window]–[Color] 메뉴를 선택합니다.

06 ❶ 선 도구 ⁄ 를 길게 클릭한 후 표 도구 ▦ 를 선택합니다. ❷ 아트보드의 빈 곳을 클릭하면 [Rectangular Grid Tool Options] 대화상자가 나타납니다. ❸ [Width]는 **114mm**, [Height]는 **158mm**, ❹ [Horizontal Dividers]–[Number]는 **2**, ❺ [Vertaical Dividers]–[Number]는 **1**을 입력하고 ❻ [OK]를 클릭합니다.

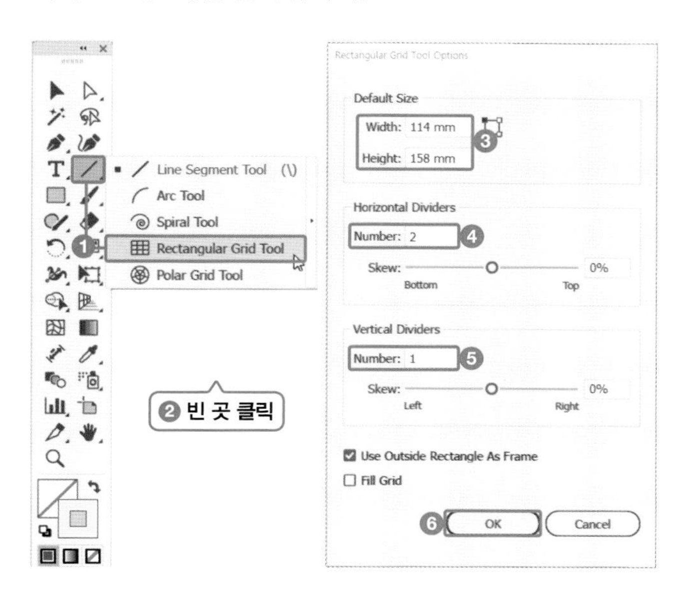

07 [Color] 패널에서 ❶ [획]을 클릭하고 ❷ **C:0, M:3, Y:18, K:0**을 입력합니다. 표가 만들어집니다.

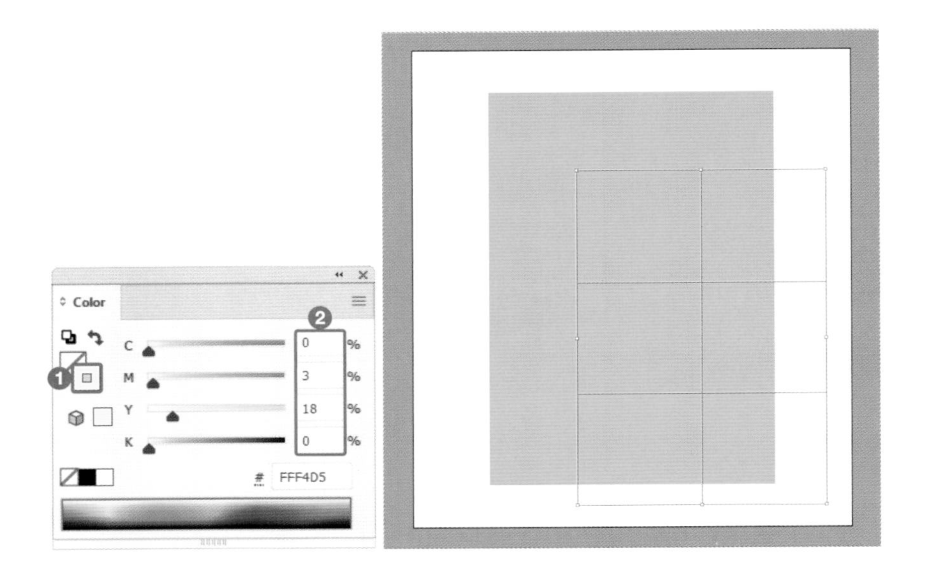

08 ❶ Ctrl + A 를 눌러 전체 선택합니다. [Align] 패널에서 ❷ [Align to]를 클릭하고 [Align to Artboard]로 설정합니다. ❸ 과 을 클릭합니다. 사각형과 표가 아트보드 중앙에 위치합니다.

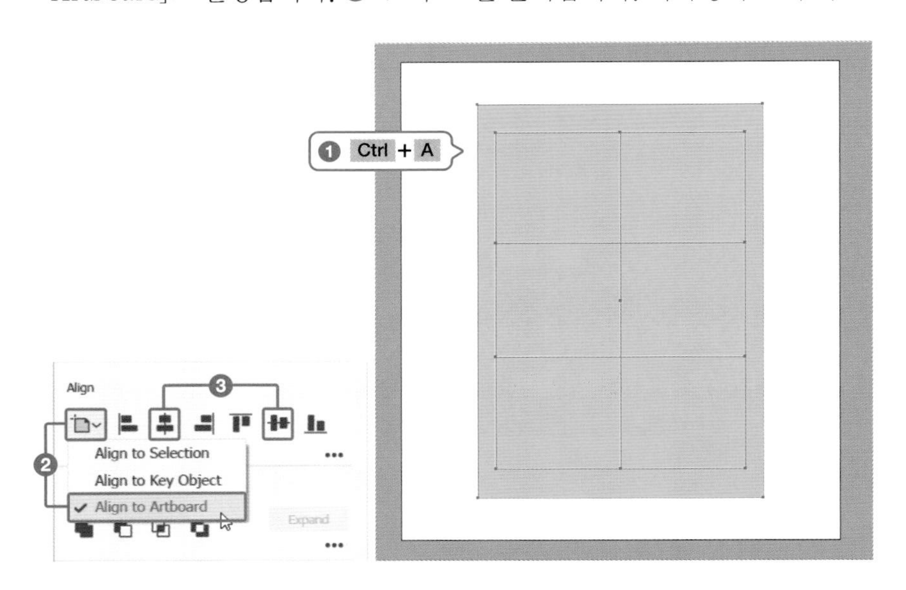

TIP [Align to Artboard]로 설정하면 선택된 오브젝트가 아트보드를 기준으로 정렬됩니다. [Align to Artboard]가 보이지 않는다면 [Window]–[Align] 메뉴를 클릭하고 [Align] 패널의 [Align To:]에서 (Align to Artboard)를 클릭합니다.

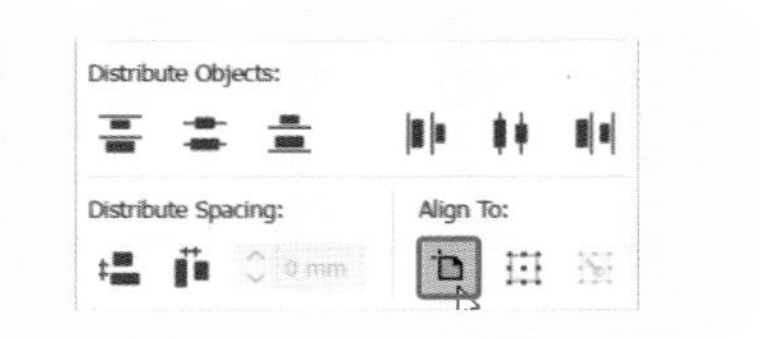

09 노란색 사각형과 표가 함께 선택되어 있는 상태에서 ❶ 선택 도구 ▶ 를 클릭하고 ❷ 사각형을 클릭하면 외곽선이 진해집니다. [Align] 패널의 ❸ 를 클릭합니다. 아랫면의 위치가 같아집니다.

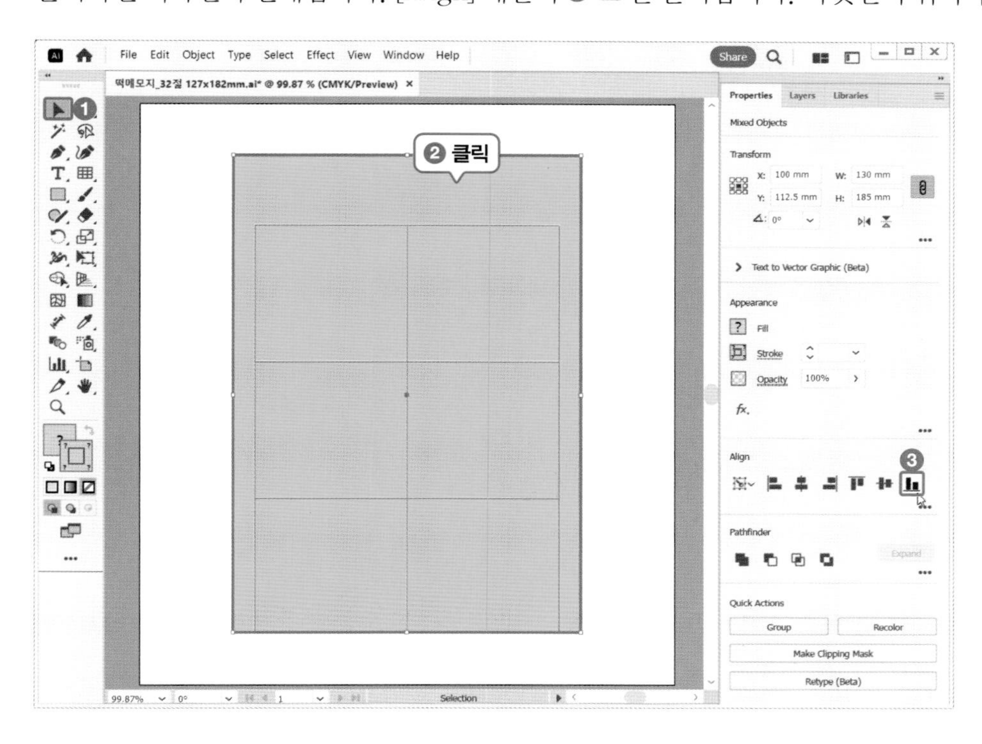

10 ❶ 아트보드의 빈 곳을 클릭하여 선택을 해제합니다. ❷ 노란색 사각형을 클릭하고 ❸ Ctrl + 2 를 눌러 오브젝트를 잠급니다.

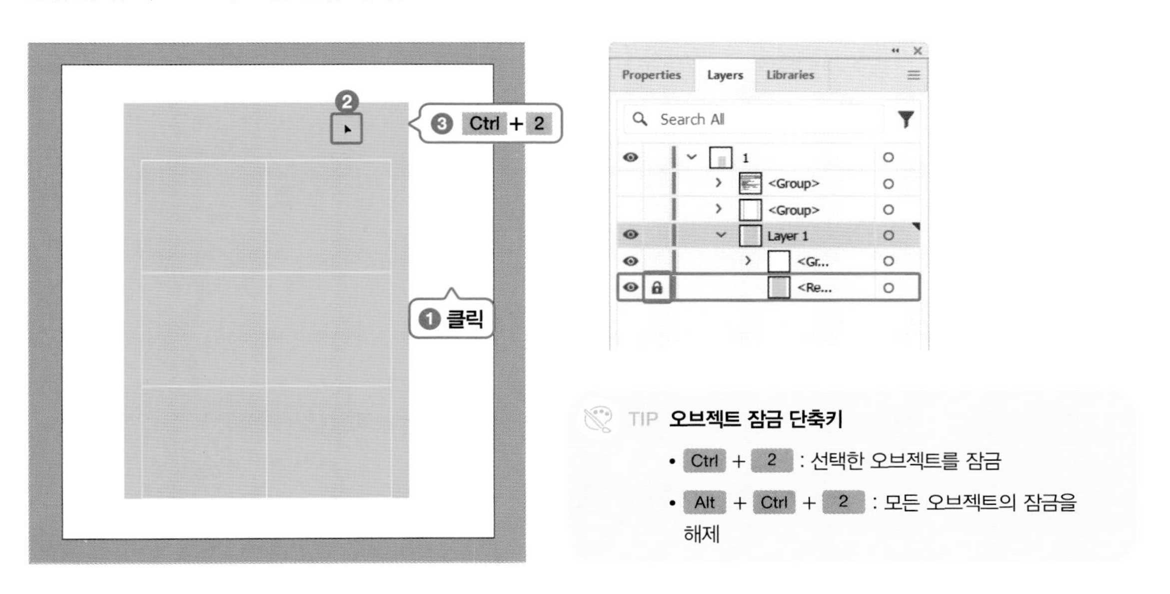

TIP 오브젝트 잠금 단축키

- Ctrl + 2 : 선택한 오브젝트를 잠금
- Alt + Ctrl + 2 : 모든 오브젝트의 잠금을 해제

11 ❶ 표를 클릭하고 ❷ 선택 도구 ▶ 를 더블클릭합니다. ❸ [Distance]는 **8mm**, [Angle]은 **90°**를 입력합니다. ❹ [OK]를 클릭합니다. 아래에서 8mm 위로 이동되었습니다. ❺ 아트보드의 빈 곳을 클릭하여 선택을 해제합니다. ❻ 왼쪽, 오른쪽, 아래의 여백이 약 8mm가 되었습니다.

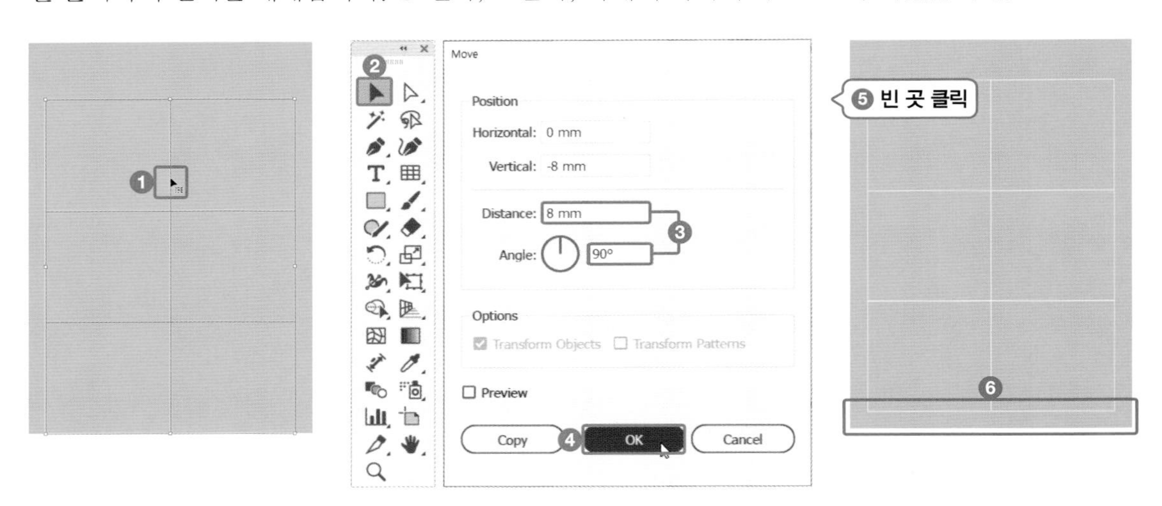

12 도구바 하단에서 ❶ 칠과 선 교체 ↰ 를 클릭합니다. ❷ [Stroke]를 클릭하고 **C:0, M:25, Y:100, K:0**을 입력합니다. ❸ 두께는 **1pt**로 설정합니다. ❹ Ctrl + 2 를 눌러 표를 잠급니다.

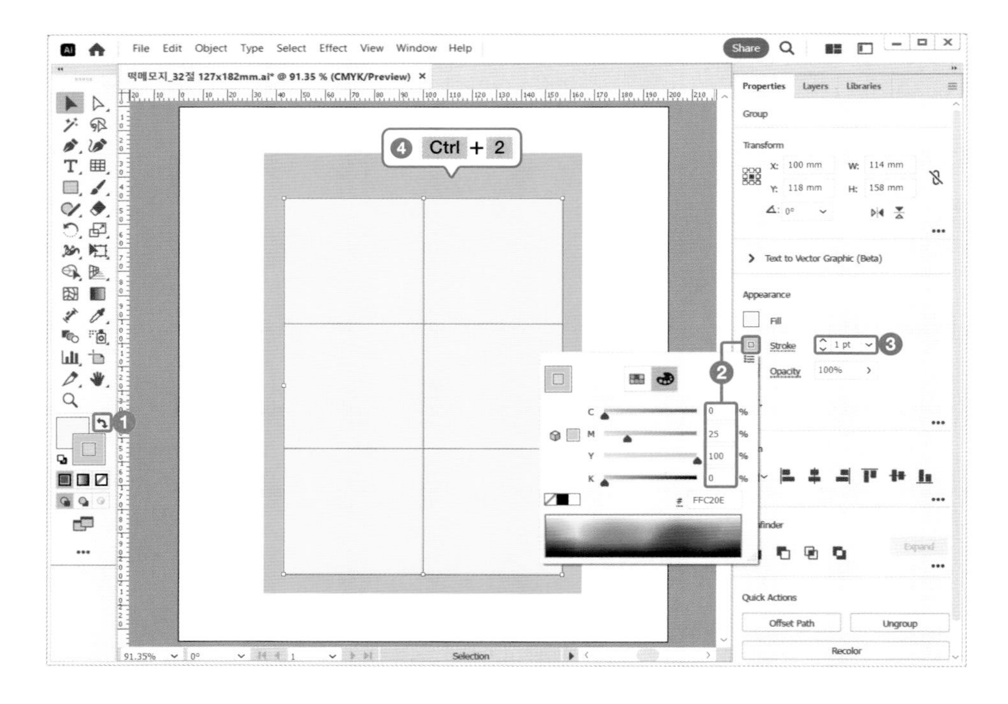

13 ❶ 표 도구 ▦ 를 더블클릭합니다. ❷ [Horizontal Dividers]–[Number]는 **0**, [Vertaical Dividers]–[Number]는 **1**을 입력하고 ❸ [OK]를 클릭합니다. ❹ 마지막 칸을 드래그합니다.

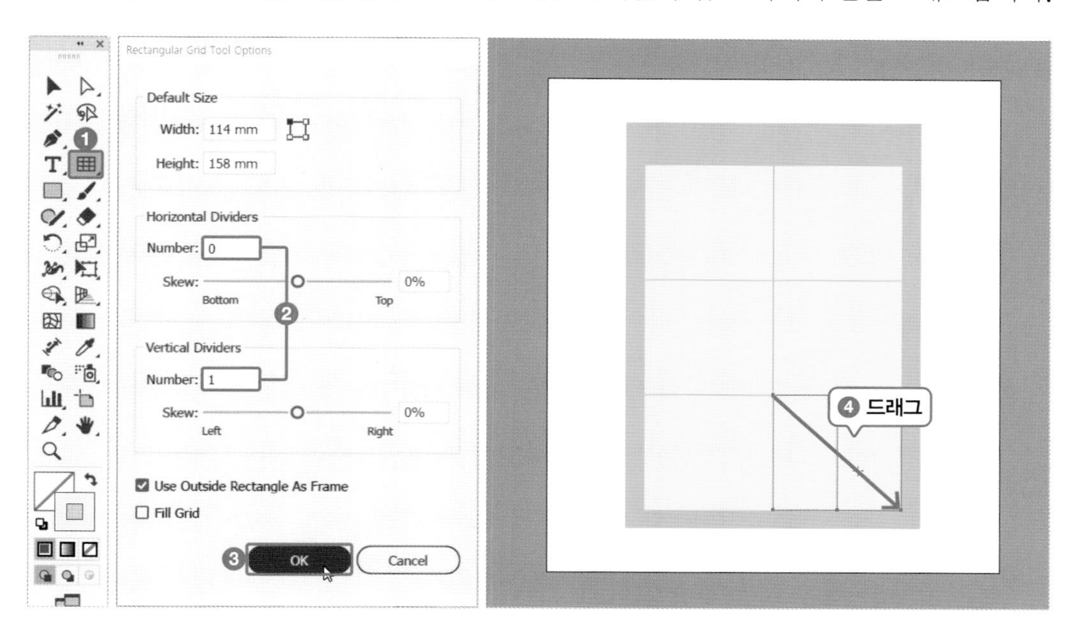

14 ❶ 선택 도구 ▶ 를 클릭하고 ❷ 방금 만든 표의 중앙선을 더블클릭합니다. ❸ 모서리 부분을 작게 드래그하고 Delete 를 누릅니다. ❹ 가운데 선을 클릭하고 Ctrl + 2 를 눌러 잠급니다. ❺ 아트보드의 빈 곳을 더블클릭하여 편집 모드를 나갑니다.

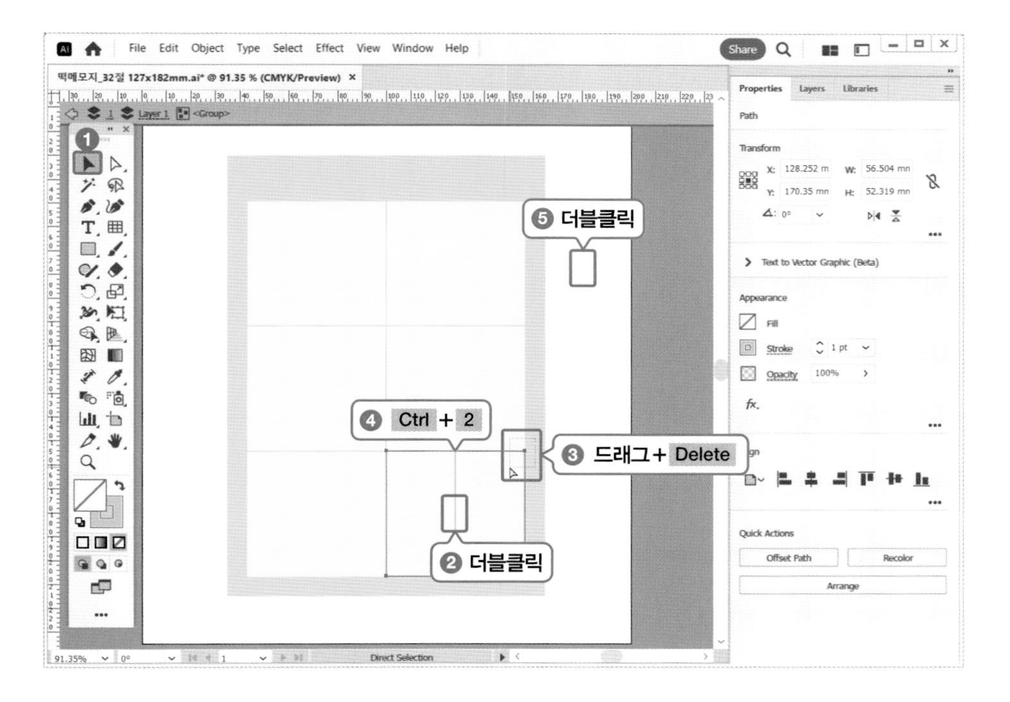

표에 텍스트 넣기

15 표에 텍스트를 넣어보겠습니다. ❶ 문자 도구 T 를 클릭합니다. ❷ 한 칸만 드래그하고 ❸ MONDAY를 입력합니다.

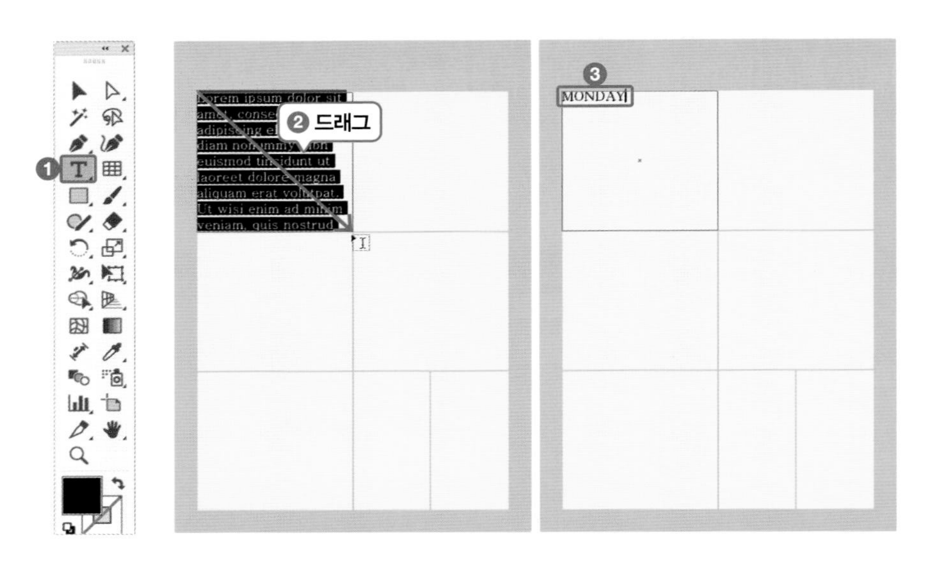

16 ❶ 선택 도구 ▶ 로 ❷ Alt + Shift 를 누르고 텍스트 상자를 오른쪽으로 드래그하여 수평 복제합니다. ❸ 같은 방법으로 다른 칸에도 복제합니다.

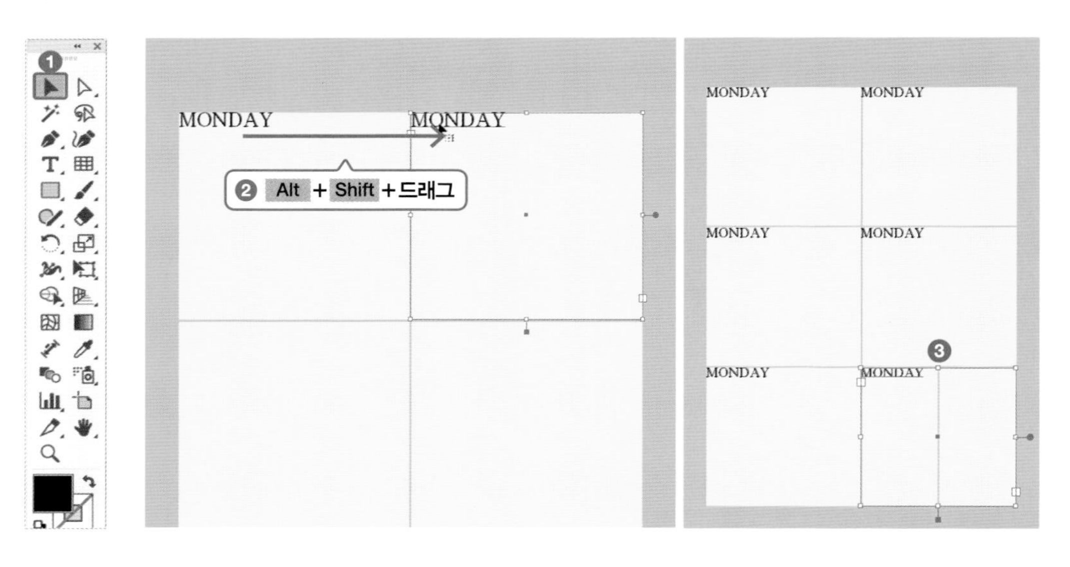

TIP 키보드의 방향키를 이용하면 섬세하게 위치를 조절할 수 있습니다.

17 마지막 텍스트 상자는 ❶ 외곽의 작은 네모 ◘ 를 왼쪽으로 드래그하여 가로 사이즈를 줄입니다. ❷ Alt + Shift 를 누르고 오른쪽으로 드래그하여 수평 복제합니다.

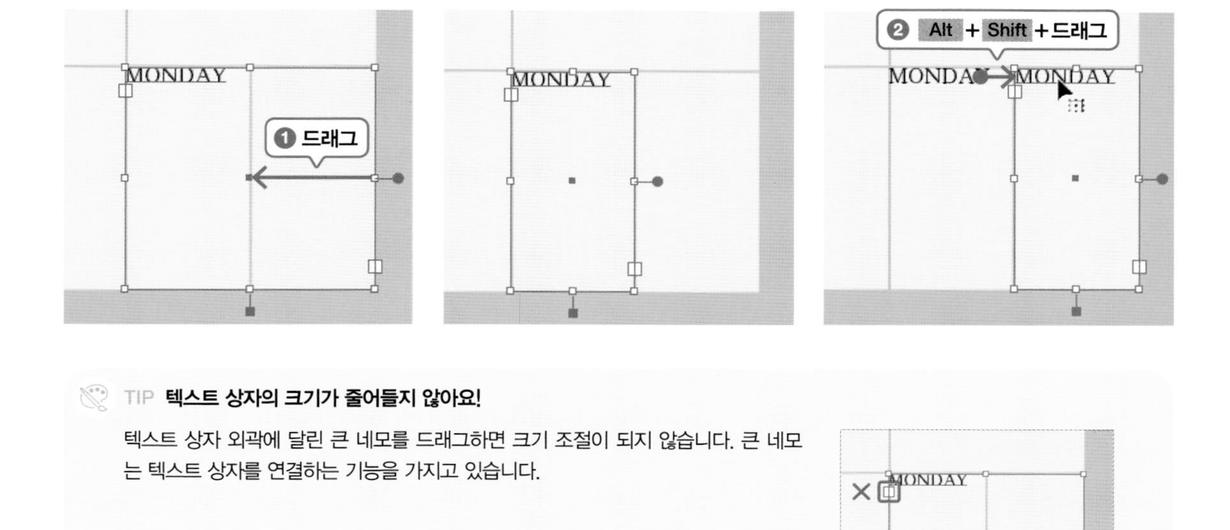

TIP **텍스트 상자의 크기가 줄어들지 않아요!**

텍스트 상자 외곽에 달린 큰 네모를 드래그하면 크기 조절이 되지 않습니다. 큰 네모는 텍스트 상자를 연결하는 기능을 가지고 있습니다.

18 두 번째 칸의 텍스트를 더블클릭하고 **TUESDAY**로 수정합니다. 같은 방법으로 나머지 칸도 요일 텍스트를 수정합니다.

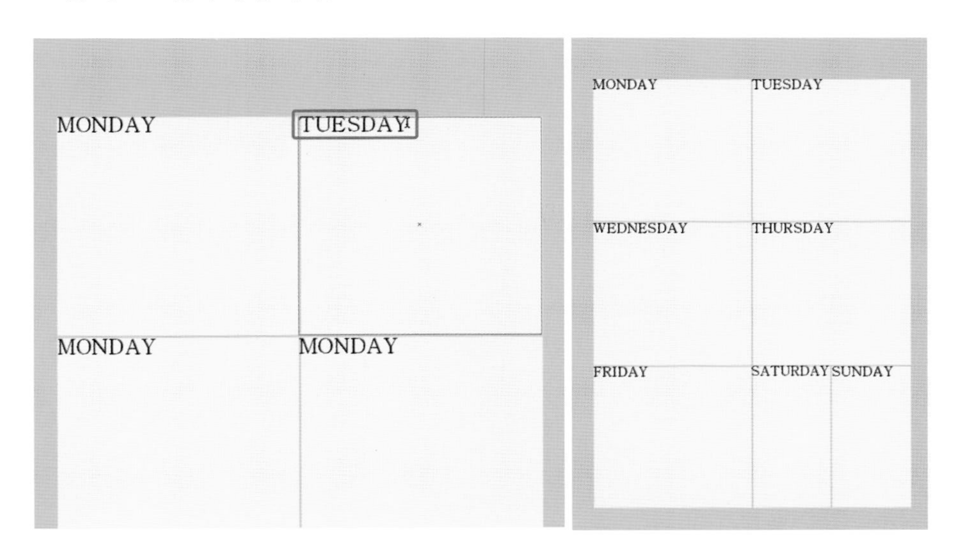

19 ❶ Ctrl + A 를 눌러 전체 선택하고 ❷ [Character] 패널에서 마음에 드는 폰트를 선택합니다. 여기서는 **DSA팡팡**을 사용하겠습니다. ❸ 크기는 **7pt**로 합니다. ❹ [Fill]을 클릭하고 **C:0, M:100, Y:100, K:0**을 입력합니다.

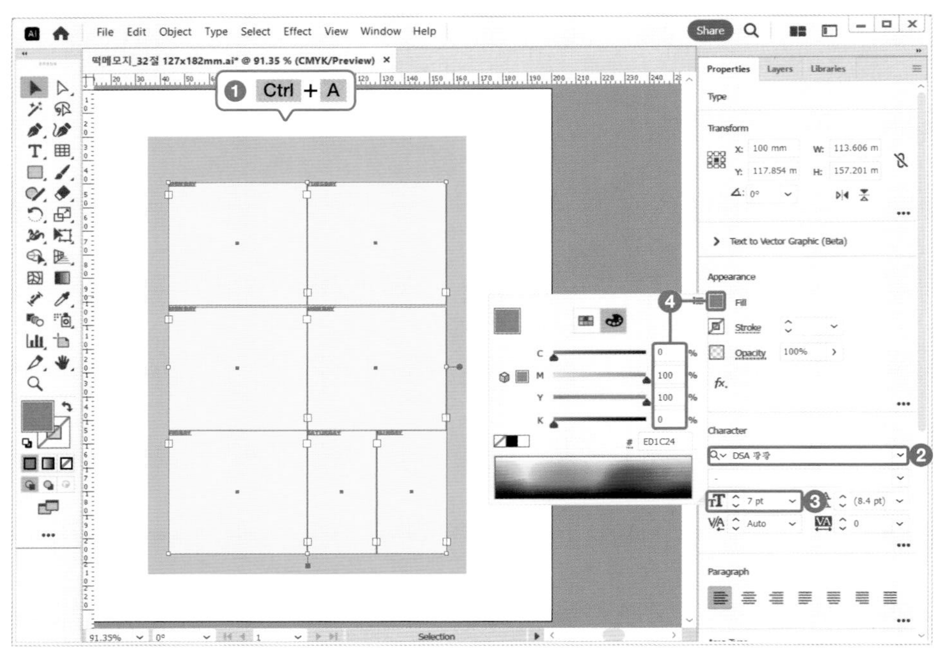

▲ DSA 팡팡 폰트 출처 : https://fonts.adobe.com/fonts/ds-pangpang

20 ❶ [Type]−[Area Type Options…] 메뉴를 선택해 대화상자를 엽니다. ❷ [Offset]−[Inset Spacing]은 **2mm**를 입력합니다. ❸ [OK]를 클릭합니다. 2mm 여백이 생깁니다.

21 ❶ 표의 왼쪽 상단에 **WEEKLY PLAN**을 입력합니다. ❷ 오른쪽 상단에는 **MONTH:** 그리고 **WEEK:**를 입력합니다. 크기는 각각 **14pt**, **7pt**입니다. ❸ Ctrl + A 를 누릅니다. ❹ [Type]–[Create Outlines(Shift + Ctrl + O)] 메뉴를 선택합니다.

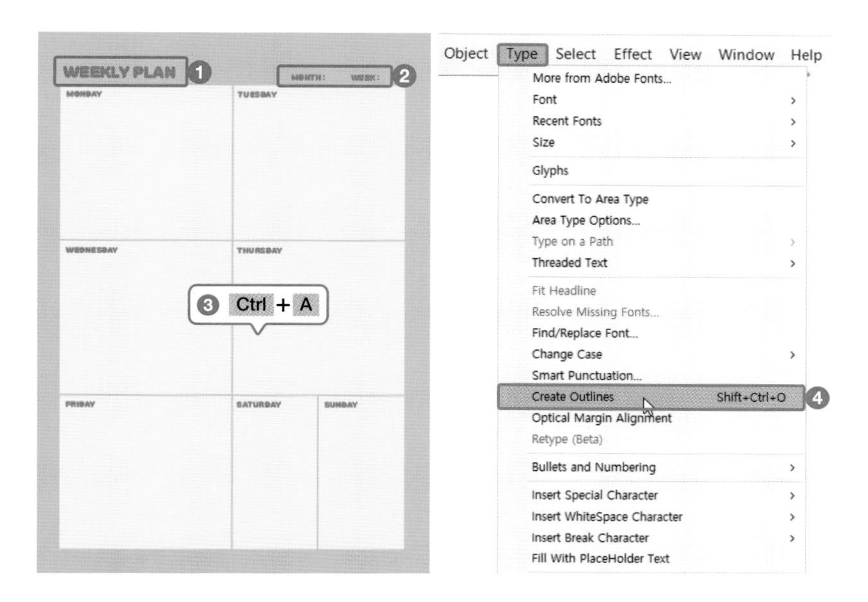

22 ❶ [Layers] 패널에서 Alt + Ctrl + 2 를 눌러 레이어의 모든 잠금을 해제합니다. ❷ Ctrl + A 를 눌러 전체 선택한 다음 ❸ Ctrl + G 를 눌러 그룹화합니다.

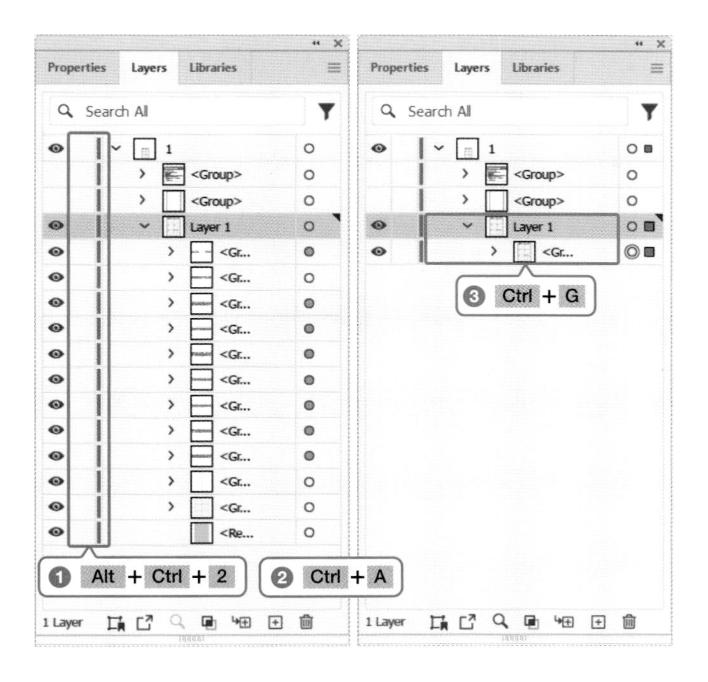

23 ❶ [Object]-[Path]-[Outline Stroke]를 클릭합니다. 선이 모두 면으로 바뀝니다. ❷ 도구 바 하단에서 [획]이 모두 비활성화된 것을 확인합니다.

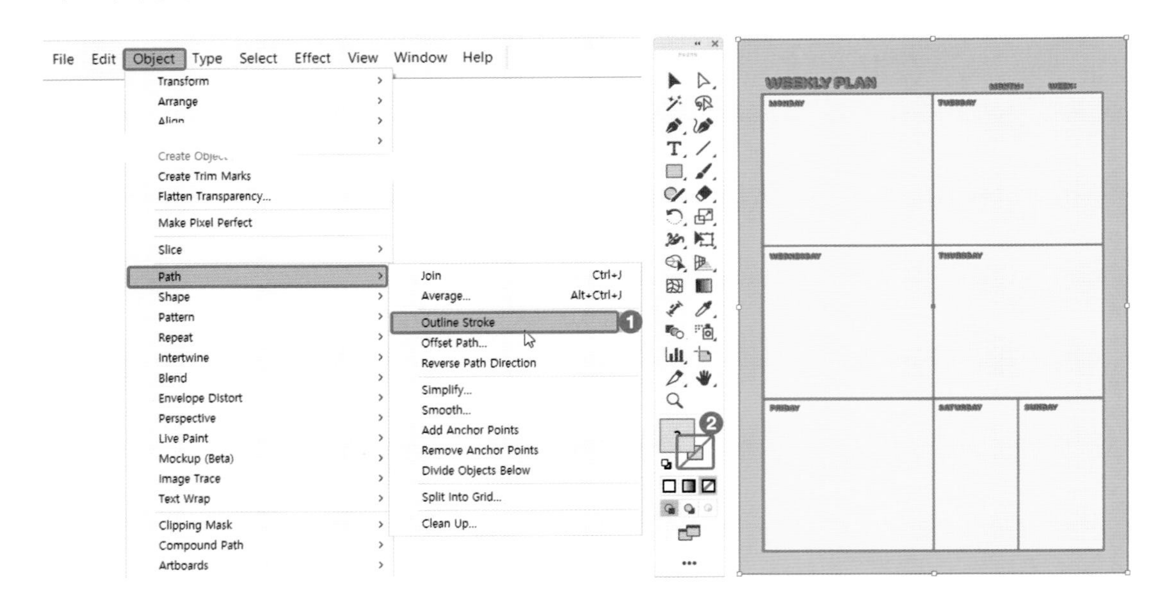

24 ❶ [Layers] 패널에서 숨겨놓았던 레이어 두 개를 다시 보이게 합니다. ❷ 선택 도구 ▶ 로 안내문을 클릭하고 Delete 를 누릅니다 ❸ 안내선을 클릭합니다. ❹ [Appearance] 패널에서 [Stroke]를 클릭하고 비활성화 ◪ 를 클릭합니다. ❺ 레이어의 이름을 다음과 같이 변경합니다.

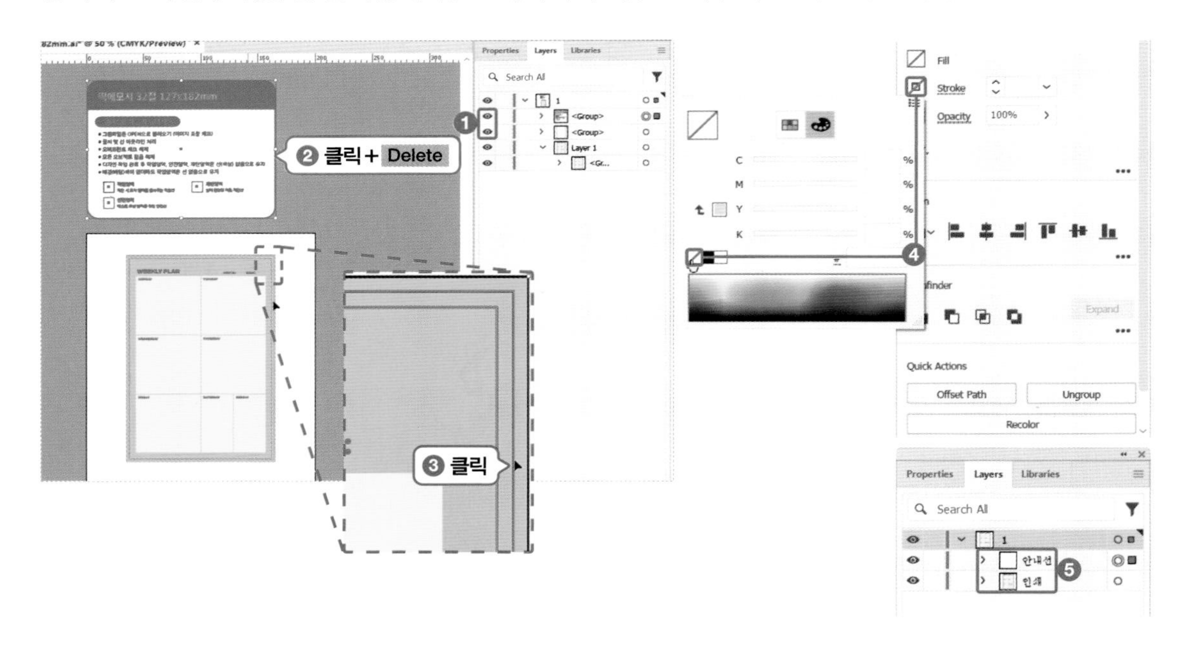

25 ❶ [File]–[Save As] 메뉴를 선택합니다. ❷ 파일 이름을 입력한 후 저장합니다. ❸ [Version] 은 [Illustrator CS4]로 선택하고 ❹ [OK]를 클릭합니다.

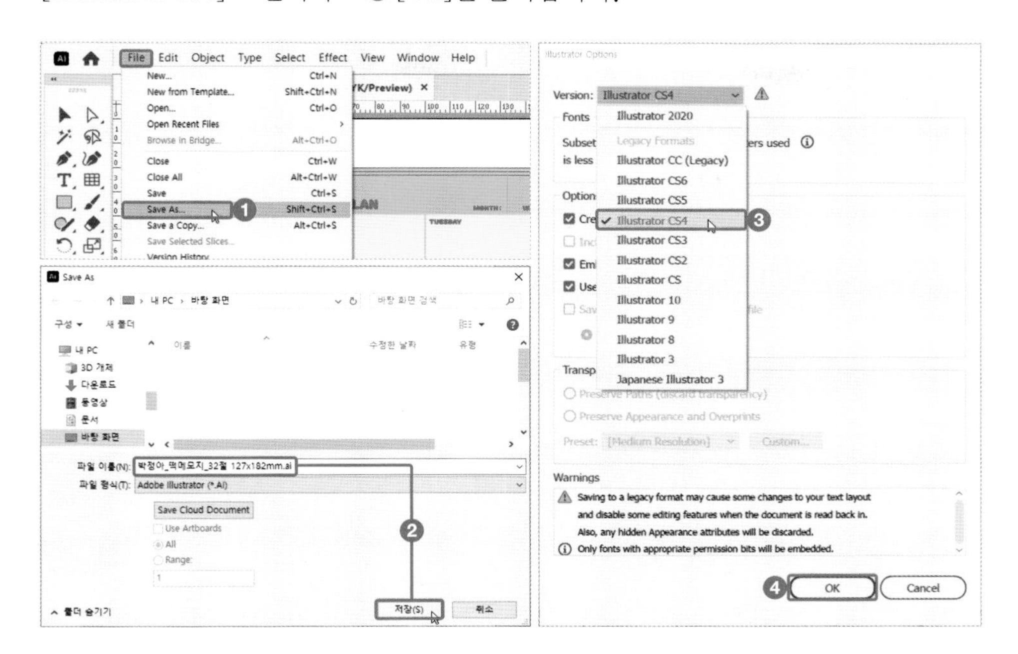

빨간고래의 실무 꿀팁

꼭 ai 파일로 주문해야 하나요?

떡메모지는 비트맵 파일 형식으로도 주문이 가능합니다. [예제 파일] 폴더에서 **6떡메모지_참고.pdf, 6떡메모지_참고.psd, 6떡메모지_참고.jpg** 파일이 있습니다. 세 가지 형식 모두 주문이 가능한 완성 파일입니다. 포토샵에서 작업을 한 경우에는 비트맵 파일로 주문합니다.

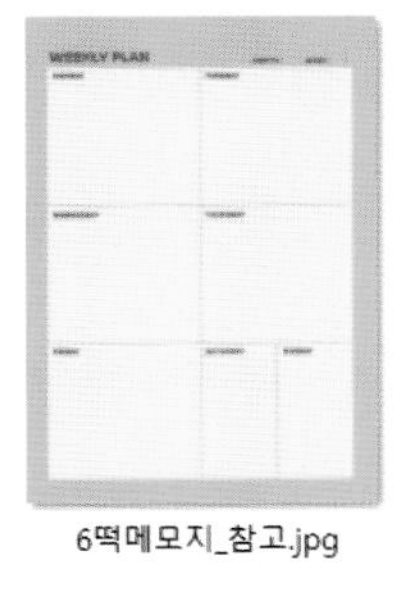

6떡메모지_참고.jpg

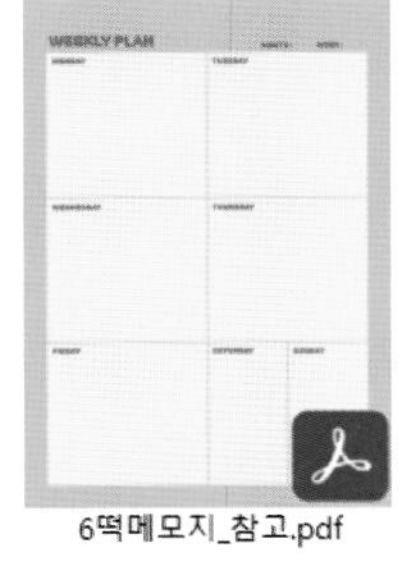

6떡메모지_참고.pdf

6떡메모지_참고.psd

주문하기

26 와우프레스에 접속한 후 로그인합니다. ❶ ☰ 를 클릭하고 [굿즈/다꾸]-[떡메모지]를 클릭합니다. ❷ 옵션을 다음과 같이 설정한 후 ❸ [주문하기]를 클릭합니다.

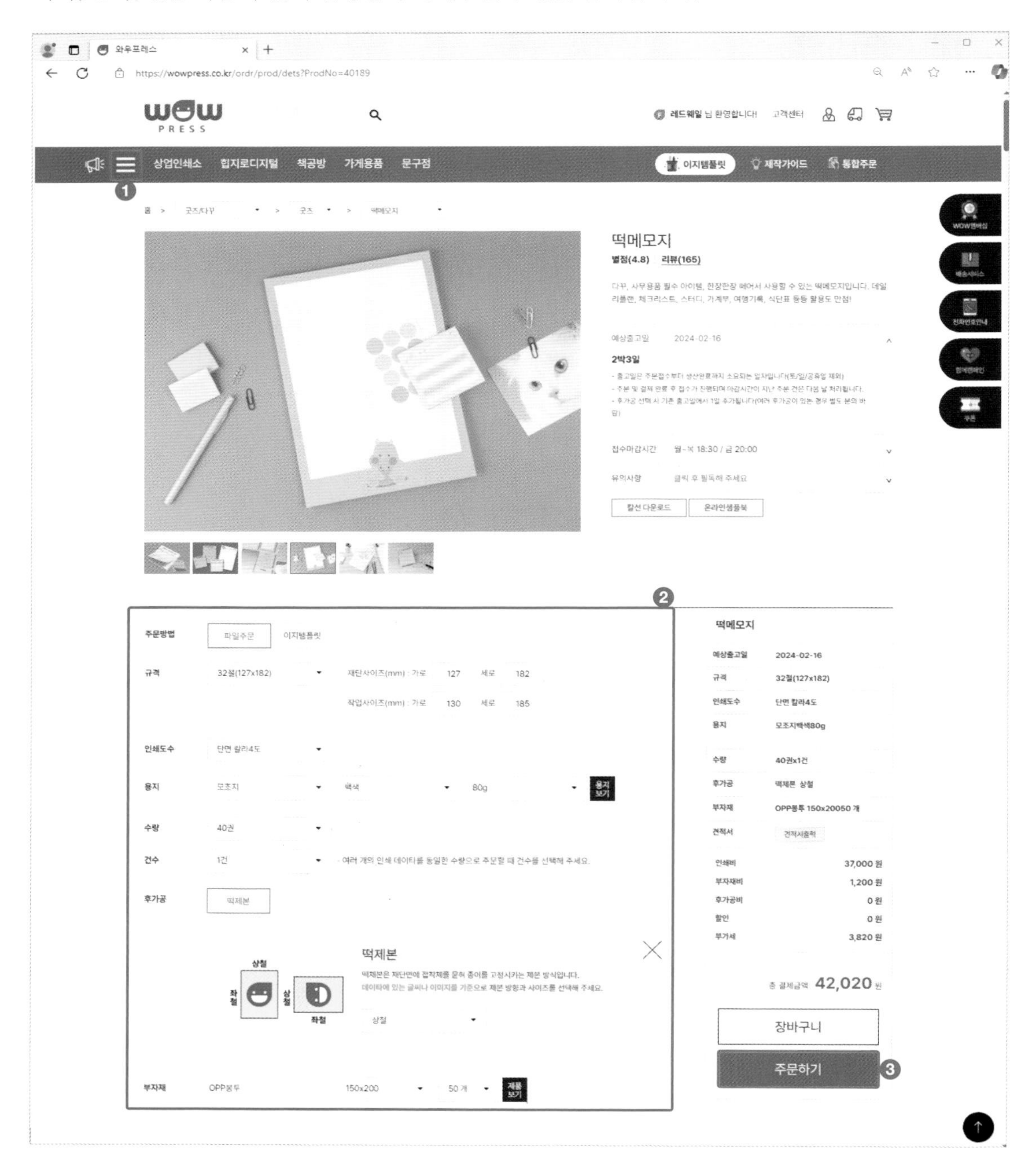

TIP 빨간고래의 경우 OPP(비닐봉투)도 함께 주문했습니다. OPP가 필요없는 경우는 선택하지 않습니다. OPP의 사이즈는 웹페이지 하단에 자세히 안내되어 있습니다.

27 [파일업로드] 창이 나타나면 ❶ [파일첨부]를 클릭하고 25에서 저장한 ai 파일을 업로드합니다. ❷ 주문 정보와 작업자 정보를 입력합니다. ❸ [계속 주문하기]를 클릭하고 ❹ 다음 페이지에서 결제하면 주문이 완료됩니다.

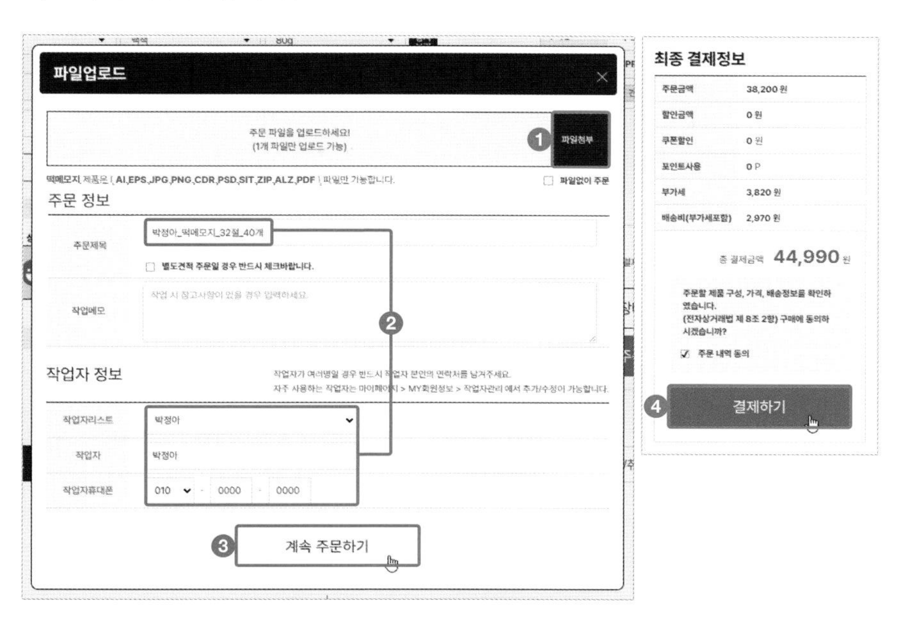

▶ 생생 리뷰 영상 | 떡메모지 언박싱 & 품질 확인하기

QR 코드를 스캔하거나 아래의 링크로 접속하면 본 예제 파일로 주문한 떡메모지를 영상으로 확인할 수 있습니다. 업체에서 보내준 택배 박스를 그대로 개봉하는 리뷰 영상입니다.

- **링크** | https://m.site.naver.com/1jCQb

07 LESSON 폰 케이스 만들기

굿즈 미리 보기

준비 파일 | 7에폭시범퍼_준비.psd / 7맥세이프_준비.psd / 7맥세이프_변형.psd
7속지앞_준비.psd / 7속지뒤_준비.psd

완성 파일 | 7에폭시범퍼_완성.ai / 7맥세이프_완성.ai / 7속지_완성.ai

참고 파일 | 7맥세이프_참고_불투명.ai

제작 업체 | 커스텀랜드 https://www.customland.kr

폰 케이스는 트렌드에 민감한 굿즈 중 하나이며 종류가 매우 다양합니다. 이번 레슨에서는 나만의 에폭시 범퍼 케이스와 맥세이프 젤 하드 케이스를 만들어보겠습니다.

주문 파일 만들기

01 커스텀랜드에서 주문을 하겠습니다. https://www.customland.kr에 접속합니다. ❶[굿즈제작]을 클릭하고 ❷[에폭시 범퍼케이스]를 클릭합니다. ❸원하는 기종을 선택합니다.

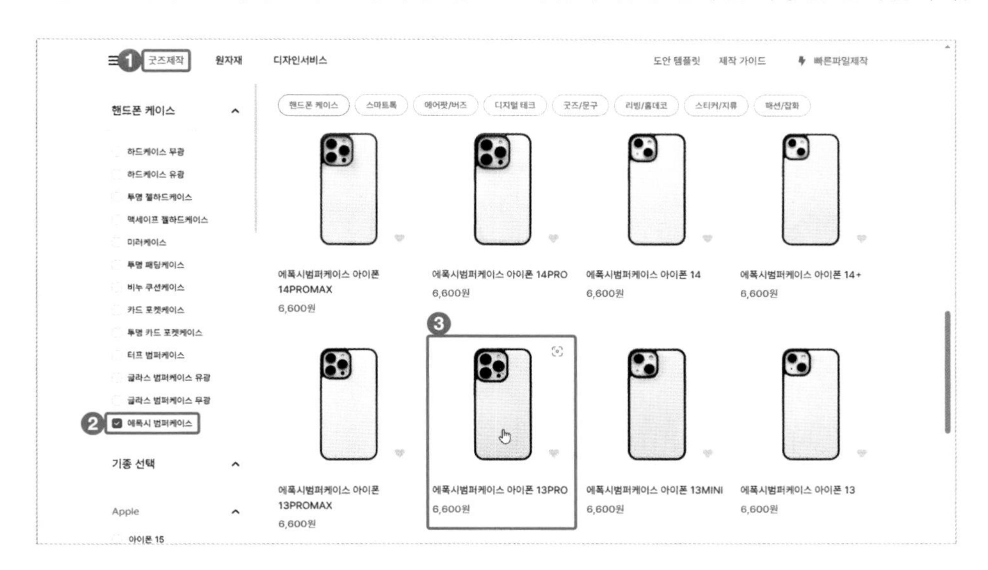

02 ❶[단가표]를 클릭하여 금액을 확인합니다. ❷[PDF 업로드]를 클릭하면 ❸[도안 파일] 버튼이 나타납니다. 클릭하면 템플릿 파일이 다운로드됩니다.

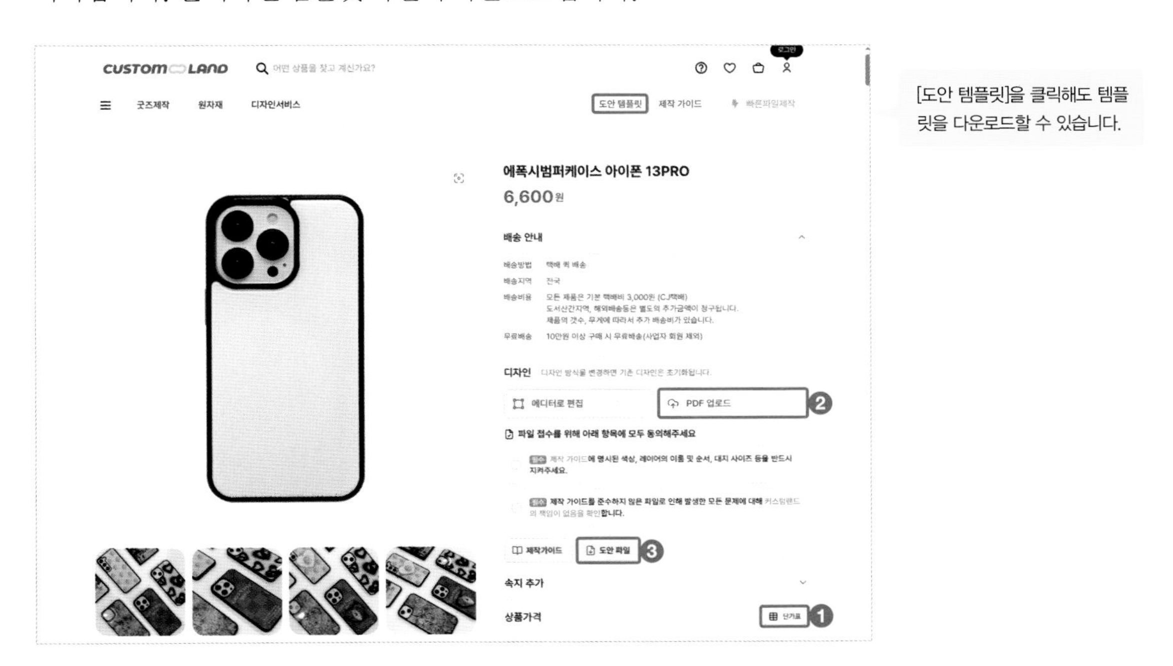

[도안 템플릿]을 클릭해도 템플릿을 다운로드할 수 있습니다.

03 ❶일러스트레이터에서 Ctrl + O 를 누르고 02에서 다운로드한 템플릿 파일을 엽니다. ❷다음과 같은 경고창이 나타나면 [Continue]를 클릭하고 경고창이 나타나지 않으면 다음 단계로 넘어갑니다. ❸[Layers] 패널에서 [디자인(CMYK)] 레이어를 클릭합니다.

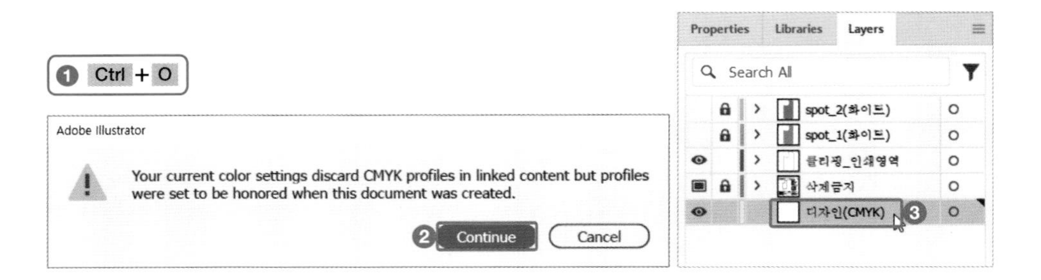

이 경고창은 왜 뜨나요?

색상 관리에 관한 안내문입니다. 이 템플릿 파일을 제작한 커스텀랜드와 나의 일러스트레이터에서 설정한 색상 관리 정책(Color Management Policies)이 다르기 때문입니다. 일러스트레이터 사용자마다 환경 설정이 다를 수 있지만 제작하는 굿즈는 커스텀랜드에서 요구하는 색상 프로파일을 사용하면 됩니다. 상단 메뉴에서 [Edit]–[Assign Profile]을 클릭하고 [U.S Web Coated (SWOP) v2]가 선택되어 있는지 확인합니다. [U.S Web Coated (SWOP) v2]를 사용하고 있다면 전혀 문제되지 않습니다.

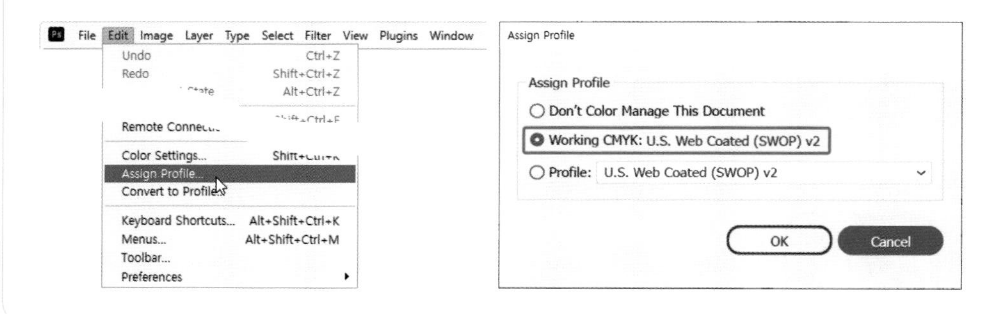

04 이미지를 불러오겠습니다. ❶[File]–[Place]를 클릭합니다. ❷**7에폭시범퍼_준비.psd** 파일을 선택합니다. ❸[Link]는 체크를 해제하고 ❹[Place]를 클릭합니다.

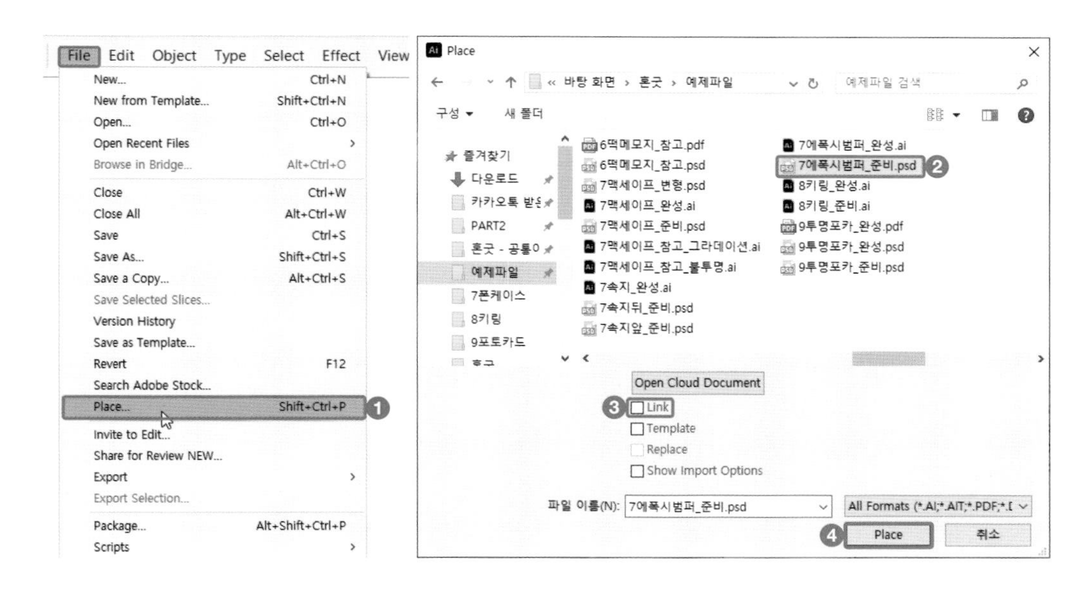

05 선택 도구 ▶ 로 검은색 선 안쪽에 그림이 위치하도록 이동합니다.

- 검은색 선(69.7×144.9mm) : 실물 사이즈입니다. 잘려나가면 안 되는 부분은 검은색 선 안쪽에 있어야 합니다.
- 빨간색 선(73.7×148.9mm) : 작업 영역입니다. 배경은 빨간색 선까지 채워져야 합니다.
- 이미지(80×155mm) : 빨간색 선보다 약간 더 크게 작업해야 합니다. 현재 빨간색 선보다 상하좌우가 3mm씩 더 큽니다. (CMYK/300ppi)

06 ❶불러온 이미지가 선택된 상태에서 Shift 를 누른 채 빨간색 선을 클릭합니다. ❷[Layers] 패널에서 [디자인(CMYK)] 레이어와 [클리핑_인쇄영역] 레이어에 네모 표시가 있는지 확인합니다. ❸마우스 오른쪽 버튼을 클릭하고 [Make Cliping Mask]를 선택합니다. 이미지가 빨간색 선 모양대로 보입니다.

패스를 선택하면 선택된 패스가 있는 레이어에 네모 표시가 나타납니다.

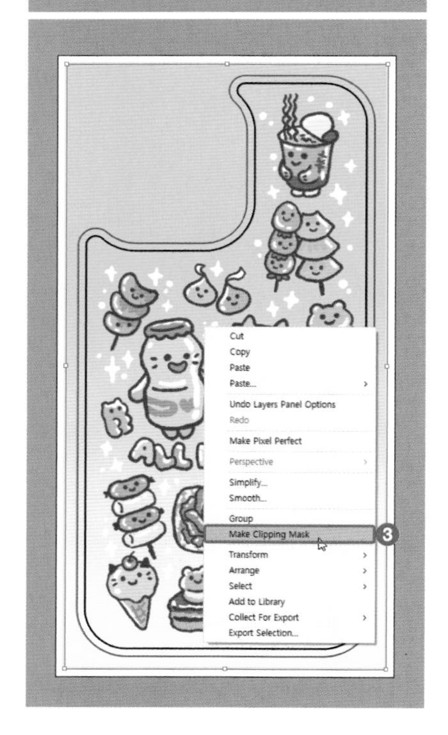

클리핑 마스크 해제하는 방법
클리핑 마스크 처리된 이미지를 선택하고 마우스 오른쪽 버튼을 클릭한 다음 [Release Make Cliping Mask]를 선택하면 클리핑 마스크가 해제됩니다.

07 [File]– [Save As]를 클릭합니다.

TIP **화이트 레이어가 필요한 이유**

[Spot_1(화이트)], [Spot_2(화이트)] 레이어는 흰색 인쇄를 의미합니다. 뚜렷한 색으로 인쇄를 하기 위해서 폰 케이스에 먼저 흰색으로 두 번 인쇄를 한 다음 그 위에 풀 컬러로 인쇄합니다. 그렇지 않으면 폰 케이스의 색감이 흐리게 나옵니다. 흰색 인쇄용 레이어는 삭제하거나 수정하면 안 됩니다.

08 파일 형식은 [Adobe PDF(*.pdf)]로 선택한 후 파일 이름은 수정하지 않고 그대로 저장합니다.

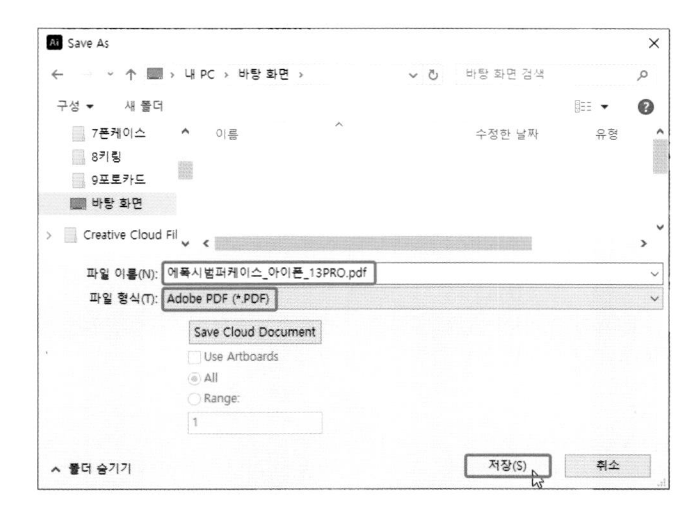

09 ❶[Illustrator Default]를 선택합니다. ❷[Acrobat 6(PDF 1.5)]로 선택하고 ❸[Preserve Illustrator Editing Capabilities]에 체크를 확인합니다. ❹[Create Acrobat Layers from Top-Level Layers]에 체크를 확인합니다. ❺[Save PDF]를 클릭하면 완성입니다.

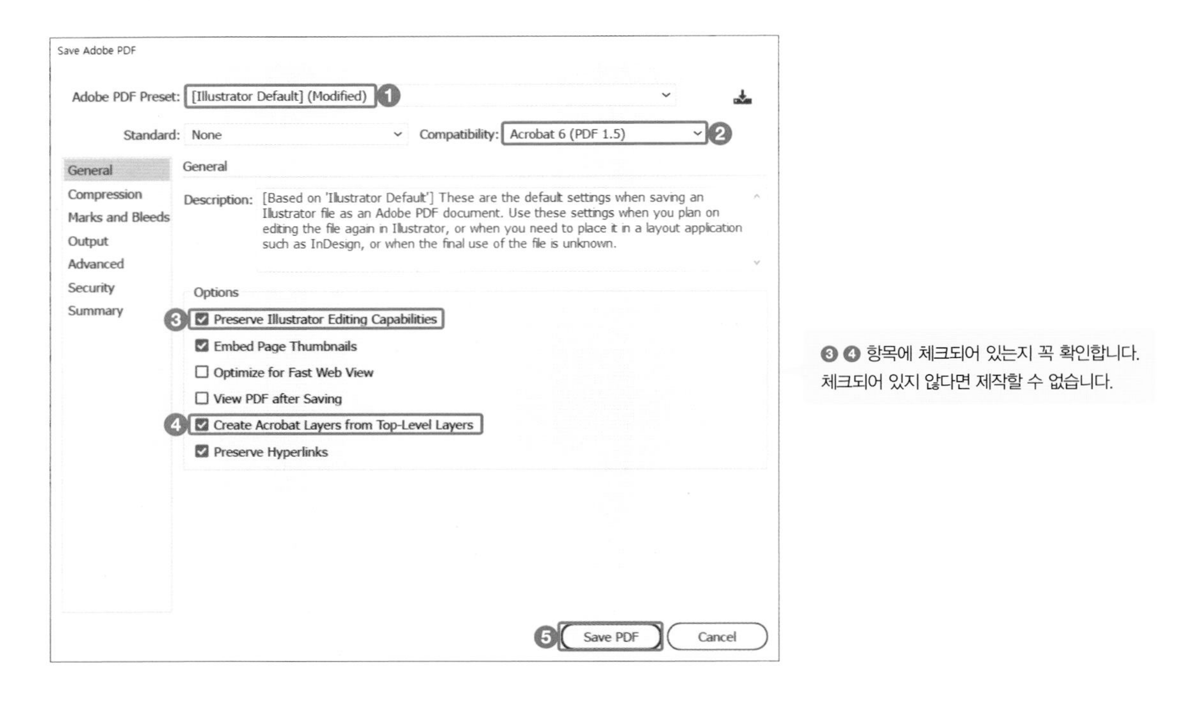

❸ ❹ 항목에 체크되어 있는지 꼭 확인합니다. 체크되어 있지 않다면 제작할 수 없습니다.

속지 만들기

폰 케이스를 포장할 때 들어가는 속지를 만들어보겠습니다. 속지에 제품 소개 문구나 이미지를 넣어서 제품의 완성도를 높일 수 있습니다. 속지는 선택 사항입니다. 원하지 않는다면 10~18은 생략합니다.

10 02에서 접속했던 페이지를 다시 열고 ❶[속지 추가]를 클릭합니다. ❷[속지 파일]을 클릭해 템플릿을 다운로드합니다.

11 일러스트레이터를 실행하고 ❶ Ctrl + O 를 눌러 다운로드한 **속지_블리스터_폰케이스_중형.ai** 파일을 엽니다. ❷[Layers] 패널에서 [디자인(CMYK)] 레이어를 클릭합니다.

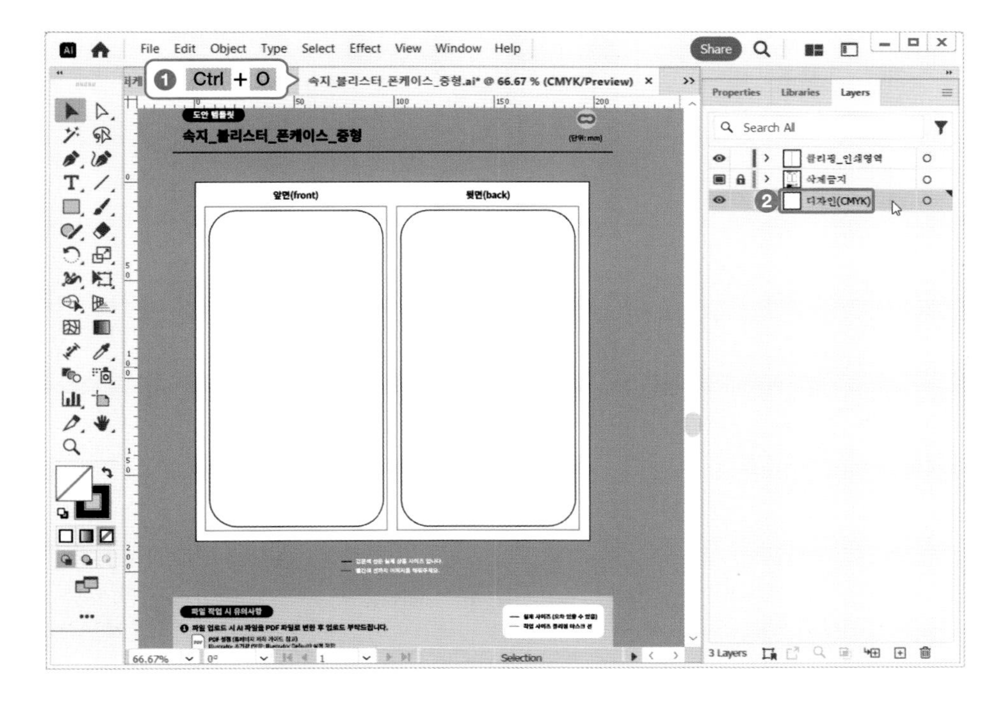

12 ❶[File]–[Place]를 클릭합니다. ❷ Shift 를 누른 채 **7속지뒤_준비.psd, 7속지앞_준비.psd** 파일을 선택합니다. ❸[Link]는 체크를 해제하고 ❹[Place]를 클릭합니다.

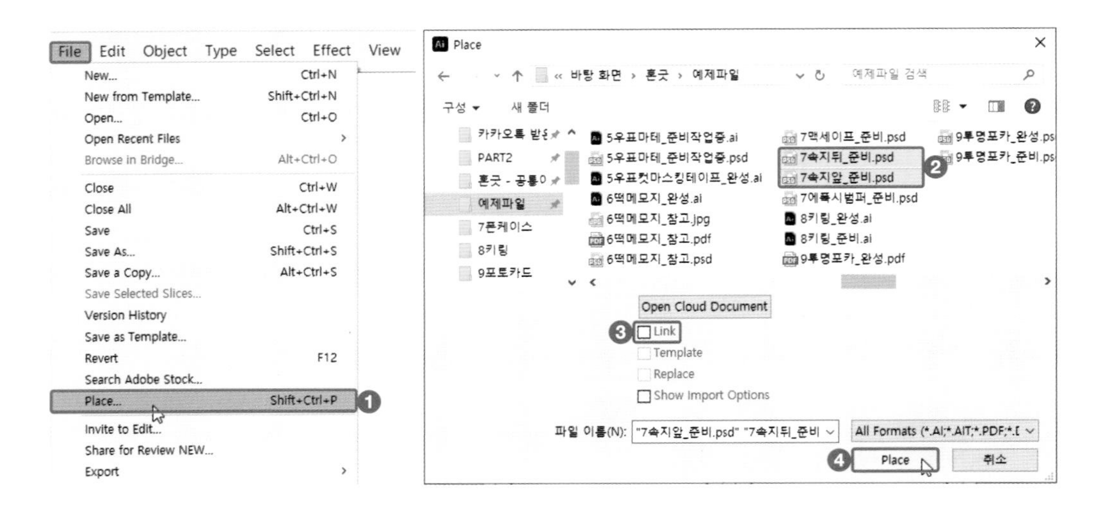

13 ❶먼저 뒷면을 클릭하고 ❷앞면을 클릭합니다. ❸두 개의 이미지가 들어왔습니다. 선택 도구 ▶로 이미지를 옮겨 중앙에 배치합니다.

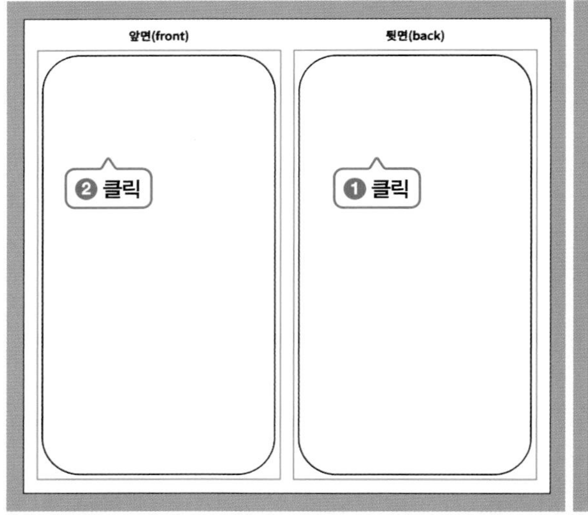

14 ❶아트보드의 빈 곳을 클릭합니다. ❷선택 도구 ▶ 로 앞면 이미지를 클릭합니다. ❸ Shift 를 누른 채 앞면의 빨간색 선을 클릭합니다. ❹마우스 오른쪽 버튼을 클릭하고 [Make Cliping Mask]를 선택합니다. ❺빨간색 선까지만 이미지가 표시됩니다.

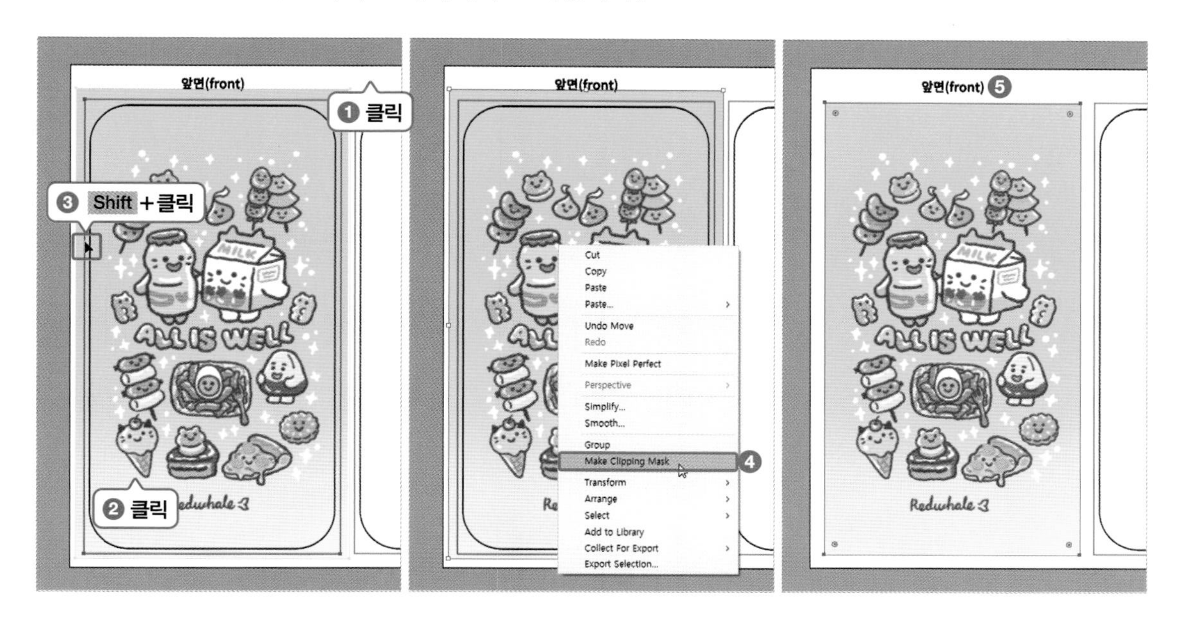

15 같은 방법으로 뒷면에도 클리핑 마스크를 적용하겠습니다. ❶뒷면 이미지를 클릭합니다. ❷ Shift 를 누른 채 뒷면의 빨간색 선을 클릭합니다. ❸마우스 오른쪽 버튼을 클릭하고 [Make Cliping Mask]를 선택합니다.

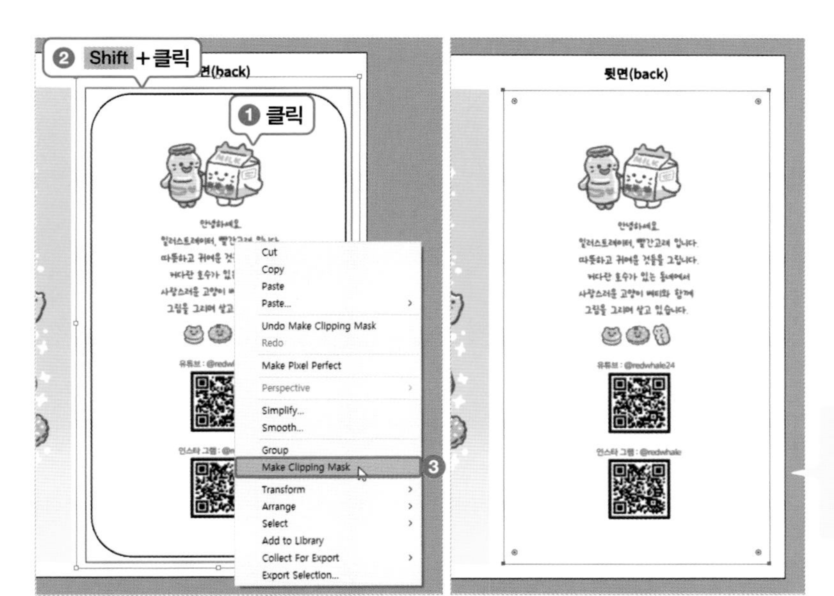

- 검은색 선(87×162mm) : 실물 사이즈
- 빨간색 선(91×166mm) : 작업 사이즈
- 이미지(97×172mm) : 작업 사이즈보다 크기가 상하좌우 3mm씩 큽니다.

16 ❶[File]–[Save As]를 클릭합니다. ❷파일 형식은 [PDF]로 선택한 후 파일 이름은 수정하지 않고 그대로 저장합니다.

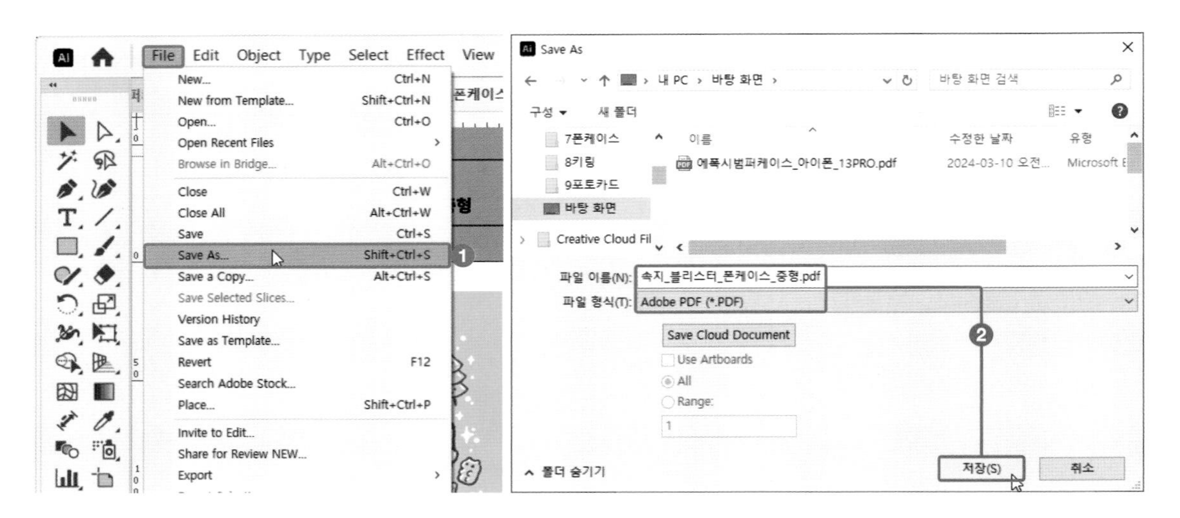

17 ❶[Illustrator Default]를 선택합니다. ❷[Acrobat 6(PDF 1.5)]로 선택합니다. ❸[Preserve Illustrator Editing Capabilities]에 체크를 확인합니다. ❹[Create Acrobat Layers from Top-Level Layers]에 체크를 확인합니다. ❺[Save PDF]를 클릭하면 완성입니다.

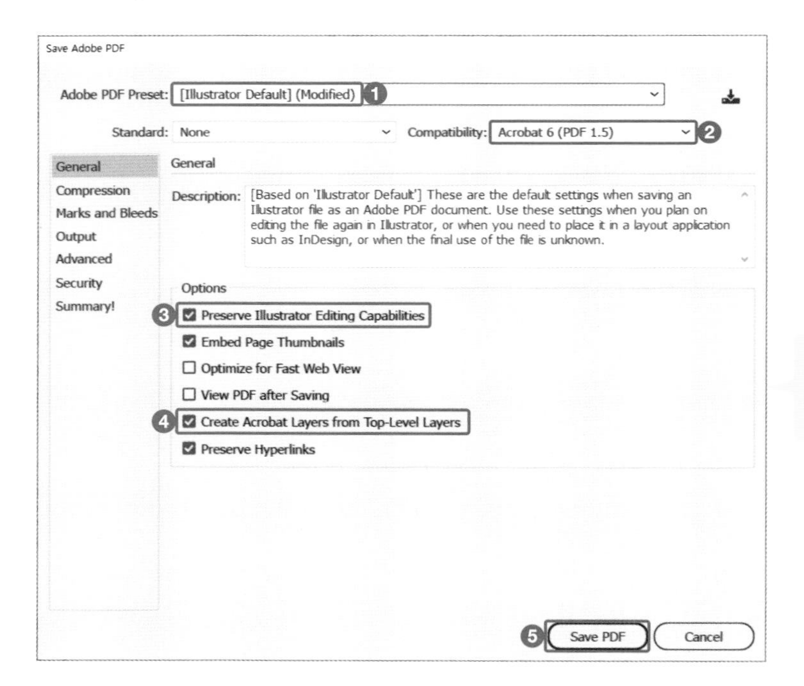

❸ ❹ 항목에 체크되어 있는지 꼭 확인합니다. 체크되어 있지 않다면 제작할 수 없거나 지연됩니다. 커스텀랜드 가이드에 안내되어 있습니다.

주문하기

18 커스텀랜드에 접속한 후 로그인하고 02에서 접속했던 페이지를 다시 엽니다. ❶[PDF 업로드]를 클릭하고 ❷모든 항목에 체크합니다. ❸[PDF 파일 선택]을 클릭하고 16에서 저장한 **에폭시범퍼케이스_아이폰_13PRO.pdf** 파일을 업로드합니다.

> TIP 10~17에서 속지를 만들었다면 [속지 추가]를 클릭하고 동일한 방법으로 파일을 업로드합니다.

19 수량을 선택하고 [장바구니]를 클릭합니다. 안내에 따라 배송지를 입력하고 결제하면 주문이 완료됩니다.

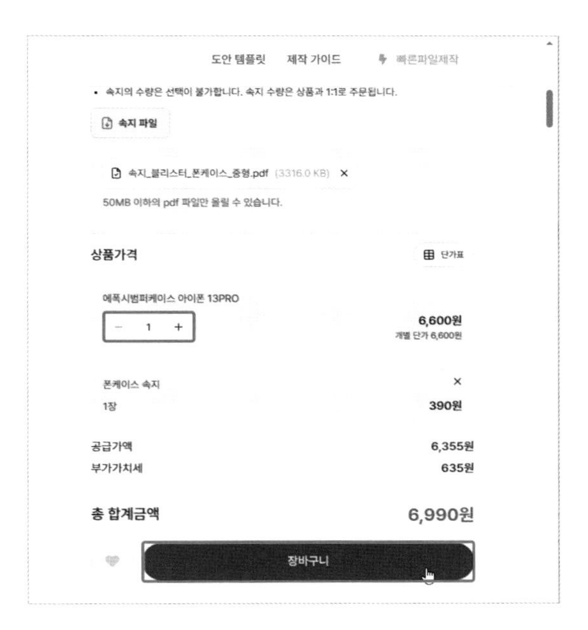

> **TIP 사업자 회원 할인받기**
>
> 커스텀랜드 사업자 회원은 일반 회원에 비해 약 9~10% 할인을 받을 수 있고, 등급별 혜택도 존재합니다. 회원 가입 시 사업자등록증을 파일로 첨부하면 1~2일 후 승인 절차를 거쳐 사업자 회원으로 가입이 완료됩니다. 사업자 회원이 아니어도 적립금 혜택이 있으므로 회원가입하고 이용하길 권장합니다.

빨간고래의 특별한 영상 강의 | 맥세이프 젤 하드 케이스 만들기

맥세이프 젤 하드 케이스를 만들어보겠습니다. 맥세이프 젤 하드 케이스 제작 실습은 영상으로 제공됩니다. QR 코드 또는 아래의 링크로 접속하여 학습합니다.

- **링크** | https://m.site.naver.com/1k7hR

생생 리뷰 영상 | 에폭시 범퍼 & 맥세이프 젤 하드 케이스 언박싱하기

QR 코드 또는 아래의 링크로 접속하면 본 예제 파일로 주문한 폰 케이스를 영상으로 확인할 수 있습니다. 업체에서 보내준 택배 박스를 그대로 개봉하는 리뷰 영상입니다.

- **링크** | https://m.site.naver.com/1k7hY

08 LESSON 아크릴 키링 만들기

굿즈 미리 보기

준비 파일 | 8키링_준비.ai

완성 파일 | 8키링_완성.ai

제작 업체 | 바스탄 https://smartstore.naver.com/glovesmall

주변을 둘러보면 가방에 아크릴 키링을 주렁주렁 달고 다니는 모습을 흔히 볼 수 있습니다. 작고 반짝이는 키링들을 보고 있으면 입가에 웃음이 번집니다. 이번에는 투명한 아크릴에 귀여운 딸기 우유 그림을 인쇄한 키링을 제작해보겠습니다.

업체 선정 후 사이즈 확인하기

01 바스탄에서 주문하겠습니다. https://smartstore.naver.com/glovesmall에 접속합니다. [아티스트굿즈메이커스] 메뉴를 클릭하고 [굿즈 주문 제작 아크릴 키링]을 선택합니다.

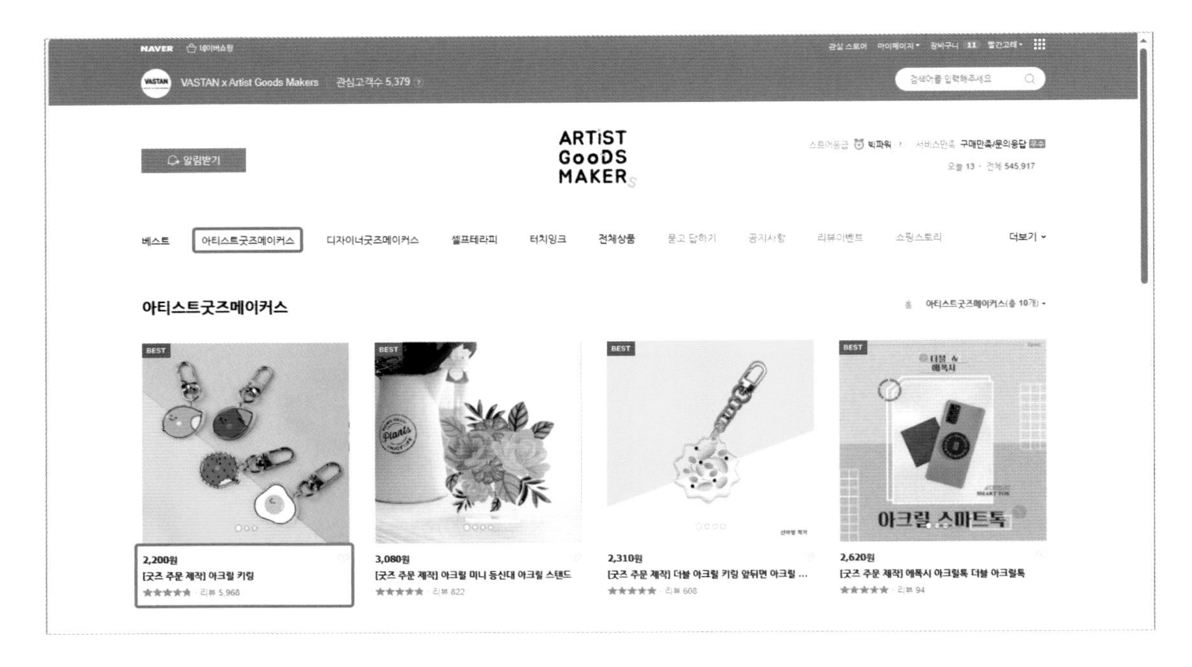

02 [아크릴 키링 제작 사이즈(mm)]를 클릭하면 제작할 수 있는 사이즈 목록이 나타납니다. 여기서는 키링의 긴 부분이 40mm 이하인 사이즈로 만들어보겠습니다. 스크롤바를 내려서 가이드를 꼼꼼히 읽습니다.

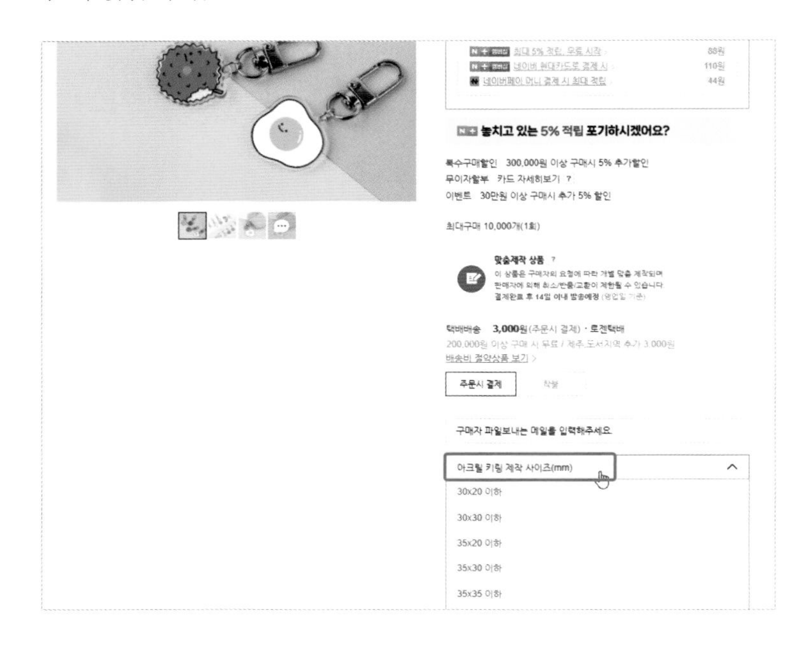

03 여기서는 빨간고래가 그린 디자인으로 키링을 제작하겠습니다. 일러스트레이터를 실행한 후 Ctrl + O 를 눌러 **8키링_준비.ai** 파일을 엽니다. 본격적으로 시작하기 전에 파일의 구조를 확인해보겠습니다.

주문 파일 만들기

04 ❶ 선택 도구 ▶ 로 ❷ 딸기를 클릭하면 우유갑 전체가 함께 선택됩니다. ❸ 'M'을 클릭합니다. 글씨(M, i, l, k)가 모두 함께 선택됩니다. 우유갑과 글씨는 각각 그룹으로 되어 있음을 확인했습니다. ❹ [Layers] 패널을 클릭합니다. 우유갑과 글씨는 두 개의 그룹으로 이뤄져 있습니다. ❺ Ctrl + A 를 누릅니다. ❻ 선은 비활성화되어 있고 모두 면으로만 되어 있습니다. 확인이 모두 끝났습니다.

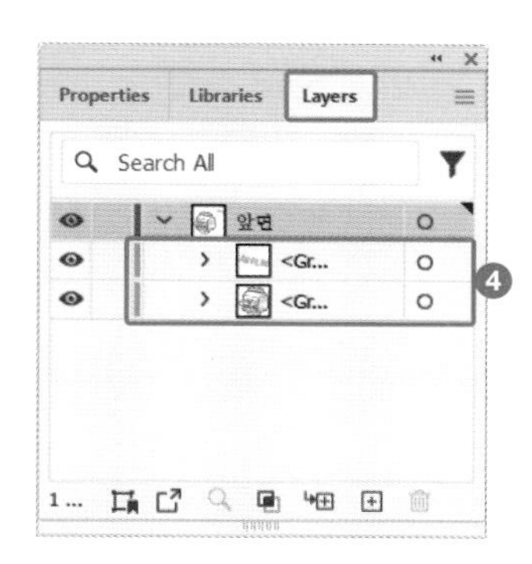

05 ❶ [Edit]–[Assign Profile] 메뉴를 선택합니다. ❷ [Japan Color 2001 coated]를 확인합니다. ❸ [OK]를 클릭합니다.

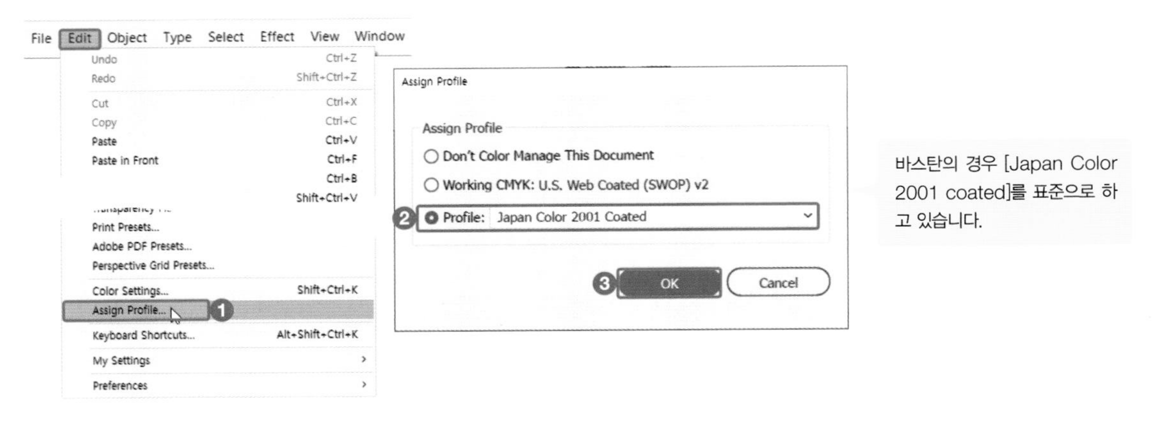

바스탄의 경우 [Japan Color 2001 coated]를 표준으로 하고 있습니다.

06 'MILK'를 우유갑 위로 드래그하여 옮깁니다.

칼선과 화이트 레이어 만들기

07 사이즈를 정하겠습니다. ❶ Ctrl + A 를 누릅니다. ❷ [Properties] 패널을 클릭합니다. ❸ 를 클릭해 가 되게 합니다. ❹ [H]에 **30mm**을 입력하고 Enter 를 누릅니다. ❺ [W] 값이 자동으로 수정되면서 우유갑 사이즈가 변경됩니다.

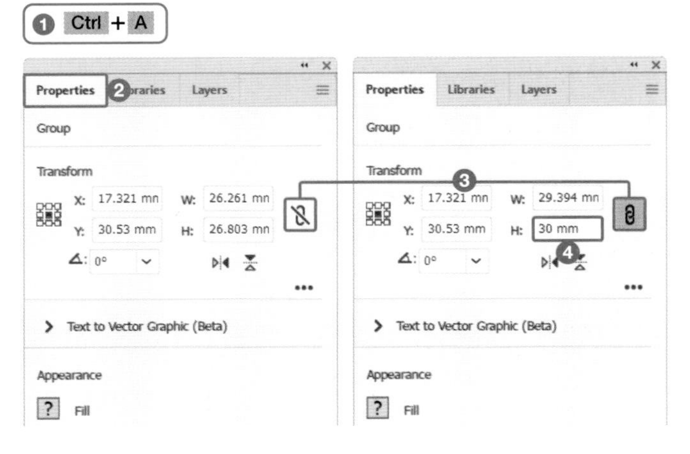

08 지금부터는 칼선과 화이트 레이어를 만들겠습니다. 칼선 외곽에 2mm 두께가 생기고 구멍의 지름이 3mm인 고리가 생길 것이기 때문에 세로 길이는 약 37~40mm가 될 것으로 예상됩니다. 화이트 레이어는 우유갑보다 0.5mm 작게 만들 것입니다.

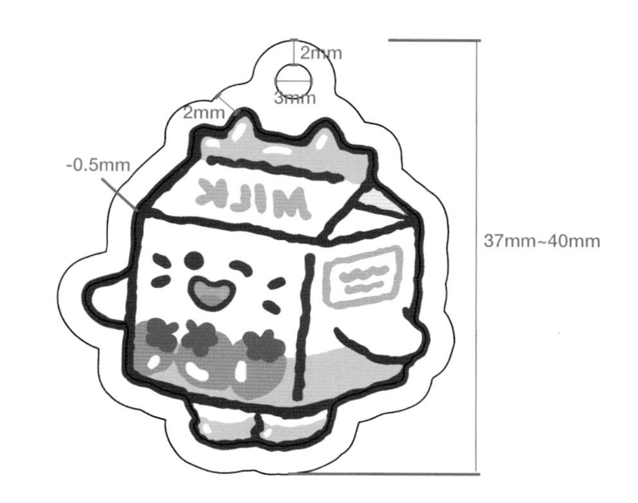

09 ❶ [Layers] 패널을 클릭하고 ❷ [앞면] 레이어를 ⊞로 드래그하면 복제됩니다. ❸ [앞면] 레이어의 👁 를 클릭하여 숨깁니다.

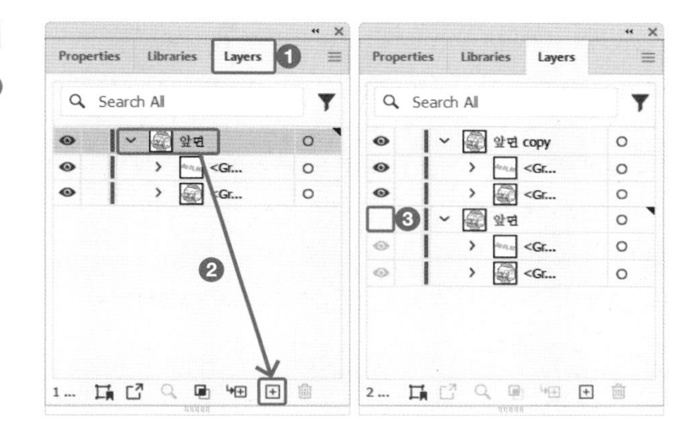

10 ❶ Ctrl + A 를 눌러 전체 선택합니다. ❷ [Properties] 패널을 클릭하고 ❸ [Pathfinder]에서 ■ 를 클릭합니다. ❹ 복제한 앞면 [앞면 Copy] 레이어의 모든 패스가 하나로 합쳐집니다.

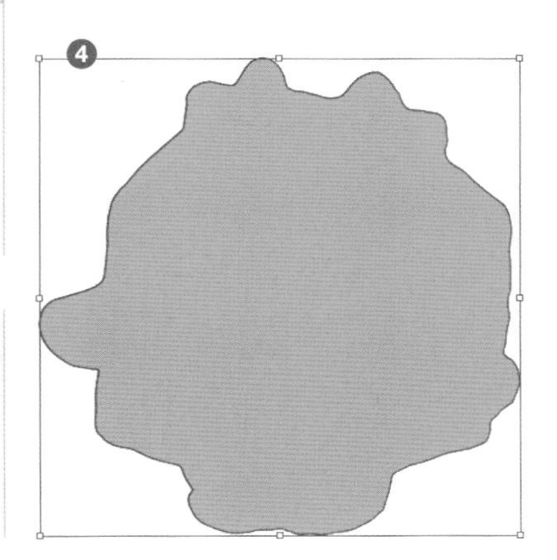

11 도구바 하단에서 칠과 선 교체 ↰ 를 클릭해서 선만 활성화합니다.

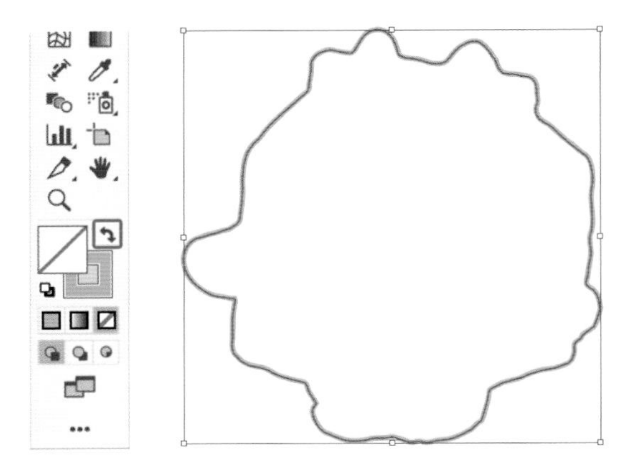

12 ❶ [Object]–[Path]–[Offset Path]를 선택합니다. ❷ [Offset Path] 대화상자가 나타나면 **2mm**를 입력하고 ❸ [OK]를 클릭합니다. ❹ 2mm 큰 외곽선이 만들어집니다.

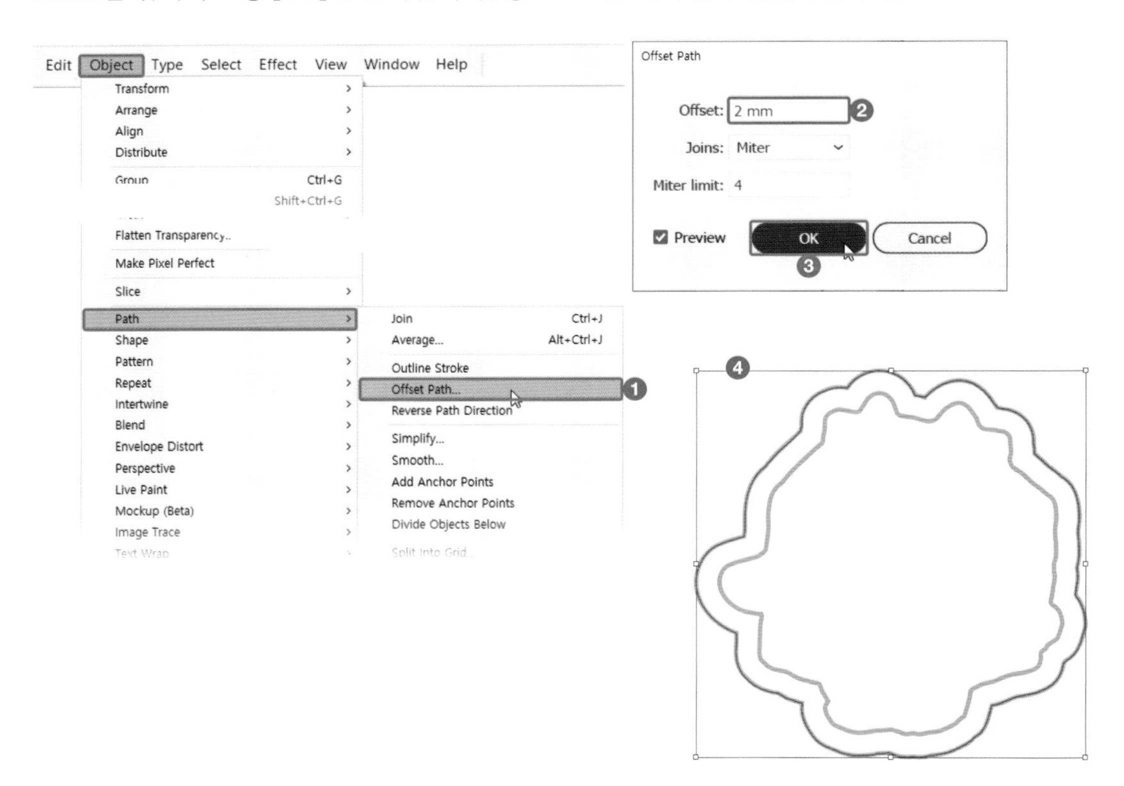

13 ❶ 안쪽 작은 외곽선을 클릭하고 ❷ [Object]−[Path]−[Offset Path]를 선택합니다. ❸ [Offset Path] 대화상자가 나타나면 **-0.5mm**를 입력하고 ❹ [OK]를 클릭합니다.

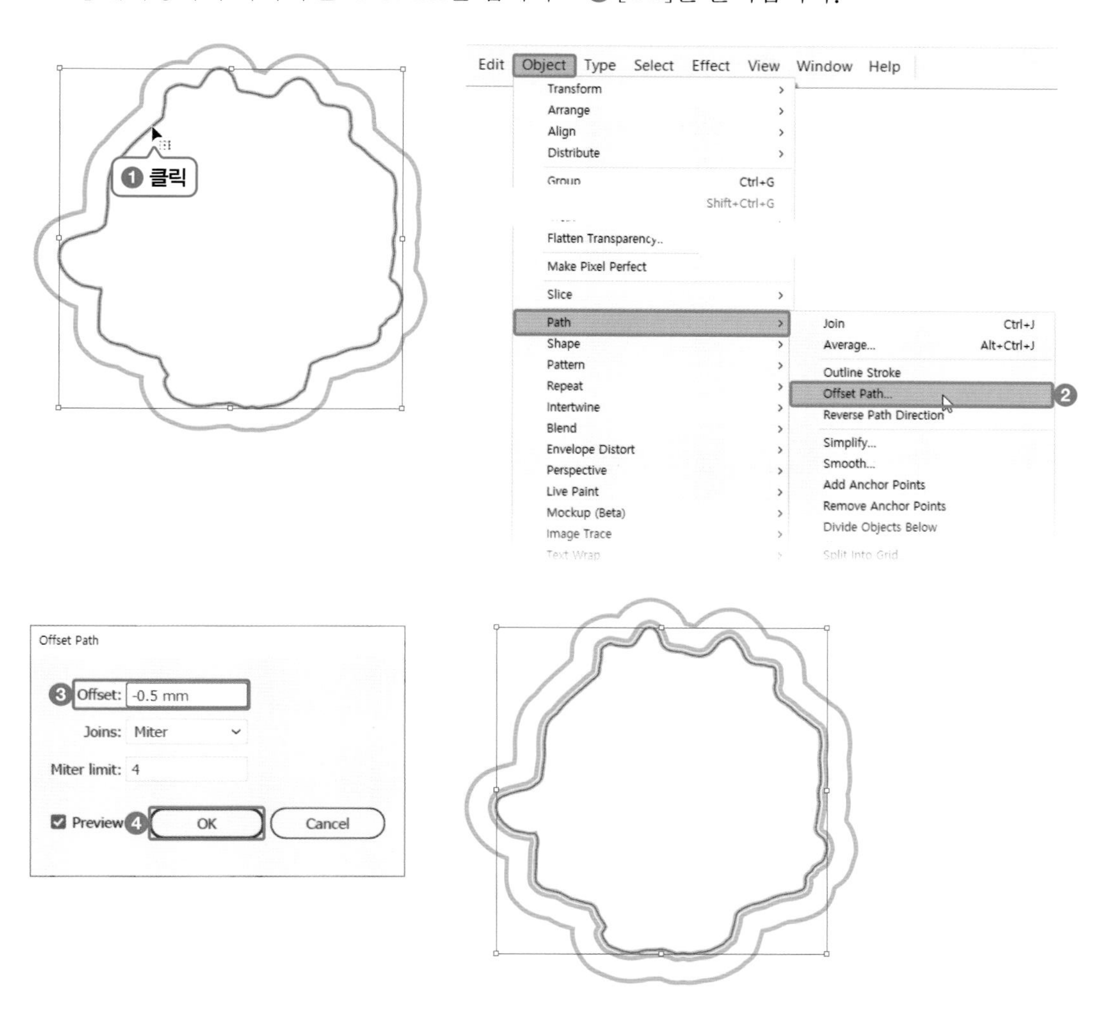

14 가운데 선을 클릭하고 Delete 를 누릅니다. 외곽선 두 개만 남습니다.

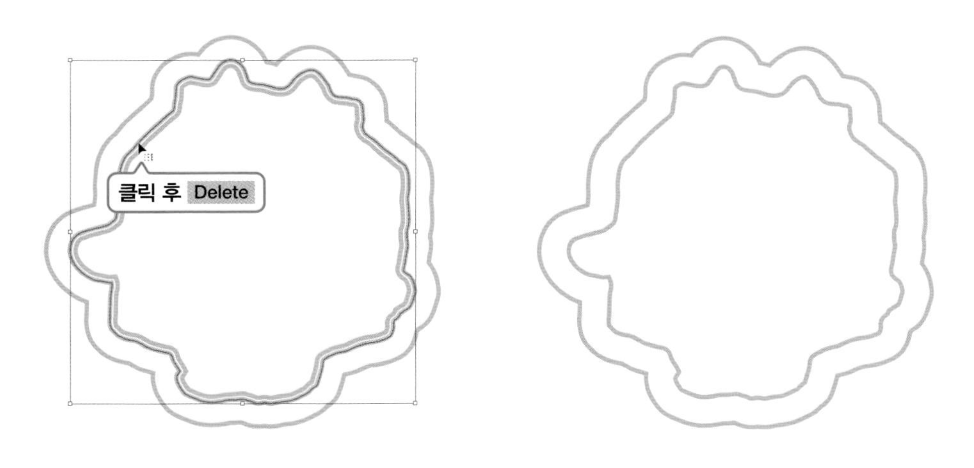

키링 구멍 만들기

15 도구바에서 ❶ 사각형 도구 ▭ 를 길게 클릭하고 ❷ 원형 도구 ⬭ 를 선택합니다. ❸ 아트보드의 빈 곳을 클릭하고 ❹ 각각 **3mm**를 입력한 후 [OK]를 클릭합니다. ❺ 지름이 3mm인 원이 만들어졌습니다.

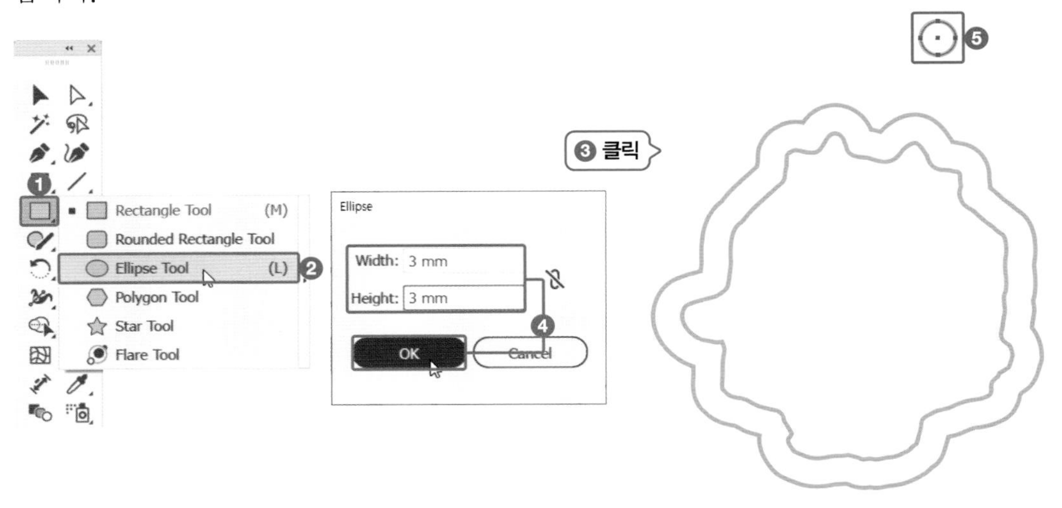

16 원이 선택된 상태에서 ❶ [Stroke]를 클릭하고 ❷ [Weight]는 **2mm**를 입력하고 ❸ [Align Stroke]는 ▙ 를 클릭합니다. 테두리의 두께가 2mm인 원으로 수정되었습니다. 안쪽 구멍은 3mm입니다.

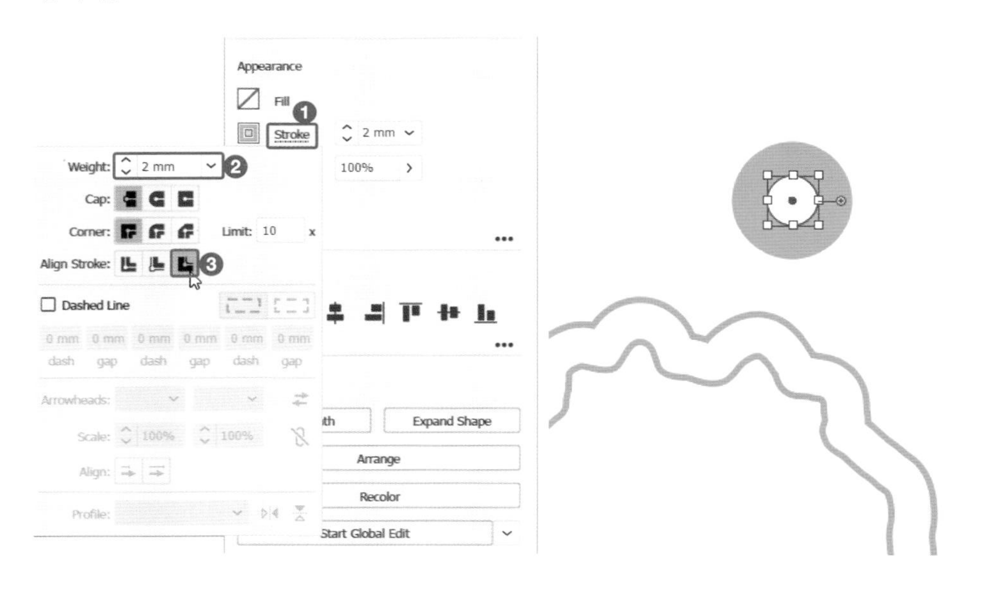

> **TIP [Stroke]의 단위가 mm가 아니에요!**
>
> [Edit]-[Preference]-[Unit] 메뉴를 선택하고 [Stroke]의 단위를 [Milimeters]로 변경하면 [Stroke]의 단위가 밀리미터로 변경됩니다. 맥OS 사용자의 경우 [Illustrator]-[Preference]-[Unit] 메뉴를 선택합니다.

17 ❶ [Object]-[Path]-[Outline Stroke]를 선택합니다. ❷ 선과 면이 교체됩니다. ❸ 선택 도구 ▶ 로 ❹ 원을 드래그하여 최대한 중앙에 오도록 옮깁니다.

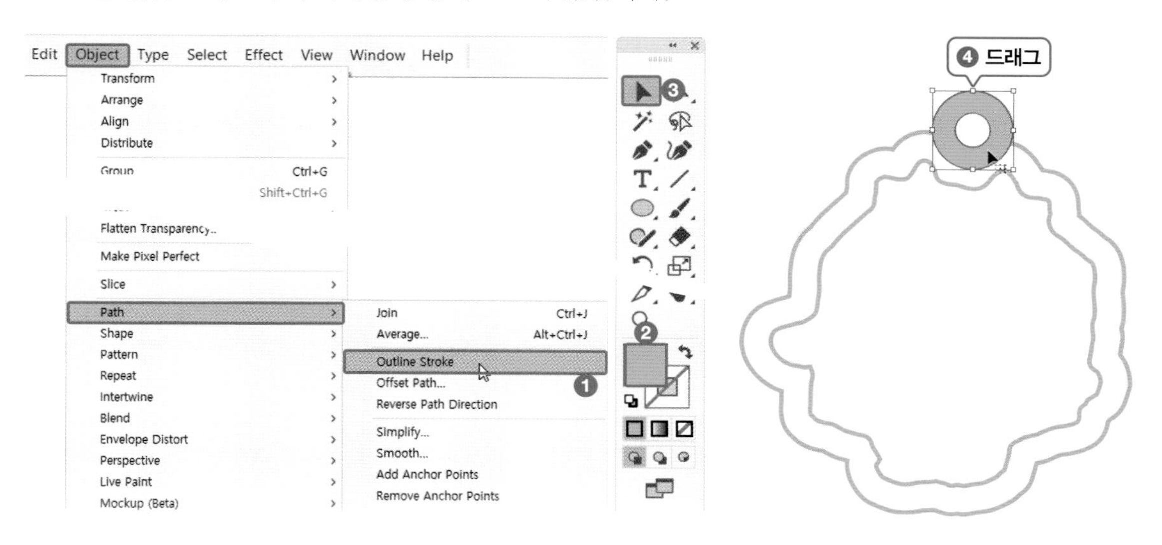

18 원이 선택된 상태에서 ❶ Shift 를 누른 채 제일 큰 외곽선을 클릭하여 원과 함께 선택합니다. ❷ [Pathfinder] 패널에서 ■ 를 클릭합니다. ❸ 하나로 합쳐집니다.

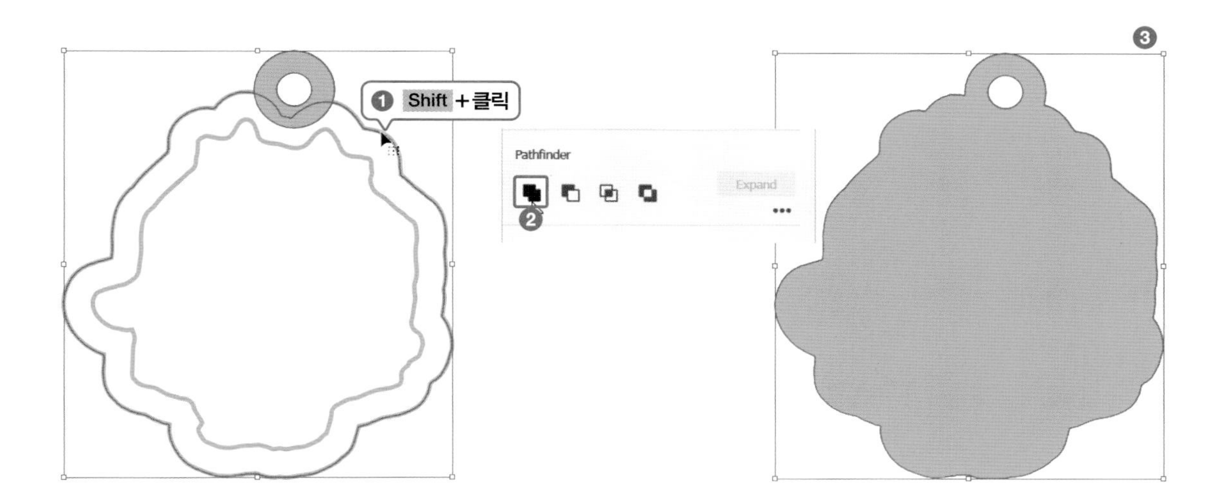

19 도구바 하단에서 칠과 선 교체 ↰ 를 클릭하여 선만 활성화합니다.

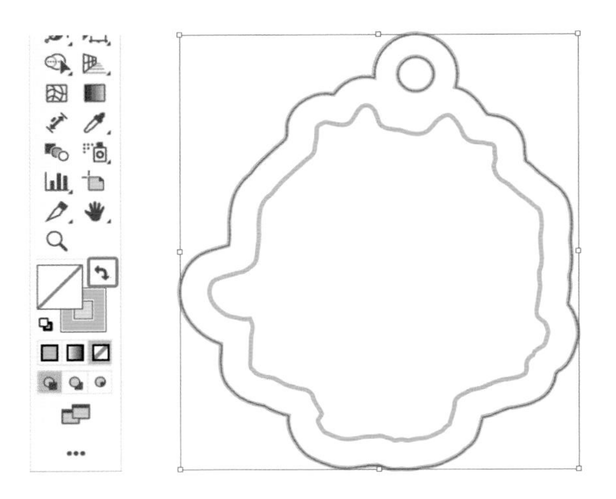

20 ❶ Shaper 도구 를 길게 클릭하고 ❷ 연필 도구 를 선택합니다. ❸ 패스 선이 보이는 상태에서 뾰족하게 각진 부분을 드래그하여 둥글게 합니다.

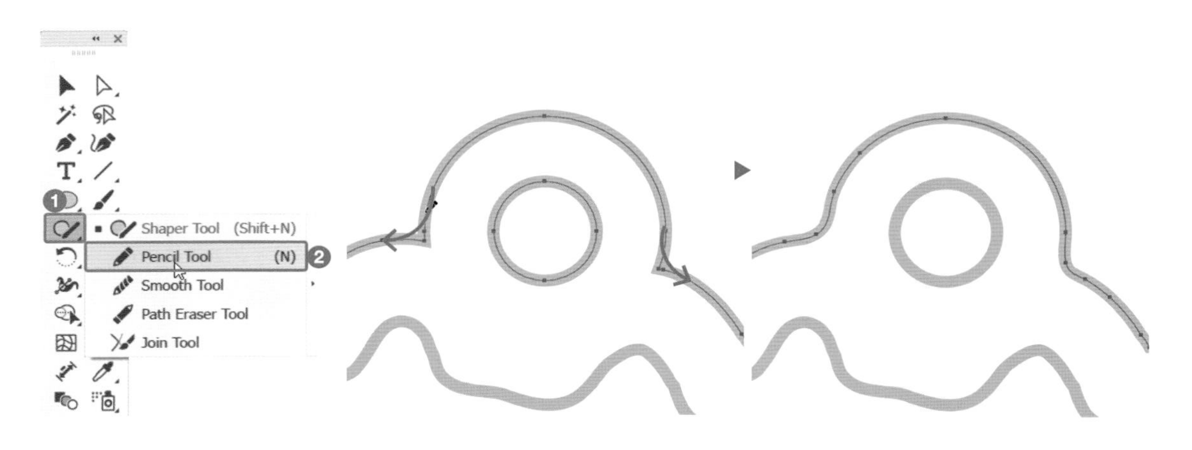

TIP 90도 이하의 각진 부분은 매끄럽게 커팅되지 않을 수도 있습니다. 뾰족한 부분은 둥글려주는 것이 안전합니다.

21 [Layers] 패널에서 ❶ ⊞를 클릭하여 새 레이어를 만듭니다. ❷ 이름을 **칼선**으로 변경합니다.

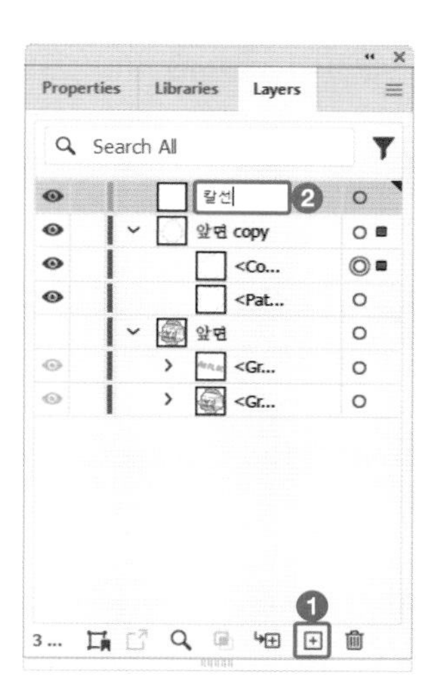

22 [Layers] 패널에서 ❶ 현재 선택이 되어 있는 레이어의 👁 를 두 번 클릭합니다. ❷ 제일 큰 외곽선이 잠깐 안 보였다가 보입니다. 큰 외곽선 레이어가 선택된 상태임을 확인했습니다. ❸ 선택되어 있는 레이어를 [칼선] 레이어로 드래그합니다. ❹ [칼선] 레이어 안으로 이동했습니다.

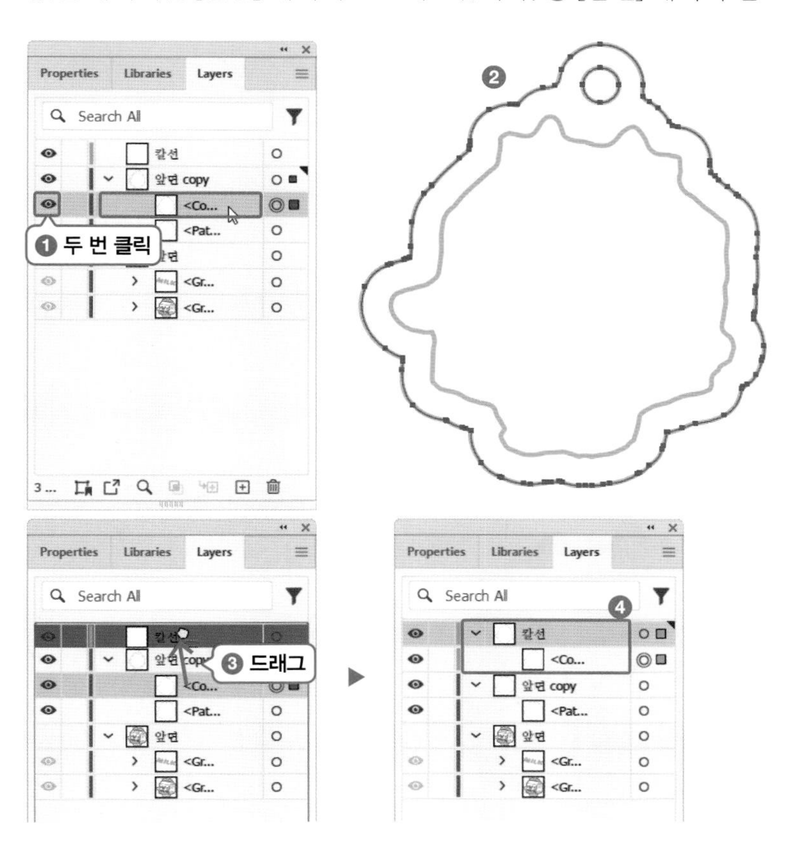

23 [Layers] 패널에서 ❶ [앞면 copy] 레이어를 더블클릭하고 ❷ 이름을 **화이트**로 변경합니다.

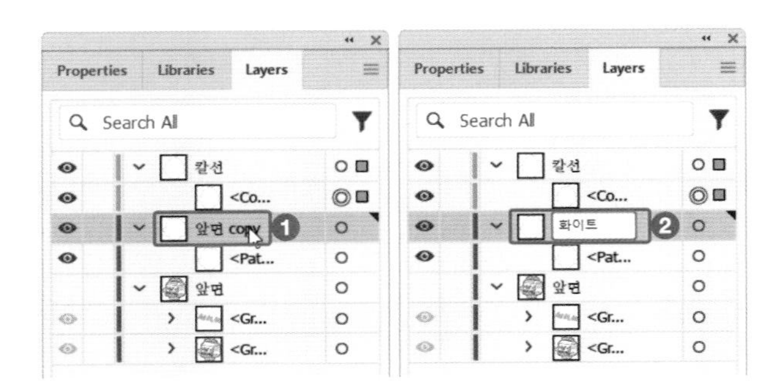

24 ❶ Ctrl + A 를 누릅니다. ❷ 도구바 하단에서 비활성화를 클릭합니다. 선이 모두 비활성화 되면서 ❸ 패스만 남게 됩니다.

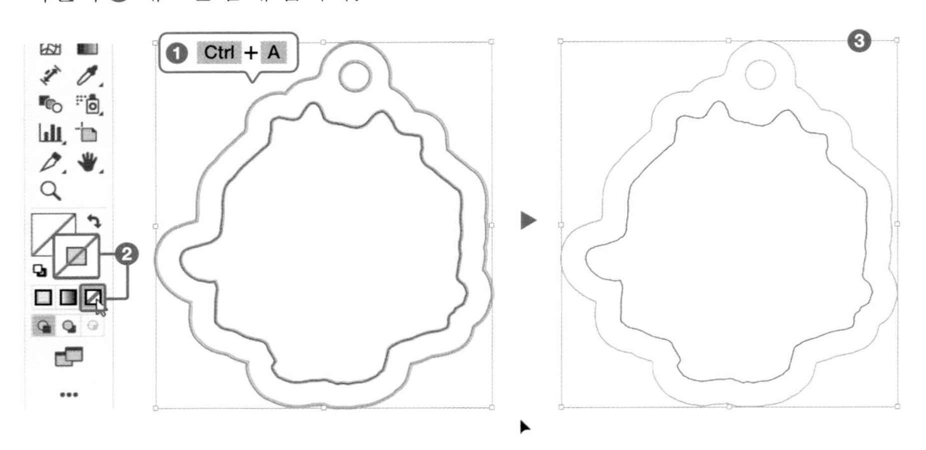

25 ❶ [앞면] 레이어의 를 클릭하여 보이게 합니다. ❷ [앞면] 레이어를 로 드래그하여 복제합니다. ❸ [앞면 copy]를 더블클릭하고 이름을 **뒷면**으로 변경합니다.

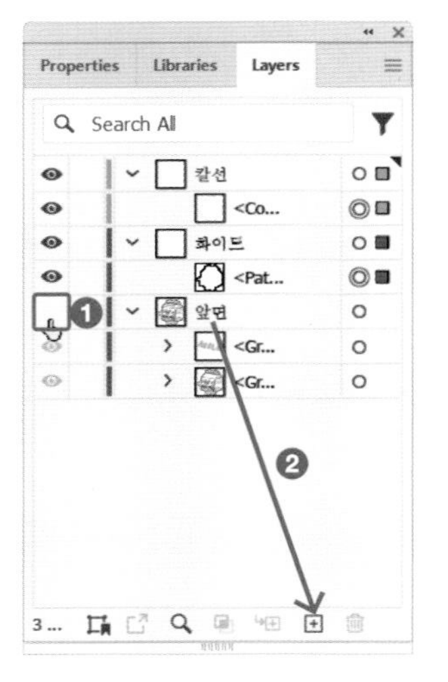

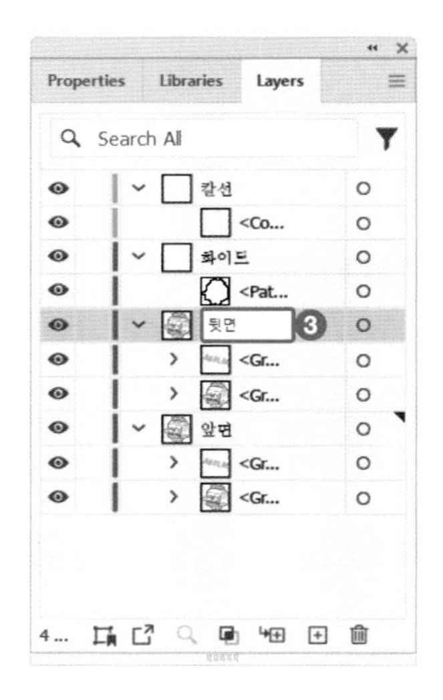

26 ❶ 선택 도구 ▶ 로 'MILK'를 클릭합니다. ❷ [Layers] 패널에서 뒷면의 레이어가 선택되었는지 확인합니다.

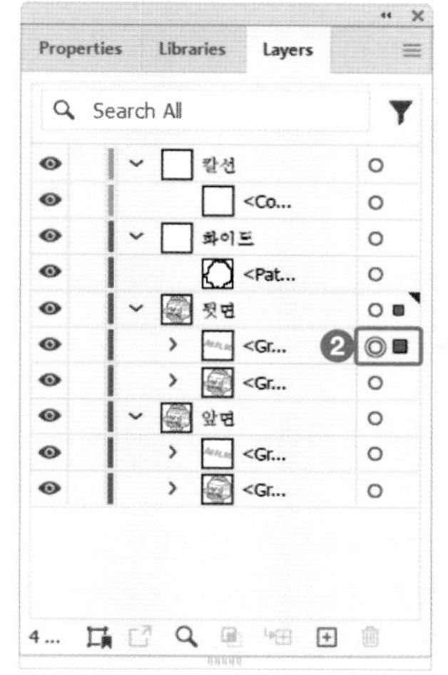

패스를 선택하면 선택된 패스가 있는 레이어에 네모 표시가 나타납니다.

텍스트 반전하기

27 ❶ 'MILK'를 마우스 오른쪽 버튼으로 클릭하고 [Transform]–[Reflect]를 선택합니다. ❷ [Vertical]을 선택하고 ❸ [OK]를 클릭하면 좌우가 반전됩니다.

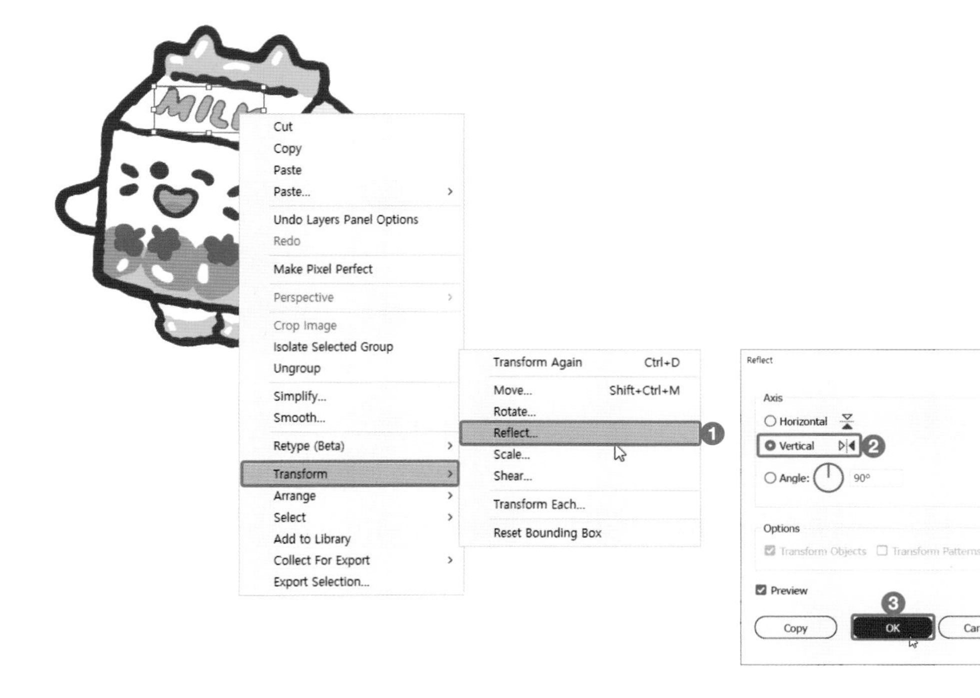

28 좌우가 반전된 'MILK'를 우유갑 안에 잘 들어오도록 각도를 돌리고 위치를 조절합니다.

아크릴 양면 인쇄 시 좌우 반전은 필수!

아크릴과 같이 투명한 곳에 양면 인쇄를 할 때에는 뒷면, 화이트, 앞면 이렇게 세 번 인쇄됩니다. 이때 뒷면은 좌우로 뒤집혀서 인쇄가 들어가기 때문에 텍스트도 좌우로 뒤집힙니다. 그래서 글자가 들어가는 경우라면 지금처럼 뒷면을 좌우로 반전해야 합니다.

▲ 뒷면 ▲화이트 ▲앞면

바스탄은 텍스트가 들어가는 경우 좌우 반전을 무료로 수정해줍니다. 단, 텍스트의 레이어는 우리가 만든 파일처럼 분리되어 있어야 합니다.

직접 수정을 해주지 않는 업체에 주문을 하는 경우 지금처럼 직접 반전을 하여 주문하도록 합니다. 참고로 빨간고래는 좌우 반전을 무료로 수정해주는 업체를 이용했지만, 텍스트를 직접 반전해서 보냈습니다. 텍스트를 반전하고 각도와 위치 조절까지 세심하게 원하는 대로 제작하고 싶기 때문입니다.

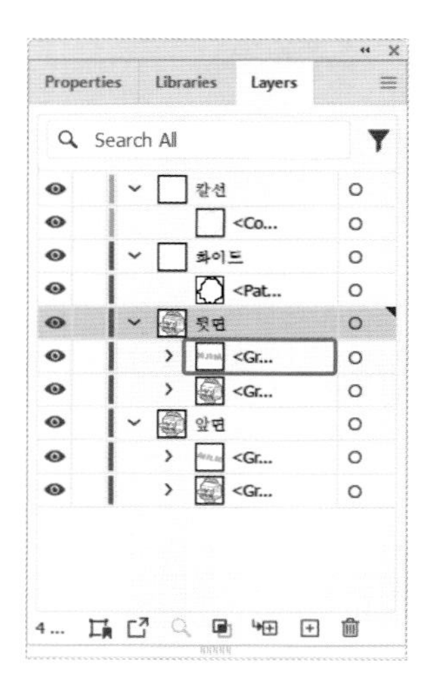

요청사항 입력하기

29 ❶ Ctrl + A 를 눌러 전체 선택합니다. ❷ [Transform] 패널에서 가로, 세로 사이즈를 기억해 둡니다.

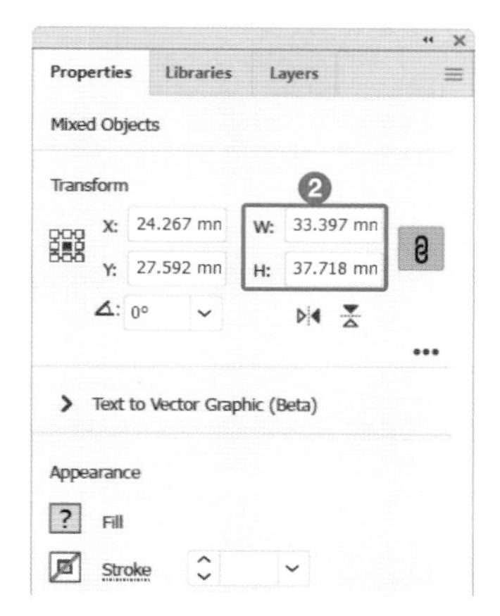

30 ❶ 새 레이어를 추가하고 ❷ 레이어 이름을 **요청사항**으로 변경합니다. ❸ 문자 도구 T 를 클릭합니다. ❹ 아트보드 바깥쪽을 클릭하고 다음과 같이 문구를 입력합니다. ❺ 텍스트를 선택하고 Ctrl + Shift + O 를 누르면 텍스트가 아웃라인으로 처리됩니다. 완성입니다.

작업 파일에 요청사항 기재는 필수!

바스탄에서 주문하는 경우 사이즈 수정을 원하지 않는다는 문구를 보내야 합니다. 그렇지 않으면 현재 우리가 만든 사이즈로 제작되지 않습니다. 29에서 만든 키링 사이즈는 33.397×37.718mm입니다. 바스탄에서 주문할 때 제작 사이즈를 40×40mm 이하로 선택하고 요청사항을 기재하지 않았다면 35.4×40mm로 제작됩니다. 높이에 맞춰 제작되기 때문입니다.

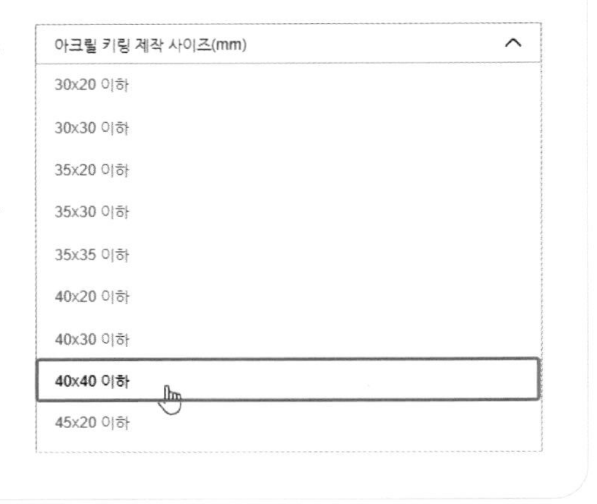

31 ❶ [File]–[Save As]를 선택합니다. ❷ 파일 형식은 [Adobe Illustrator(*AI)]를 선택하고 파일 이름은 받는 사람이 알아보기 쉽도록 정합니다. ❸ [저장]을 클릭합니다. ❹ [Version]은 [Illustrator CS4]를 선택하고 ❺ [OK]를 클릭합니다.

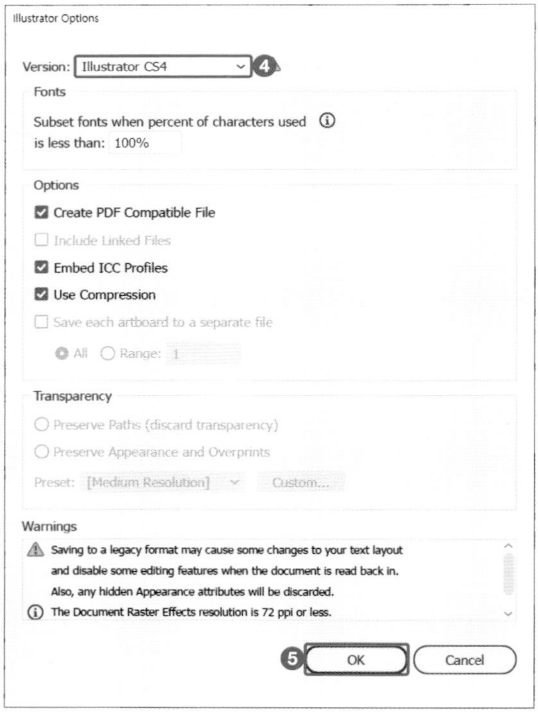

주문하기

32 네이버에 로그인한 후 바스탄 사이트에 접속합니다. [아티스트굿즈메이커스] 메뉴를 클릭하고 [굿즈 주문 제작 아크릴 키링]을 선택합니다.

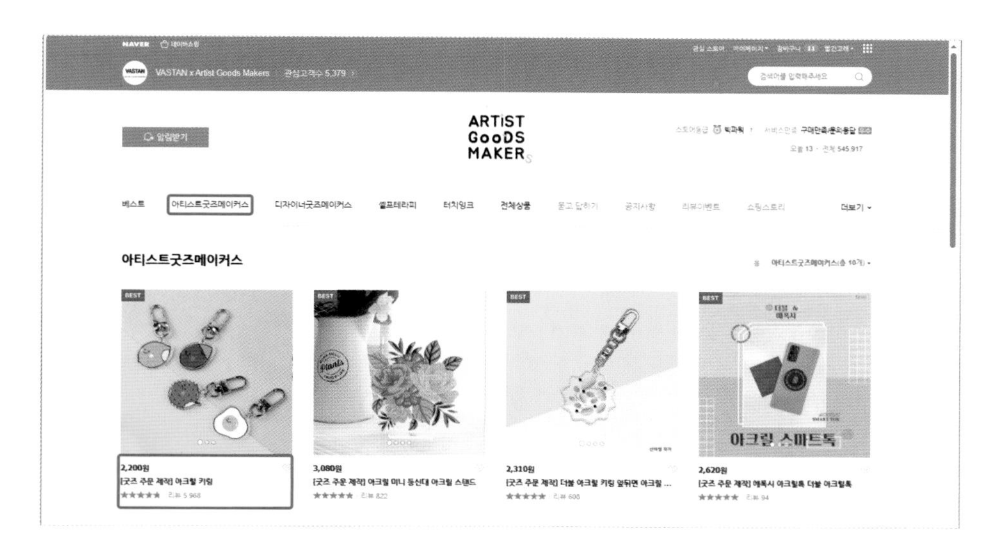

33 ❶ 주문자의 메일 주소를 입력합니다. 우리가 만든 키링의 사이즈는 33.397×37.718mm이기 때문에 ❷ [아크릴 키링 제작 사이즈(mm) / 40×40 이하]를 선택합니다. ❸ [양면인쇄 키링]을 선택하고 ❹ 추가 옵션을 선택하겠습니다. [고리 조립]을 클릭하고 [고급D링 조립 폴리백 개별포장]을 선택합니다(고리를 원하지 않는다면 미선택). ❺ 수량은 원하는 만큼 선택하고 ❻ [구매하기]를 클릭합니다.

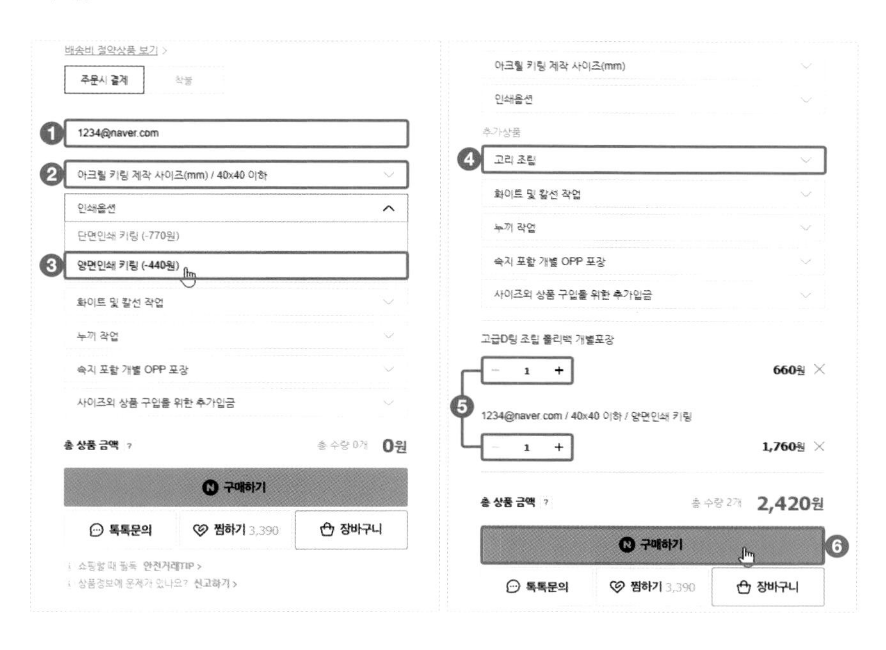

34 상세 페이지에 안내되어 있는 메일(agm@vastan.co.kr) 또는 카카오톡 채널(바스탄)로 파일을 보냅니다.

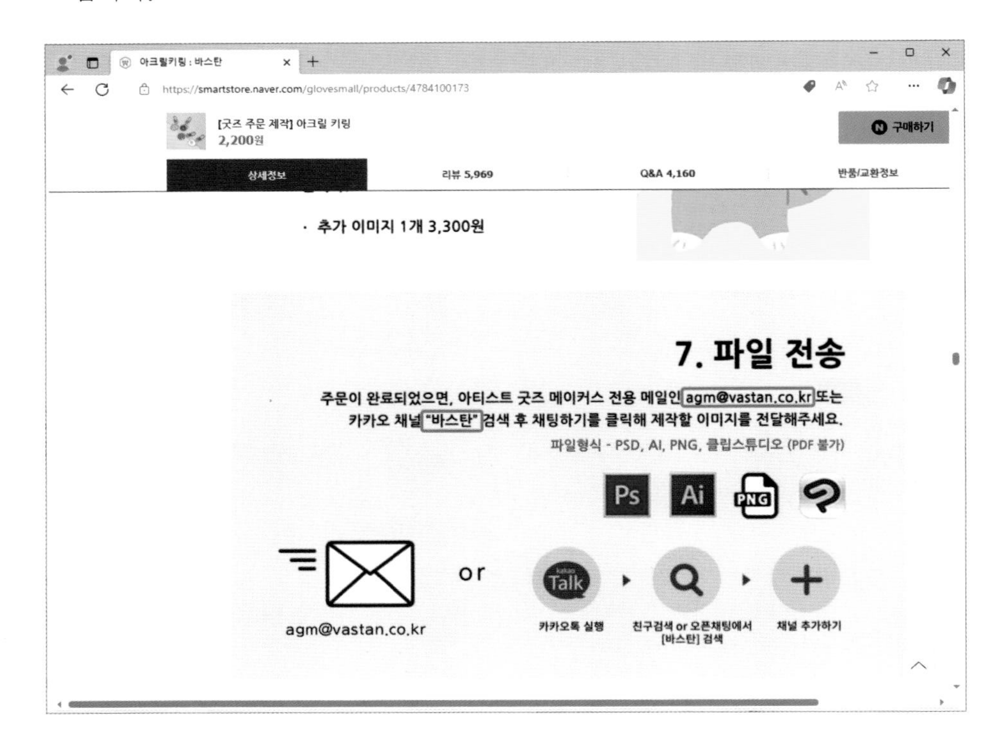

35 빨간고래는 메일로 파일을 보내겠습니다. ❶ 주문 파일을 첨부하고 ❷ 주문 내역과 요청사항을 입력한 후 메일을 발송합니다.

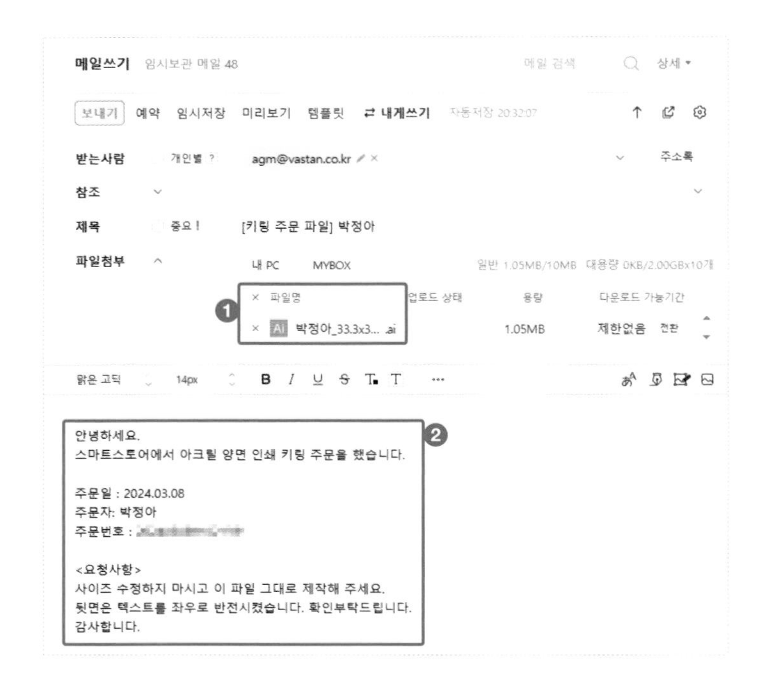

TIP 화이트 영역은 왜 원본보다 작게 넣나요?

우리가 만든 주문 파일에서 [화이트] 레이어의 패스는 원본보다 크기가 0.5mm 작습니다. 화이트 인쇄 시 밀려 나올 수 있기 때문에 원본보다 0.3~0.5mm 작게 제작해야 한다고 바스탄 사이트에 안내되어 있습니다. 그러나 모든 아크릴 키링 업체가 다 그런 것은 아니며 업체마다 기준이 다릅니다. 바스탄의 경우 흰색 영역의 크기가 원본보다 작아도 인쇄 품질이 좋게 나오지만, 다른 업체의 경우 흰색 영역을 원본보다 작게 제작하면 외곽선이 흐리게 나오는 경우도 있습니다. 외곽선이 흐리게 나온다면 흰색 영역과 원본 영역의 크기를 거의 동일하게 해주는 것이 좋습니다. 그래서 대량으로 주문하기 전에 샘플로 한 개를 주문해보길 적극 권장합니다.

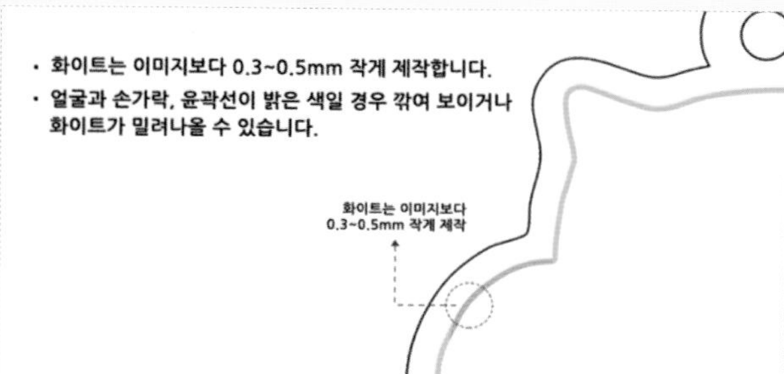

▲ 출처 : 바스탄 https://smartstore.naver.com/glovesmall

▶ 생생 리뷰 영상 | 아크릴 키링 언박싱 & 품질 확인하기

QR 코드 또는 아래의 링크로 접속하면 본 예제 파일로 주문한 키링을 영상으로 확인할 수 있습니다. 업체에서 보내준 택배 박스를 그대로 개봉하는 리뷰 영상입니다.

• **링크** | https://naver.me/xklwjkWZ

09 LESSON 투명 포토 카드 만들기

굿즈 미리 보기

준비 파일 | 9투명포카_준비.psd / 9투명포카_변형.psd

완성 파일 | 9투명포카_완성.ai / 9투명포카_완성.pdf

제작 업체 | 레드프린팅 앤 프레스 https://www.redprinting.co.kr

투명 포토 카드 프레임은 아이돌 굿즈로 인기가 많은 아이템입니다. 이 아이템은 보통 포토 카드나 캐릭터 사진 위에 올려서 특별한 분위기를 연출하고 싶을 때 이용합니다. 이번 레슨에서 투명한 재질에 인쇄하는 방법에 대해서 익힐 수 있으며, 이를 응용하면 투명한 명함이나 포토 카드도 만들 수 있습니다. 투명지에 인쇄하여 특별한 느낌을 연출해보겠습니다.

업체 선정 후 사이즈 확인하기

01 레드프린팅 앤 프레스에서 주문하겠습니다. https://www.redprinting.co.kr에 접속합니다. [스테이셔너리]를 클릭하고 [투명카드]를 클릭합니다.

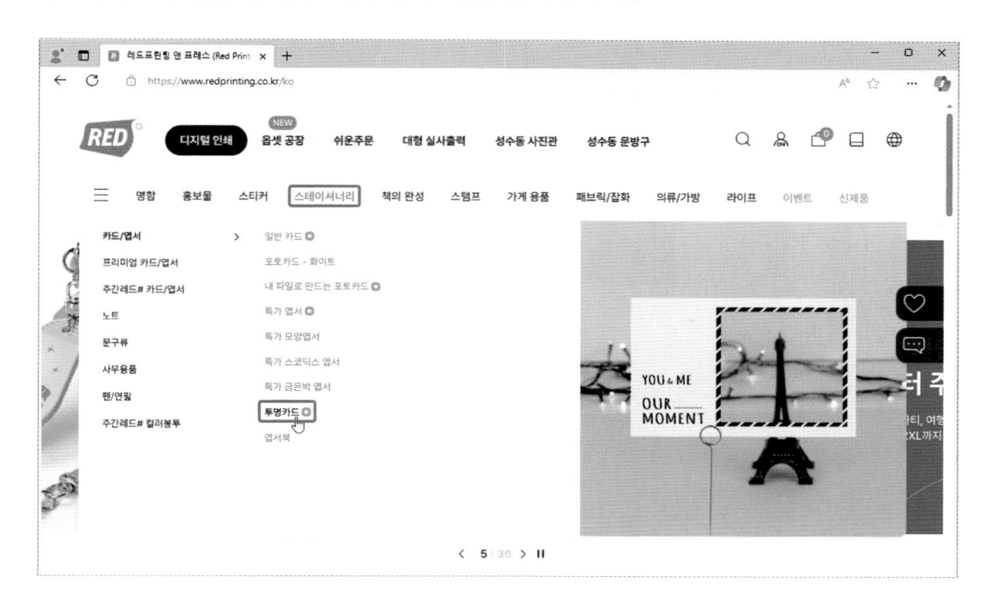

02 규격을 확인하겠습니다. [재단사이즈]는 **54×86mm**, [작업사이즈]는 **58×90mm**입니다.

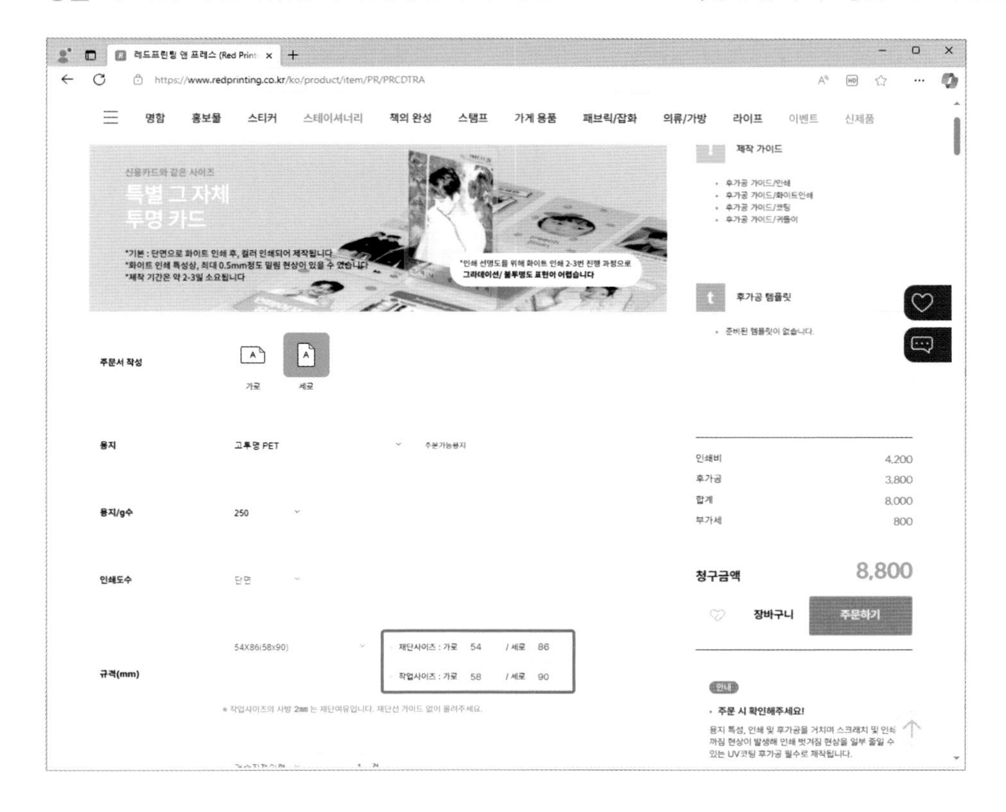

03 빨간고래가 디자인한 파일로 주문해보겠습니다. 포토샵을 실행합니다. ❶ Ctrl + O 을 누르고 **9투명포카_준비.psd** 파일을 엽니다. 가이드에 맞게 주문 파일을 만들었는지 확인해보겠습니다. ❷ [Image]–[Image Size]를 선택합니다. ❸ 사이즈와 해상도를 확인한 후 [Cancel]을 클릭합니다.

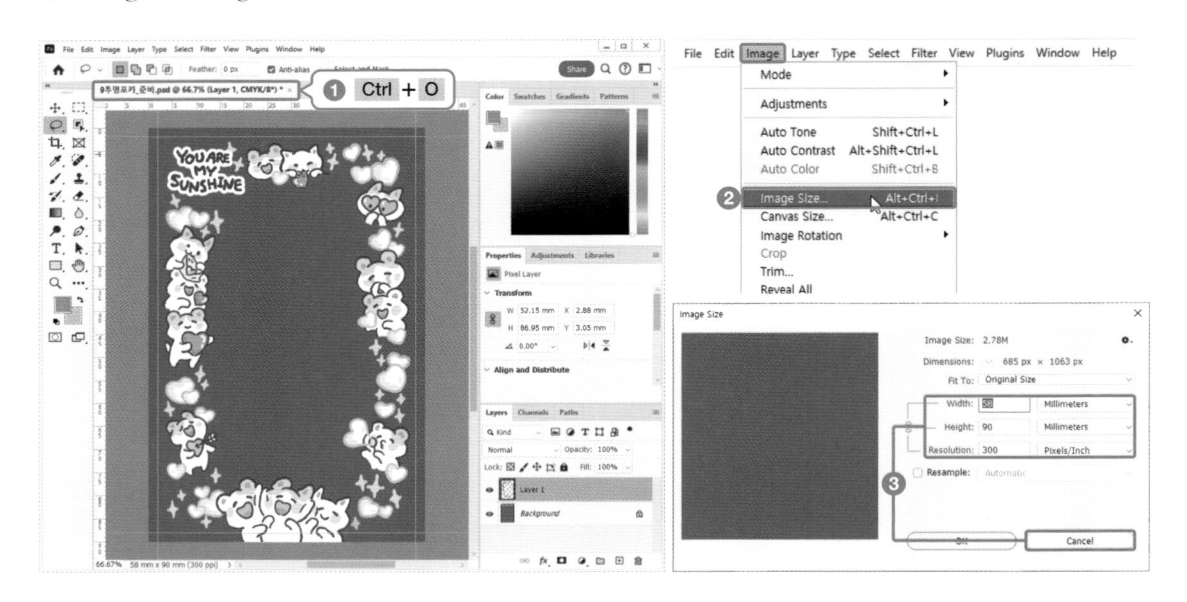

04 ❶ [Edit]–[Assign Profile]을 선택합니다. ❷ 다음과 같이 경고창이 나타나면 [OK]를 클릭합니다. ❸ 색상 프로파일 [Coated FOGRA39 (ISO 12647-2:2004)]를 확인하고 [Cancel]을 클릭합니다.

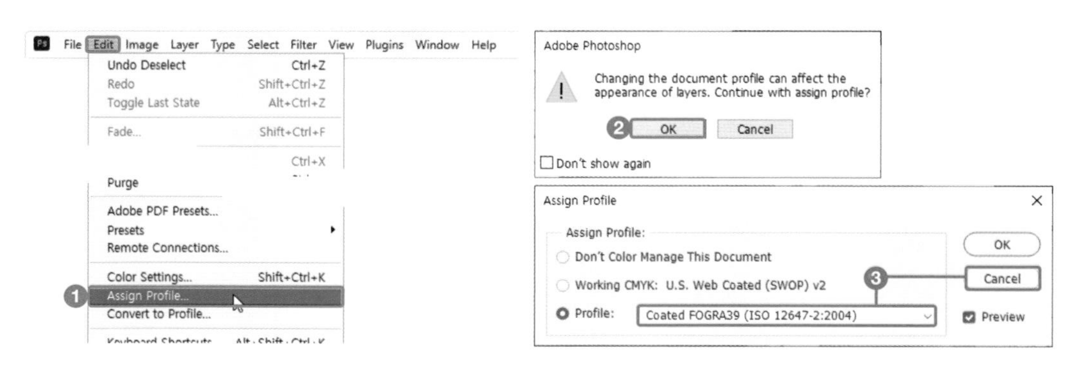

TIP 레드프린팅 앤 프레스는 색상 프로파일을 관리하는 서버를 별도로 두어 관리합니다

각 주문자들은 매우 다양한 종류의 색상 프로파일로 주문을 합니다. 이러한 이유로 레드프린팅 앤 프레스는 색상 오차 문제를 해결하기 위해 색을 관리하는 컬러 서버를 별도로 두고 있습니다. ISO coated V2(FOGRA39)를 표준 프로파일로 삼고 있습니다. 참고로 ISO coated V2는 ISO(International Standard Organization)에서 배포한 표준 프로파일로 세계에서 범용적으로 사용되는 색상 프로파일입니다.

05 ❶ 파란색 가이드선과 외곽선의 거리는 2mm입니다. 실제 제작 시 이 가이드선 밖의 영역은 잘려나가게 됩니다. ❷ 또 텍스트와 같이 중요한 부분은 가이드선에 붙이지 말고 안쪽으로 안전하게 더 들어오도록 합니다.

▲ 주문 파일 58×90mm

▲ 실물 사이즈 54×86mm

화이트 레이어 만들기

06 ❶ [인쇄] 레이어를 ⊞로 드래그하여 복제합니다. ❷ 복제된 레이어의 이름을 더블클릭하고 **화이트**로 변경합니다. ❸ ⊠ 를 클릭합니다.

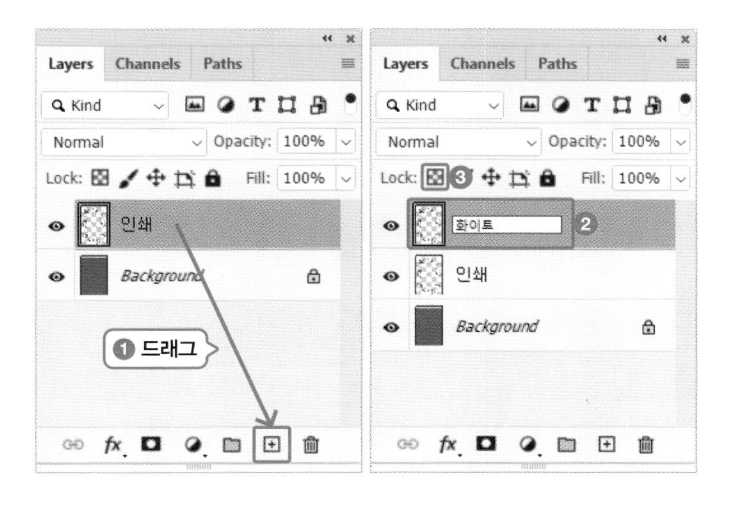

07 ❶ 도구바 하단에서 [칠]을 더블클릭합니다. ❷ **C:0, M:0, Y:0, K:100**으로 설정합니다. ❸ Alt + Delete 를 누르면 검은색이 채워집니다.

투명한 재질에 인쇄를 할 때에는 먼저 흰색을 인쇄한 다음, 그 위에 풀 컬러 인쇄를 합니다. 그렇지 않으면 굉장히 흐리게 나옵니다. 그래서 지금처럼 화이트 레이어를 만들어야 하며 레드프린팅의 가이드에 따르면 화이트의 영역은 C:0, M:0, Y:0, K:100으로 설정해야 합니다.

08 ❶ ▧ 를 다시 클릭합니다. ❷ Ctrl 을 누른 채 [화이트] 레이어의 섬네일을 클릭하면 검은색 부분이 선택됩니다. ❸ Ctrl + Shift + I 를 누릅니다. 선택 영역이 반전됩니다.

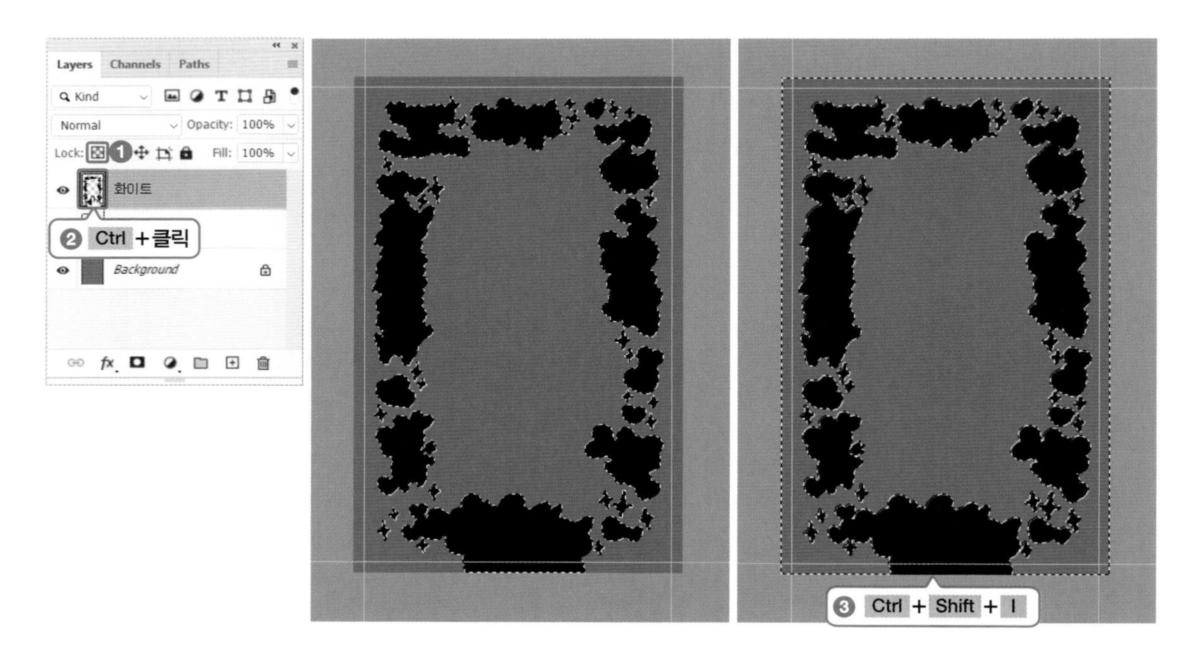

09 ❶ [Select]–[Modify]–[Expand]를 선택합니다. ❷ [Expand Selection] 대화상자에서 **1**을 입력한 후 [OK]를 클릭합니다.

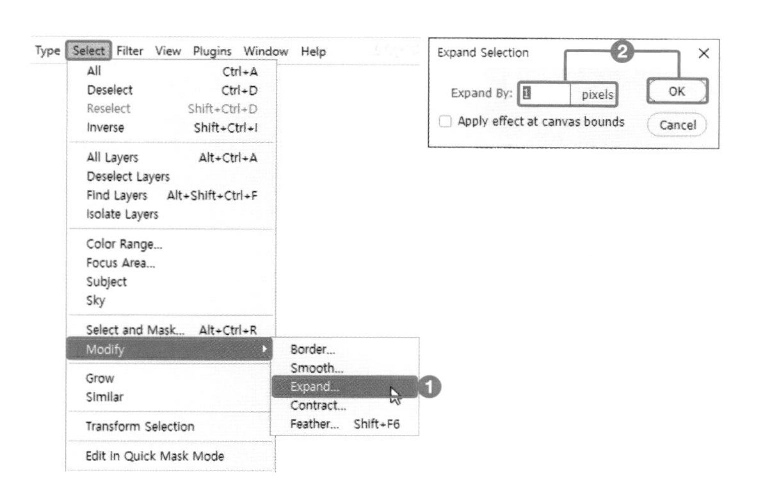

10 ❶ Delete를 누릅니다. ❷ Ctrl + D를 누릅니다. ❸ 확대하면 검은색 면이 약간 작아진 것을 알 수 있습니다.

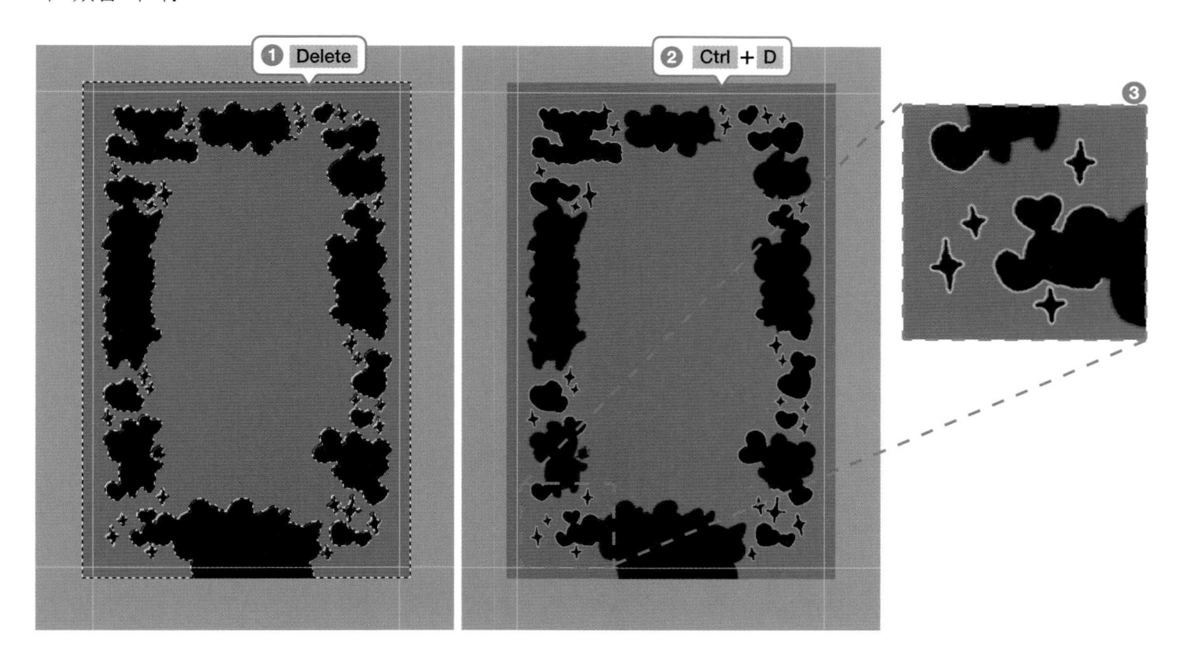

TIP 화이트가 인쇄될 때 약간 밀려서 인쇄될 수도 있습니다. 밀림을 방지하기 위해 화이트 영역은 1pixel 작게 하였습니다. 300ppi 기준으로 1pixel의 크기는 0.08x0.08mm입니다. 그러나 화이트 영역을 꼭 작게 해야 하는 것은 아닙니다. 화이트를 작게 하고 싶지 않다면 08~10은 생략해도 됩니다. 화이트가 약간 밀려서 인쇄되어도 크게 거슬리지 않는다면 화이트 영역을 작게 하지 않아도 됩니다. 민감한 정도는 개인마다 다르므로 최소 수량으로 샘플을 제작하고 직접 확인하는 방법이 가장 좋습니다.

11 [Layers] 패널에서 [Background] 레이어의 👁 를 클릭하여 숨기면 배경이 투명해집니다.

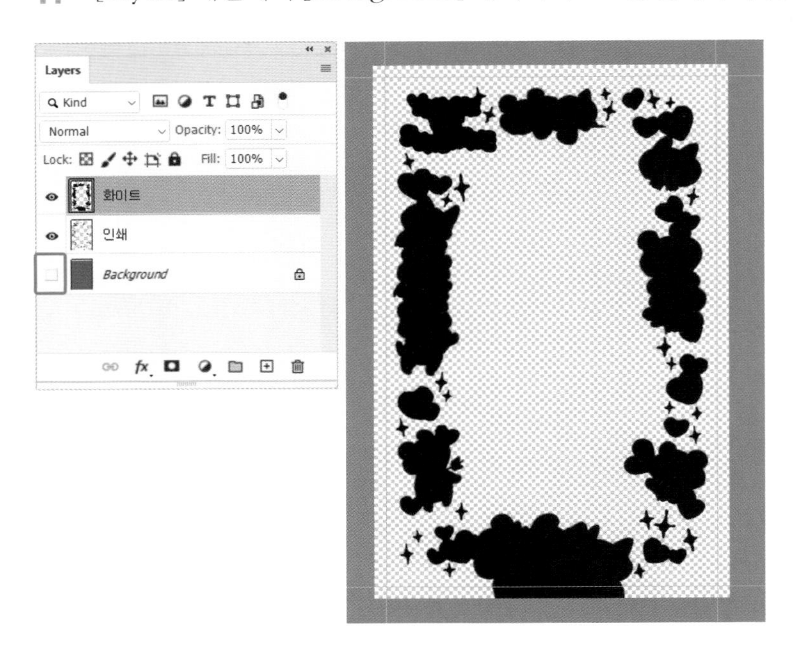

12 ❶ [File]–[Save As]를 선택합니다. ❷ 파일 이름을 **9투명포카_변형**으로 입력하고 ❸ 파일 형식은 [PSD]를 선택합니다. ❹ [저장]을 클릭합니다.

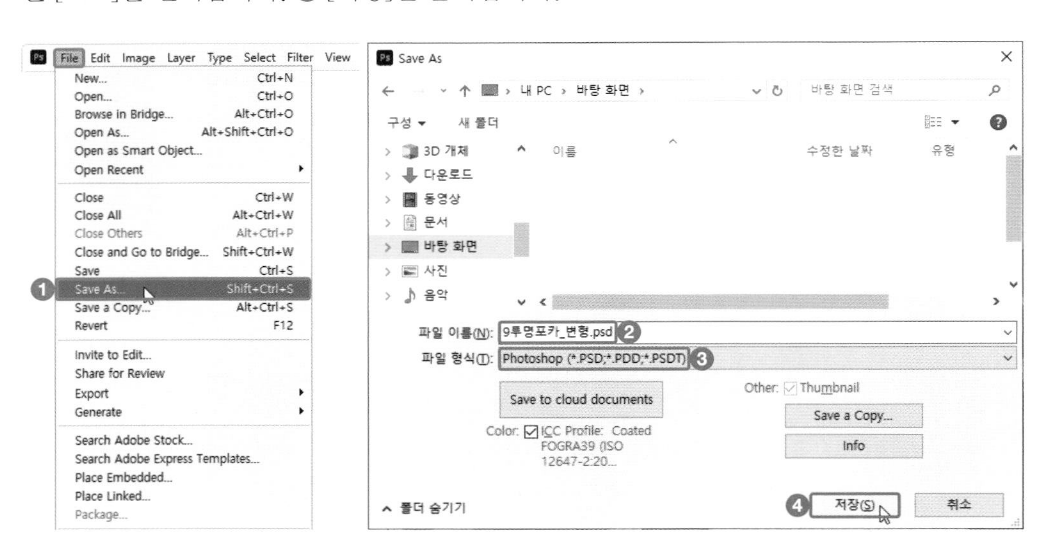

13 일러스트레이터를 실행하고 ❶ Ctrl + O 를 누릅니다. ❷ 앞 단계에서 저장한 PSD 파일을 선택하고 ❸ [Open]을 클릭합니다. ❹ [Convert Layers to Objects]를 선택한 후 [OK]를 클릭합니다. ❺ 파일이 열립니다.

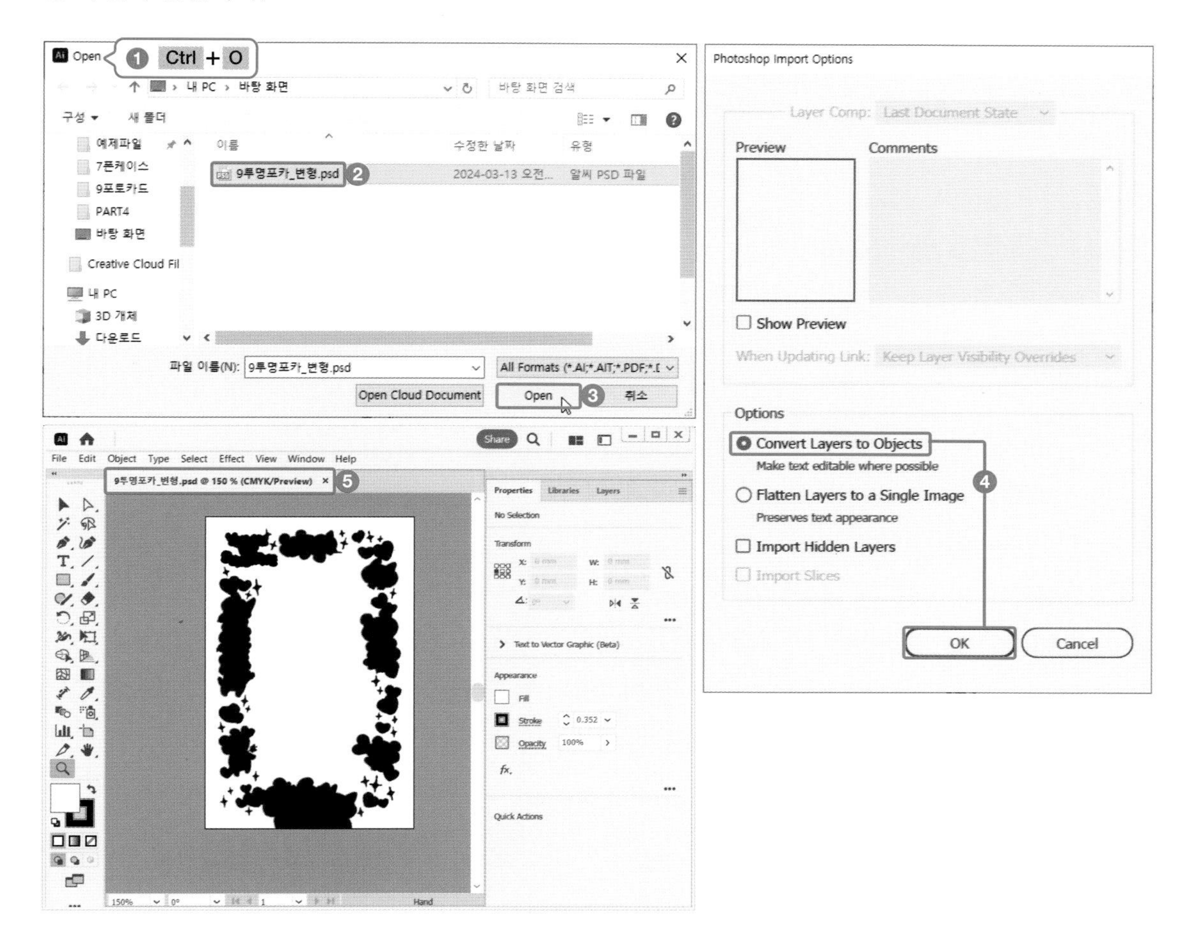

14 [Layers] 패널에서 ❶ [인쇄 Image] 레이어를 더블클릭하고 ❷ **인쇄**로 이름을 수정합니다. 같은 방법으로 ❸ [화이트 Image] 레이어를 더블클릭하고 **화이트**로 수정합니다.

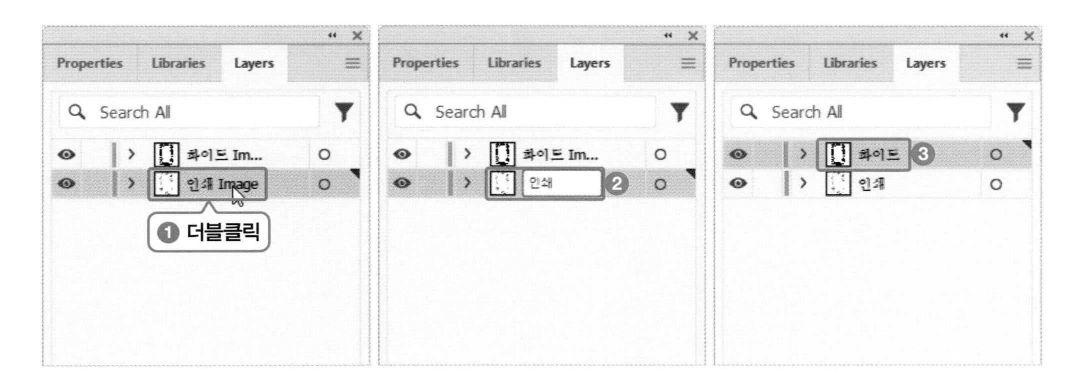

15 ❶ [File]–[Save As]를 선택하고 ❷ 파일 형식은 [PDF]를 선택합니다. ❸ 파일 이름은 받는 사람이 이해하기 쉽도록 정합니다. ❹ [저장]을 클릭합니다.

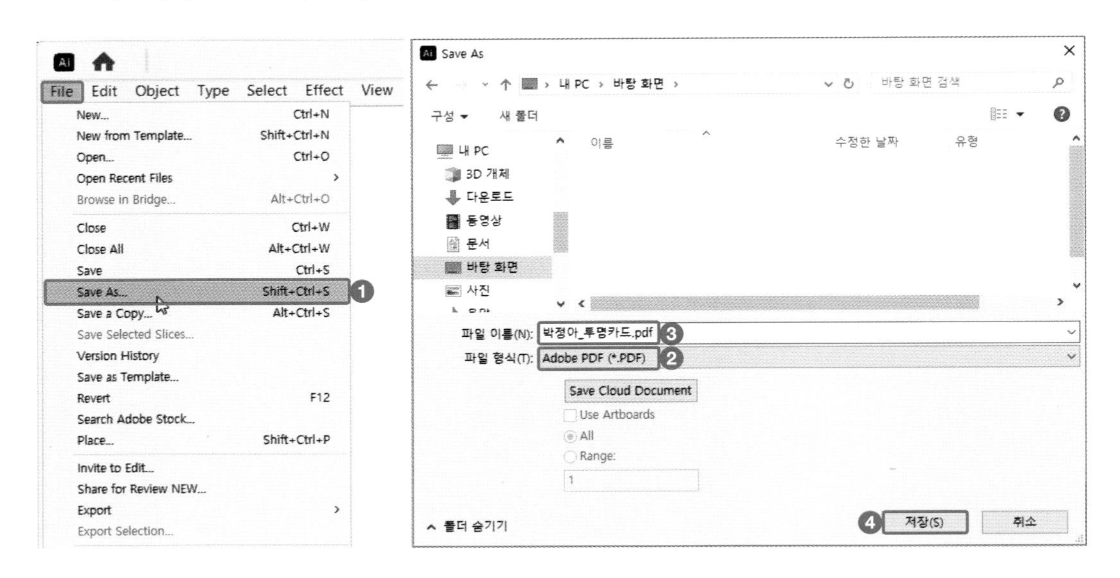

16 [Save Adobe PDF] 대화상자가 나타납니다. 먼저 ❶ [Press Quality]를 선택합니다. ❷ [Acrobat 6(PDF 1.5)]를 선택합니다. ❸ [Preserve Illustrator Editing Capabilities]와 [Create Acrobat Layers From Top–Level Layers]에 체크합니다. ❹ 다음 [Marks and Bleeds] 메뉴를 선택하고 ❺ [Use Document Bleed Settings]에 체크합니다. ❻ [Save PDF]를 클릭합니다.

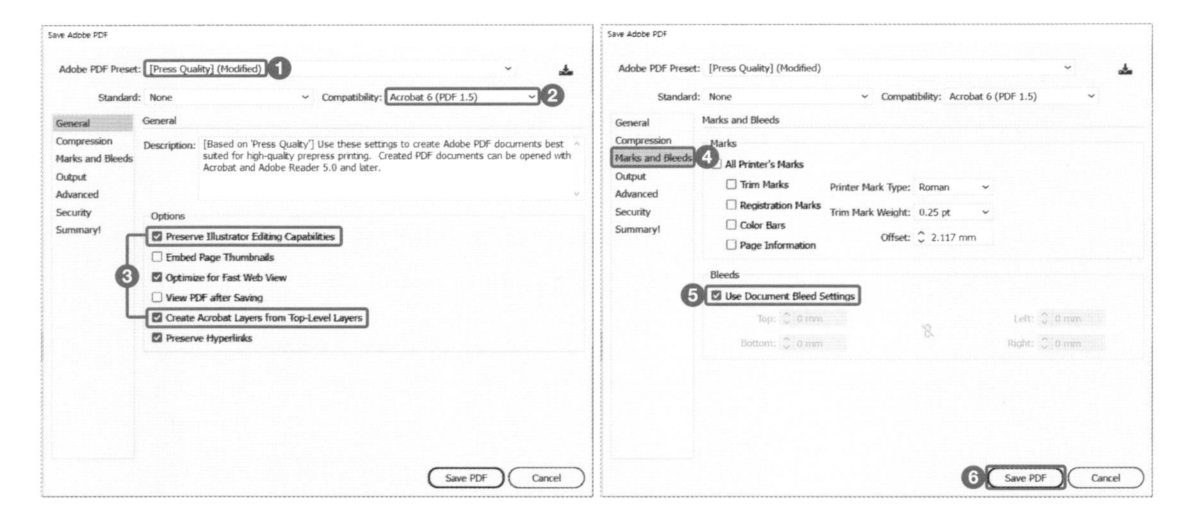

주문하기

17 레드프린팅 앤 프레스에 접속한 후 로그인합니다. [스테이셔너리]-[투명카드]를 클릭합니다.

18 스크롤바를 내려서 ❶ 수량은 원하는 만큼 선택하고 ❷ [PDF ONLY]를 클릭합니다. ❸ [+]를 클릭하고 파일을 업로드합니다. ❹ [확인했습니다]에 체크하고 ❺ [주문하기]를 클릭합니다.

19 ❶ [화이트 인쇄합니다]를 선택하고 ❷ [확인했습니다]를 클릭합니다.

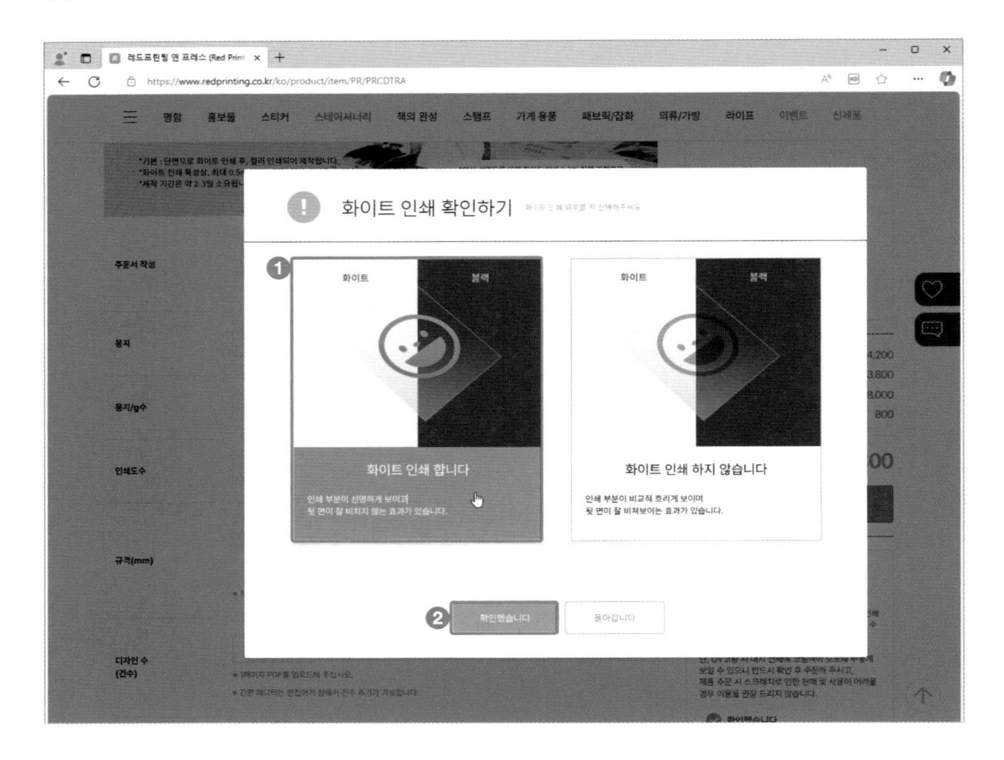

20 ❶ [내 PDF로 주문합니다]를 선택하고 ❷ [확인했습니다]를 클릭합니다.

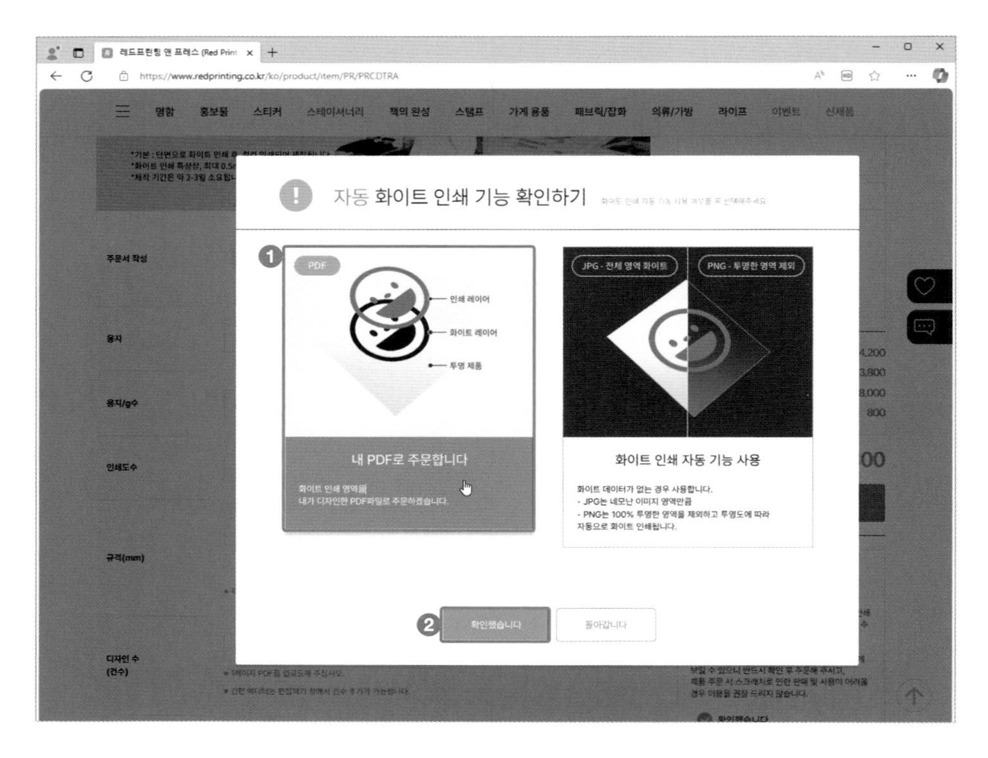

21 결제를 하면 주문이 완료됩니다.

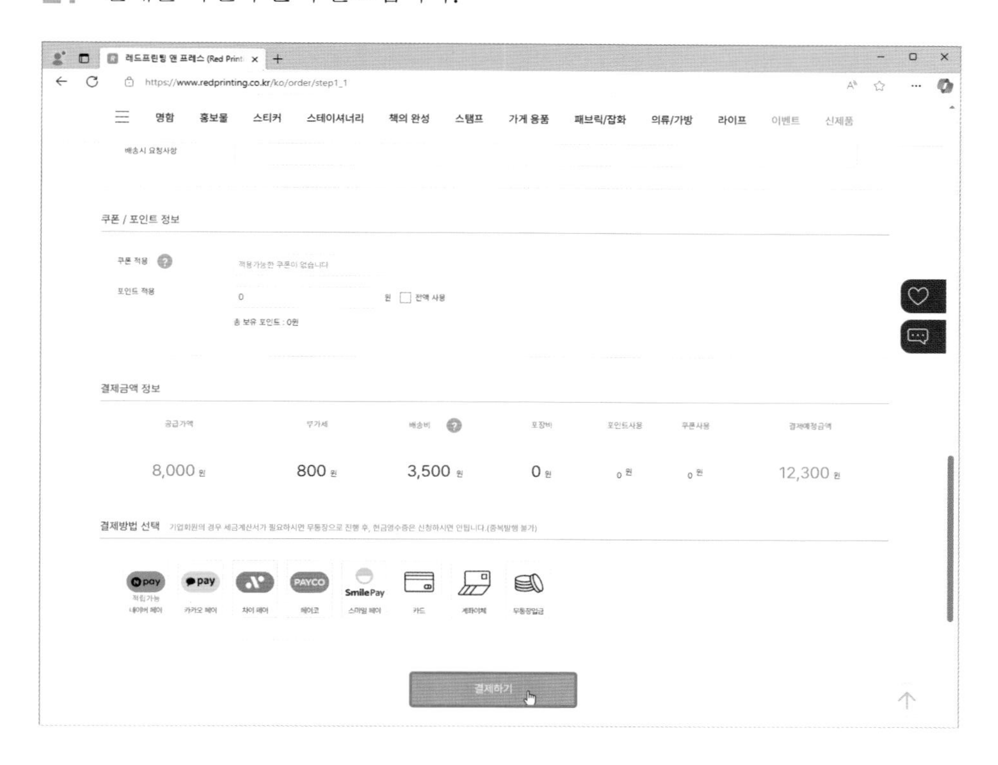

▶ 생생 리뷰 영상 | 투명 포토 카드 언박싱 & 품질 확인하기

QR 코드 또는 아래의 링크로 접속하면 본 예제 파일로 주문한 포토카드 프레임을 영상으로 만나볼 수 있습니다. 업체에서 보내준 택배 박스를 그대로 개봉하는 리뷰 영상입니다. 레드프린팅 투명 포토카드의 경우 스크래치 및 인쇄 까짐 현상을 완화하기 위해 공정상 UV코팅 후가공이 필수로 들어갑니다. 그래서 인쇄물의 뒷면이 약간 뿌옇게 보이지만 포토 카드 프레임으로 사용하는 데 문제가 되지는 않습니다. 영상을 통해 투명도를 확인해보세요.

- **링크** | https://naver.me/GudJGGkP

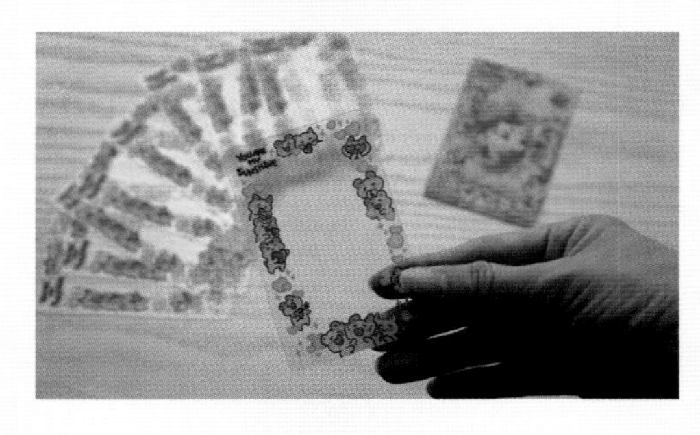

PART 03

굿즈 판매 및 홍보하기

LESSON 01.
서울일러스트레이션페어 참가 신청하기

LESSON 02.
서울일러스트레이션페어 참가 준비하기

LESSON 03.
굿즈 판매하고 홍보하기

01 LESSON 서울일러스트레이션페어 참가 신청하기

행사 소개

서울일러스트레이션페어(SIF)는 일러스트레이션, 디자인, 캘리그래피 등 다양한 분야의 크리에이터들이 참가하여 작품을 전시하고 굿즈를 판매하는 아트 페어입니다. 서울일러스트레이션페어와 비슷한 페어들이 계속해서 생겨나고 있고 나날이 규모가 커지고 있는 추세입니다. 페어에 참가하면 크리에이터가 갤러리나 중간 상인을 거치지 않고 작품을 직접 전시하고 판매할 수 있습니다. 이번 파트에서는 서울일러스트레이션페어에 참가하기 위한 방법과 내가 만든 굿즈를 판매하는 꿀팁까지 자세히 알아보겠습니다.

생생 리뷰 영상 | 서울일러스트레이션페어(SIF) 리뷰 & 현장 스케치

필자가 직접 서울일러스트레이션페어에 참가한 리뷰 영상입니다. 왼쪽의 QR 코드 또는 링크로 접속하여 생생한 현장을 확인해보세요. 참가 신청하는 방법부터 그 누구도 알려주지 않은 '찐' 꿀팁까지 영상으로 만나볼 수 있습니다.

- **링크** | https://m.site.naver.com/1jaYV

참가 신청하기

서울일러스트레이션페어(이하 서일페)는 1년에 두 번, 여름과 겨울에 서울 코엑스에서 열립니다. 여름에는 7~8월, 겨울에는 12월에 행사가 진행됩니다. 행사가 종료되고 약 1~2개월 후에 다음 페어의 신청을 받습니다. 신청 공지는 서일페의 카카오톡 채널과 공식 홈페이지에서 찾아볼 수 있습니다.

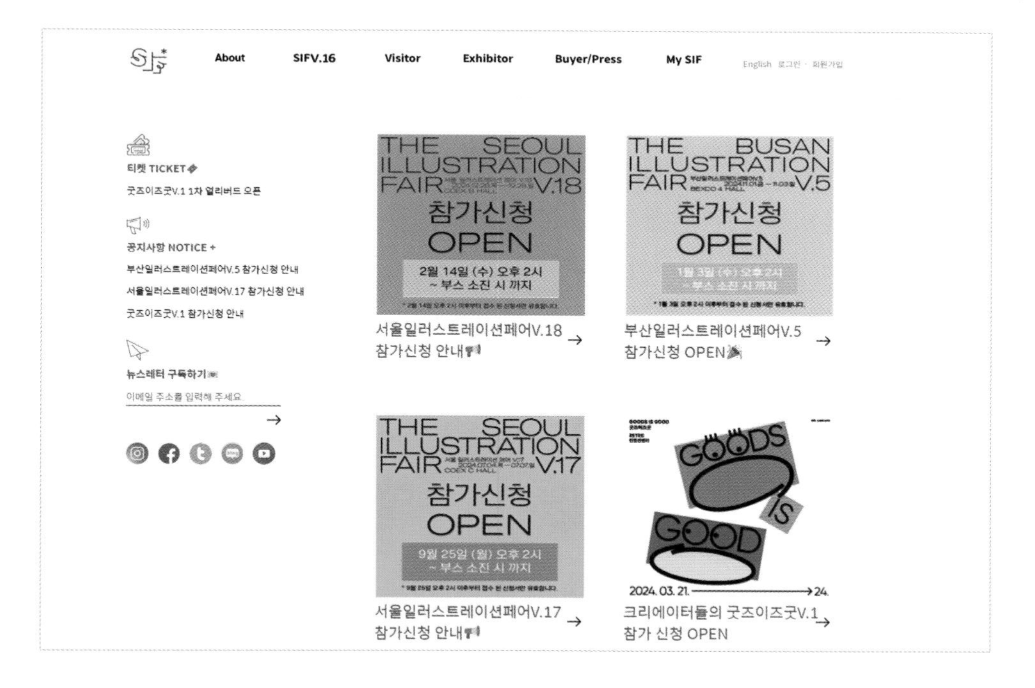

빨간고래의 실무 꿀팁 | 부산일러스트레이션페어, 굿즈이즈굿은 어떻게 참여하나요?

부산일러스트레이션페어(이하 부일페)와 굿즈이즈굿(이하 굿즈굿)의 신청 방법은 서일페와 같습니다. 서일페의 카톡 채널과 공식 홈페이지에서 안내됩니다. 부일페는 매년 가을(주로 9~11월)에 진행되고, 굿즈굿은 봄(주로 3월)에 진행됩니다.

01 카카오톡으로 신청 알림 받기

참가를 원하는 분들은 카카오톡에서 서울일러스트레이션페어 채널을 꼭 친구로 추가해두어야 합니다. 그래야만 행사 종료 후 1~2개월 뒤에 카카오톡으로 신청 알림을 받을 수 있습니다.

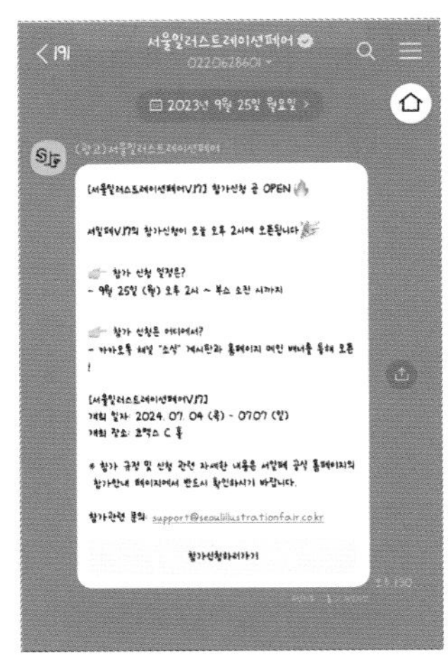

▲ 서일페 채널 추가하기(QR 코드) ▲ 카카오톡 채널 ▲ 카카오톡 신청 알림

02 공식 홈페이지에서 신청 공지 확인하기

카카오톡으로도 신청하기를 안내해주지만 서일페 공식 홈페이지 첫 화면에서도 신청 공지를 확인할 수 있습니다. 참가를 원하는 분들은 서일페 공지를 수시로 확인해야 합니다. [뉴스레터 구독하기]에 메일 주소를 등록하면 페어 신청을 비롯하여 여러 가지 소식을 메일로 받을 수 있습니다.

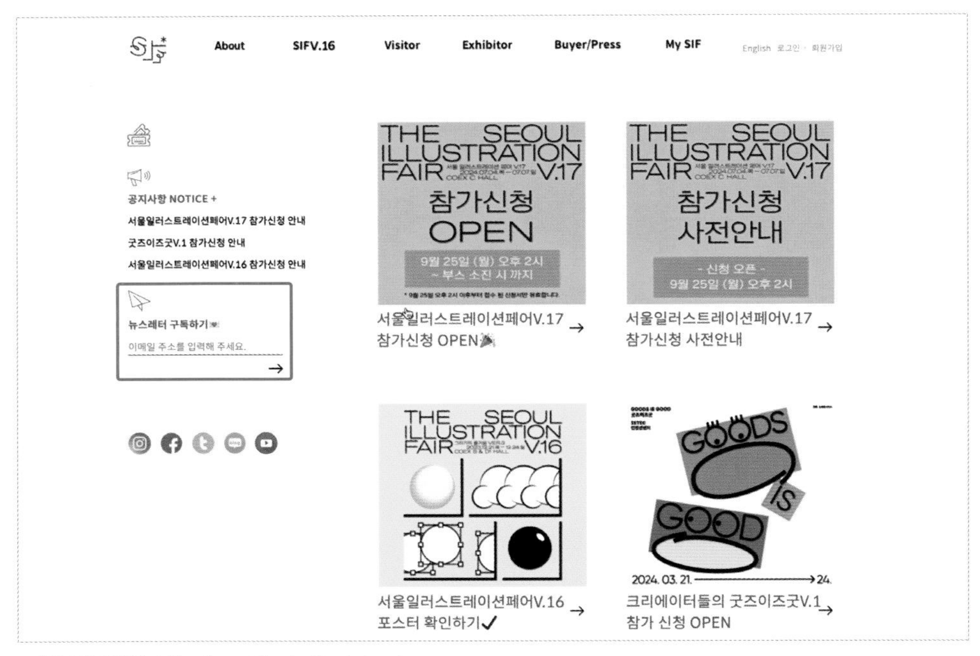

▲ 공식 홈페이지 : http://seoulillustrationfair.co.kr

03 신청서 작성하기

신청 기간에 공식 홈페이지 안내에 따라 신청서를 작성합니다. 원하는 부스의 크기와 옵션을 선택하고 예명 등을 입력합니다. 부스 크기, 금액 등 여러 가지 정보는 공식 홈피에 안내되어 있습니다. 신청서 외에 포트폴리오, 문서를 요구하는 경우에는 안내에 따라 메일로 보냅니다. 부스의 크기는 두 가지입니다.

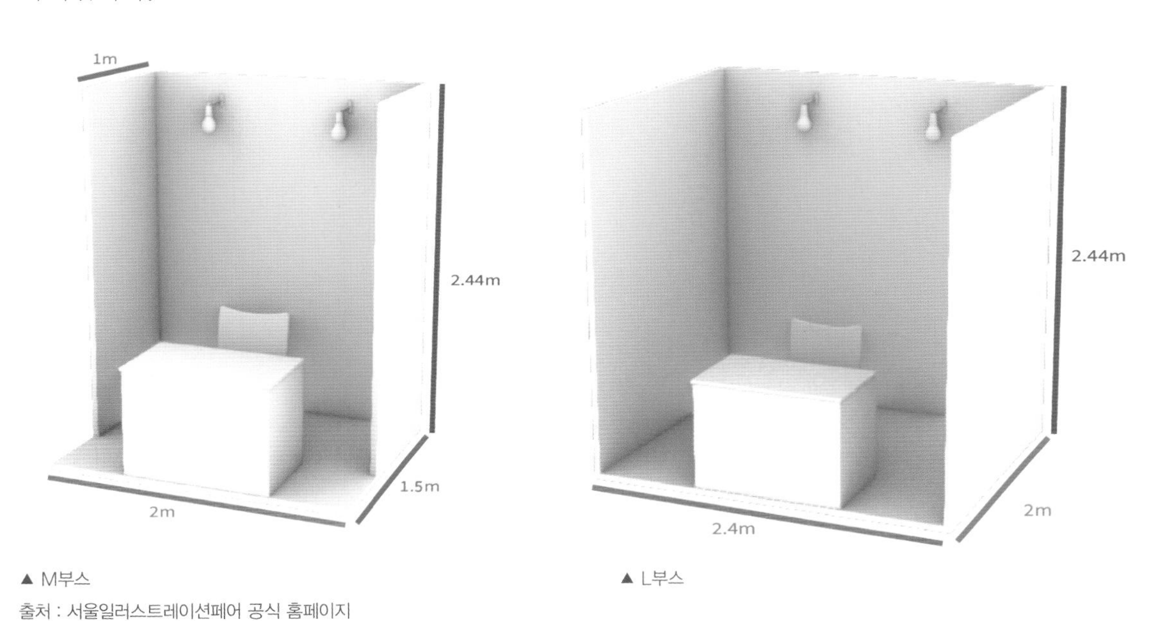

▲ M부스　▲ L부스

출처 : 서울일러스트레이션페어 공식 홈페이지

04 참가 확정 받기

신청서를 보내면 서일페 사무국에서 심사하여 4~6주 후에 안내 메일을 받을 수 있습니다. 신청자가 워낙 많아서 모든 사람이 다 참가할 수는 없습니다. 서일페 사무국에서는 참가자에 대한 심사(검수)를 진행하고 확정/대기 여부를 신청서에 입력했던 신청자의 메일 주소로 알려줍니다. 참가가 확정되면 계약금 입금을 안내합니다. 계약금은 참가비 총액의 50% 또는 전액이며 해약금 안내도 메일에 자세히 설명되어 있습니다. 계약금을 입금하고 나면 약 5~6일 후에 입금 확인 메일을 받게 됩니다. 그럼 참가 신청이 완료된 것입니다.

02 LESSON 서울일러스트레이션페어 참가 준비하기

준비하기

N 메일

빨간고래

메일 쓰기 | 내게 쓰기

안읽음 중요 첨부 TO

전체메일 정리하기
받은메일함
보낸메일함 수신확인
임시보관함
내게쓴메일함
스마트메일함

서일페 0 / 139

메일 검색 상세

읽음 삭제 스팸차단 답장 전체답장 전달 이동 더보기 필터

보낸 사람	제목	날짜
서울일러스트레이션페어 사...	[서울일러스트레이션페어V.15] 참가자 공지사항 ⑪ 참가자 여러분께 감사 인사 드립니다. - 만족도 조사 결과 안내-	08.14 17:11
서울일러스트레이션페어	[SIF X WITZ의 Big Event! 저작권 보호받으면서 라이선싱하기! 브랜드 등록시 선물도 함께]	08.07 10:00
서울일러스트레이션페어 사...	[서울일러스트레이션페어V.15] 참가자 공지사항 ⑩ 참가자 설문조사 안내 & 개최결과보고서 송부	07.18 13:24
서울일러스트레이션페어	SIF X WITZ의 Big Event! 워츠숍 브랜드 등록시 전원 선물 증정	07.14 15:25
서울일러스트레이션페어 사...	[서울일러스트레이션페어V.15] 참가자 공지사항⑨ -참가비 증빙발행 정보 변경 접수	07.12 17:16
서울일러스트레이션페어	[서일페V.15] 서일페 D-8, 꼭 봐야할 참가자 리스트 & 도면 대공개!	06.28 08:50
서울일러스트레이션페어 사...	[서울일러스트레이션페어V.15] 참가자 공지사항⑧ -현장 설치 최종 안내	06.22 13:05
서울일러스트레이션페어 사...	[서울일러스트레이션페어V.15] 참가자 공지사항⑦ -참가자 매뉴얼 & 부대시설 및 벽체특이사항 신청 안내	06.07 20:35
서울일러스트레이션페어 사...	[서울일러스트레이션페어V.15] 참가자 공지사항⑥ -모바일 초대권 안내	06.02 09:00
서울일러스트레이션페어	[서일페V.15] 여러부운~ 많이 보고 싶었어요오~	05.26 10:26
서울일러스트레이션페어	[서울일러스트레이션페어V.15] 박정아(빨간고래)님, 참가비 입금이 확인되었습니다.	05.26 09:30
서울일러스트레이션페어 사...	[서울일러스트레이션페어V.15] 참가자 공지사항⑤ -참가자 홍보스킨 안내&갤러리 등록 연장	05.25 13:32
서울일러스트레이션페어	[서일페V.15] 여러부운~ 많이 보고 싶었어요오~	05.24 19:43

1 2 3 4 5

▲ 서일페 사무국으로부터 받은 안내 메일

참가 신청을 완료하고 나면 약 9~10개월 후에 페어가 열립니다. 이 긴 기간 동안 서일페 사무국으로부터 약 10건 이상의 안내 메일을 받습니다. 초반에는 계약금 등 행사비 입금 안내 메일을 받게 됩니다. 페어 시작하기 2~3개월 전부터는 페어 준비에 대한 구체적인 안내 메일을 받게 됩니다. 기본적으로 페어를 어떻게 준비를 해야 하는지에 대한 안내부터 부스 설치 일정과 방법, 부대시설 추가/취소하는 방법, 주차, 택배, 기타 주의사항 등이 있습니다. 안내 문구가 자세히 설명되어서 자칫 길게 느껴질 수도 있습니다. 그러나 참가자들이 궁금해할 만한 정보가 모두 있으니 꼭 꼼꼼히 다 읽어보는 것이 좋습니다. 또한 변동사항도 전달되므로 서일페에서 보내준 메일은 꼭 확인해야 합니다. 지금부터는 서일페 참가 준비 시 주의해야 할 사항에 대해 알아보겠습니다.

01 내 부스(자리) 배정 받기

페어가 열리기 약 한 달 반 전에 배정된 내 부스(자리)를 메일로 안내 받습니다. 참가자는 부스의 위치를 선택할 수는 없고 서일페 사무국에서 적절한 부스를 배정하여 안내해줍니다. 행사장 전체 도면을 PDF 파일로 함께 보내주기 때문에 내 부스의 위치를 쉽게 확인할 수 있습니다.

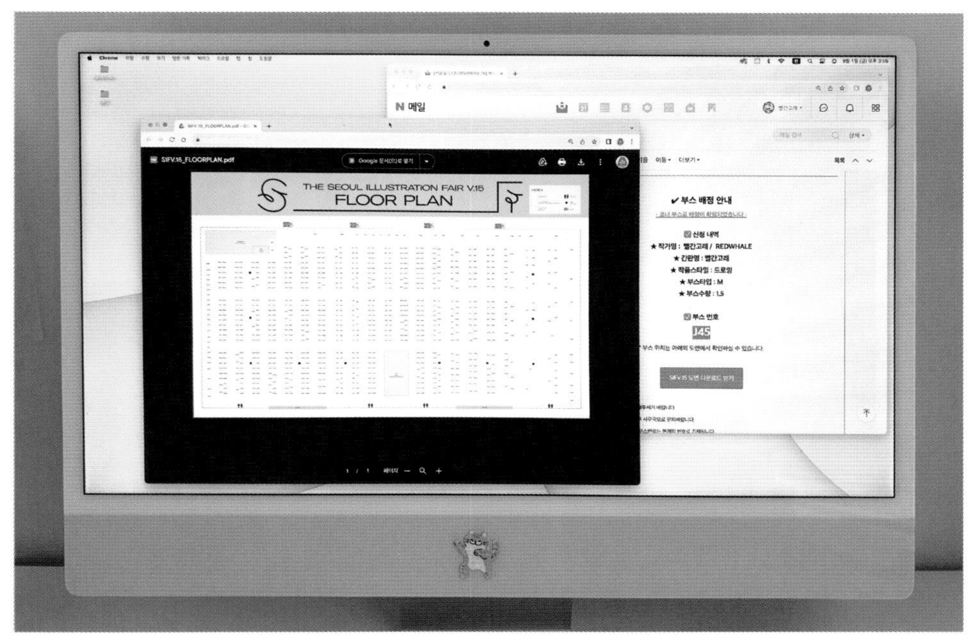

▲ 좌 : 전체 부스 도면 / 우 : 부스 배정 안내 메일

02 참가자 Kit 받기

페어가 열리기 한 달~한 달 반 전에 우체국 등기로 참가자 Kit를 받습니다. 출입증, 안내서, 협찬사의 굿즈가 있습니다. 출입증이 있어야만 행사장 출입이 가능하므로, 참가자 Kit를 수령하지 못했거나 출입증을 분실했다면 서일페 사무국에 꼭 문의해야 합니다.

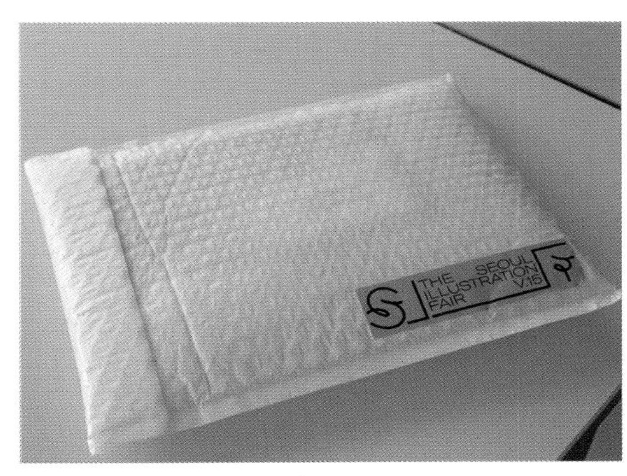

▲ 우체국 등기로 도착한 참가자 Kit

▲ 참가자 Kit를 개봉하면 출입증과 안내서가 있습니다.

03 전시 및 설치 계획하기

이제는 전시를 할 부스 설치를 고민해야 합니다. 페어가 열리기 약 한 달 전부터 부스 설치에 대한 가이드를 메일로 받습니다. 부스의 정확한 크기, 설치할 때 주의할 점 등이 안내되어 있습니다. 부스는 사람 손으로 제작되기 때문에 벽 길이에 약 1~2cm 정도 오차가 있을 수 있습니다. 실제로 필자가 행사장 내 부스의 벽 길이를 줄자로 직접 재어봤을 때 가로가 약 1.5cm 작았던 적이 있었습니다. 데스크 또한 1~2cm 정도 차이가 있을 수 있으니 감안하여 준비합니다.

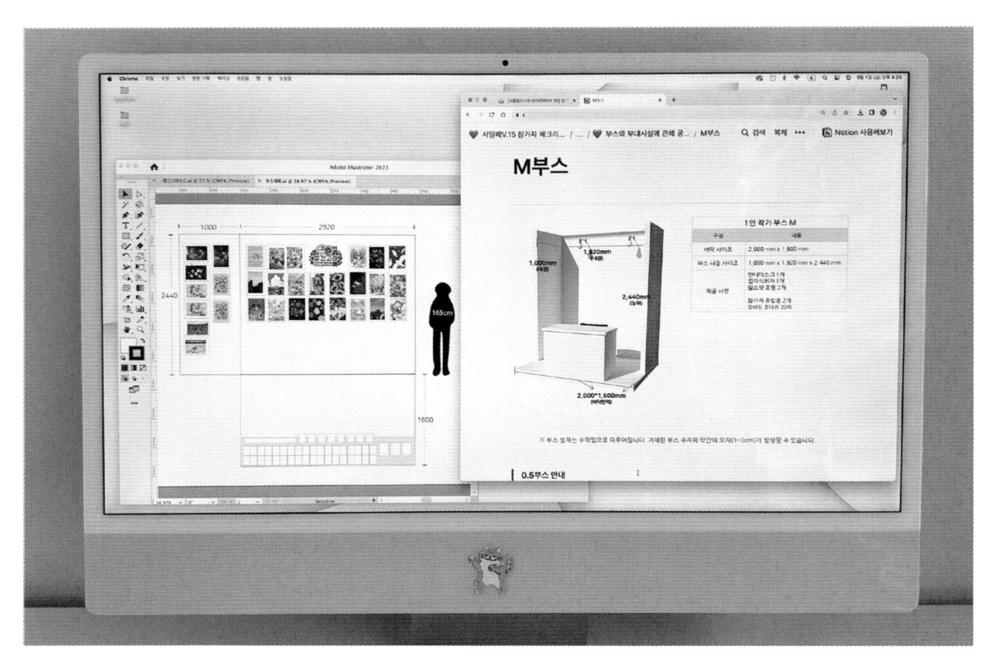

▲ 좌 : 필자가 계획한 벽 도면 / 우 : 부스 크기 안내

04 설치하기

부스 설치는 페어 시작하기 바로 전날에 합니다. 페어 전날은 행사장 입장이 가능하고, 오후 2시부터 밤 10시까지 행사장을 개방하므로 설치할 시간은 충분합니다.

▲ 설치 중인 모습

▲ 설치 완료된 모습

설치하는 날은 행사장 입구에서 출입증 검사를 하니 참가자 Kit로 받은 출입증을 꼭 가져가도록 합니다. 출입증을 분실하거나 미처 챙기지 못한 참가자를 위해 행사장 입구에서 임시 출입증을 발급해 주기도 합니다. 그러나 출입증은 당일 반납이 원칙인 만큼 참가자 Kit로 받은 출입증을 꼭 챙기는 게 좋습니다.

▲ 행사장 입구에 부스를 설치하러 온 작가들이 몰려 있습니다.

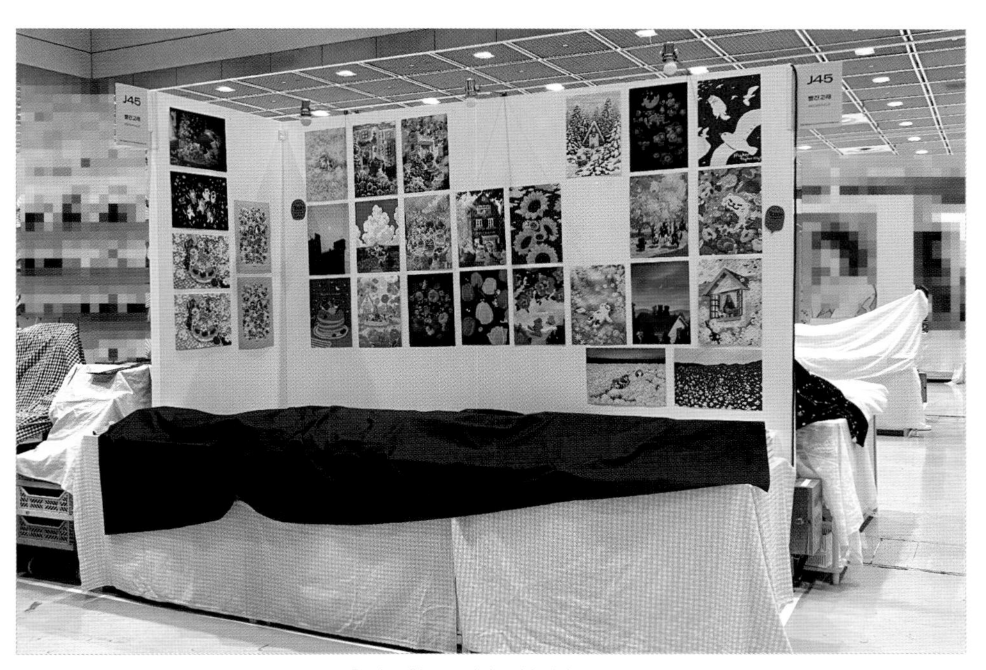

▲ 부스 설치 후 퇴장할 때에는 판매할 굿즈들을 방수 천으로 덮어두었습니다.

03 LESSON 굿즈 판매하고 홍보하기

굿즈 판매 전략 세우기

굿즈 아이템과 제작 업체를 본 도서에서 모두 공개했습니다. 지금 이 책을 읽고 있는 독자분들은 웬만한 굿즈 제작 방법과 과정에 대해 충분히 익혔을 겁니다. 그러나 '어떻게'는 알아도 '얼마만큼' 제작해야 하는지 감이 잘 잡히지 않을 겁니다. 페어에서 판매가 얼마만큼 될지, 수량은 얼마나 필요할지 아무도 알 수 없습니다. 필자 역시 너무 많이 만들거나, 너무 적게 만들어서 적자를 본 경험이 있습니다. 또한 참가자마다 판매량이 천차만별이기에 얼마만큼 준비하라고 딱 잘라서 말씀드리기 어려우므로, 빨간고래의 진짜 경험을 솔직하게 이야기 하겠습니다.

01 굿즈, 얼마나 제작해야 할까?

저는 2024년 6월 기준으로 총 네 번의 서일페에 참가했고, 한 번의 페어당 총 매출액이 300만 원~600만 원 내외입니다. 빨간고래 부스에서 제일 많이 판매된 아이템은 엽서입니다. 약 30~45종의 엽서를 준비했으며 종류별로 약 50~400장 판매되었습니다. 그다음 많이 판매된 아이템은 스티커입니다. 종류별로 100장 내외 판매되었습니다. 키링, 손거울도 종류별로 각각 40개 정도 판매되었습니다. 서일페 현장 분위기를 파악해보았을 때 다른 부스들의 매출은 보통 200만 원~800만 원 사이로 추정됩니다. 페어에 처음 참가한다면 소량으로 다양하게 제작해보는 것을 적극 추천합니다.

▲ 키링, 손거울, 스티커

▲ 엽서

02 SNS의 힘

빨간고래 굿즈 구매자의 10명 중 9명이 SNS 팔로워였습니다. SNS 팔로워가 늘어날수록 제 부스를 찾는 분들도 늘어났습니다. 부스를 방문하는 팔로워분들은 일러스트레이션페어 행사 자체를 즐기는 것이 주목적임을 꼭 명심해야 합니다. 그래서 빨간고래는 팔로워분들을 위해 친필 사인, 사진 촬영은 물론이고 팔로워 인증을 하면 직접 제작한 굿즈를 증정하는 이벤트도 진행했습니다. 페어 한정으로 특별 할인을 하기도 했습니다. 할인 이벤트를 하면 굿즈당 수익은 줄더라도 더 많은 수량이 판매되기 때문에 총 순수익은 늘었습니다. 또 할인 이벤트는 관람객분들에게 '득템'했다는 좋은 기분을 선물해줄 수도 있습니다.

03 점점 커지는 서일페 행사 규모

서일페 규모는 점점 커지고 있습니다. 2023년 7월 여름 서일페는 945개 참가사(작가 856명, 기업 89개사)가 총 1,014 부스로 참가했으며 총 관람객은 80,700명이었습니다. 서일페의 규모가 커질수록 굿즈 판매량에도 큰 도움이 되었습니다.

부스 운영하기

서일페는 목, 금, 토, 일 4일간 진행해왔습니다. 빨간고래 경험상 관람객은 목요일 오전이 가장 적었고 토요일 오후가 가장 많았습니다. 참가자는 개장하기 한 시간 전(9시)부터 입장이 가능할 수 있고, 행사 첫날에는 특별히 두 시간 전(8시)부터 입장할 수 있습니다.

▲ 서일페 행사장 모습

행사 일정

- 행사 기간 : 목, 금, 토, 일 / 4일간
- 설치 기간 : 수요일 / 1일(14:00~22:00)
- 개장 시간 : 10:00 ~ 18:00 (일요일만 17시까지)

내 굿즈로 페어에 '꼭' 참가해야 하는 이유

서일페의 변화 추이를 보면 유행하는 굿즈 아이템이 달라지는 것을 알 수 있습니다. 한때는 스티커가 많이 판매되었지만 요즘은 굿즈 아이템이 매우 다양화되는 추세입니다. 또한 다양한 스타일의 창작자들이 늘어나고 있습니다. 굿즈 제작 업체도 해마다 늘고 있으며 행사장에서 참가자들에게 샘플과 명함을 주고 가는 업체도 많습니다. 페어에서는 작가가 직접 전시하면서 판매하기 때문에 일반적인 샵에서 볼 수 없는 상품이 많다는 점이 큰 매력입니다.

해마다 커지는 페어 인기를 실감하면서 누군가는 "거품이지 않냐?"고 말하기도 합니다. 그러나 이 분야에서 17년 이상 실무 경험을 해온 필자의 생각은 다릅니다. 일러스트레이션페어에 참가하는 작가의 수보다 훨씬 더 많은 일러스트레이터들이 활발하게 활동 중입니다. 페어 참가를 통해 지금보다 더 큰 성과를 이룰 수 있다면 더 많은 창작자가 모이고 이 산업 자체가 더욱 발전할 가능성이 있습니다.

▲ 빨간고래의 Vol. 15 서일페 스케치 바로가기

PART 04

인쇄 지식 학습하기

LESSON 01.
주문 파일 보내기 전 필수 확인 사항

LESSON 02.
RGB를 CMYK로 바꾸는 방법

LESSON 03.
색상 프로파일의 종류

LESSON 04.
종이의 종류

LESSON 05.
인쇄의 종류

LESSON 06.
알아두면 좋은 인쇄 지식

01 LESSON 주문 파일 보내기 전 필수 확인 사항

색상 모드는 CMYK

색상 모드는 꼭 CMYK로 되어 있어야 합니다. RGB로 넘겨서 인쇄했을 경우 전체적으로 채도가 낮게 나오거나 다른 색으로 출력될 수 있습니다. 포토샵과 일러스트레이터의 경우 파일 탭에서 색상 모드를 확인할 수 있습니다. RGB를 CMYK로 바꾸는 방법은 233쪽을 참고합니다.

TIP **인쇄는 기본적으로 CMYK이지만 예외적인 경우도 있습니다.**

png 파일로만 접수가 가능한 굿즈의 경우 색상 모드를 RGB로 하고 png 파일로 저장해서 주문해야 하며 이런 경우 업체의 장비 또한 RGB 색상 모드에 최적화되어 있습니다. 색상 모드가 CMYK라면 png 파일로 저장이 되지 않습니다.

Create Outlines(윤곽선 만들기, 래스터화)

파일 안에 있는 글자는 이미지화(래스터화)해야 합니다. 그렇지 않으면 내 컴퓨터에서 만든 파일을 다른 컴퓨터에서 열었을 때 서체 오류가 나타납니다. 내가 선택하지 않은 폰트로 변경되어 출력될 수도 있습니다.

01 일러스트레이터

선택 도구 ▶ 로 글자를 선택하고 Ctrl + Shift + O 를 누르면 글자가 이미지화됩니다.

TIP Ctrl + Shift + O 는 [Type]-[Create Outlines]의 단축키입니다. [Object]-[Expand]를 클릭해도 이미지화가 됩니다.

02 포토샵

[Layers] 패널에서 글자가 있는 레이어를 마우스 오른쪽 버튼으로 클릭하고 [Rasterize Type]을 선택하면 이미지화됩니다.

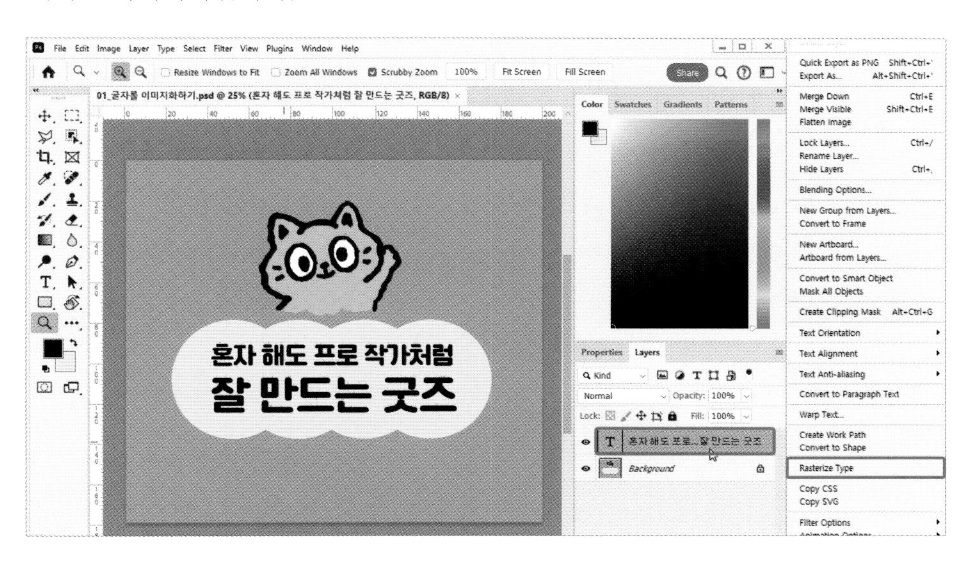

TIP [Layers] 패널의 ≡ 를 클릭해도 메뉴가 나타납니다.

03 프로크리에이트

글자가 있는 레이어를 터치하고 [레스터화]를 터치하면 이미지화됩니다.

Embed(포함)

일러스트레이터에서 이미지를 선택했을 때 ❶ 과 같이 이미지 중앙에 × 표시가 나타나는 경우는 외부에서 불러온 이미지이며 일러스트레이터 파일 안에 포함되지 않은 상태입니다. 인쇄소에 파일을 넘길 때에는 파일 안에 외부 이미지를 포함해야 합니다. 포함하지 않고 인쇄소에 보내면 상대방 컴퓨터에서는 이미지가 유실되어 열립니다. ❶ × 표시가 있는 이미지를 클릭하고 [Properties] 패널에서 ❷ [Embed(포함)]를 클릭하면 외부 이미지가 파일에 포함되고 × 표시도 사라집니다.

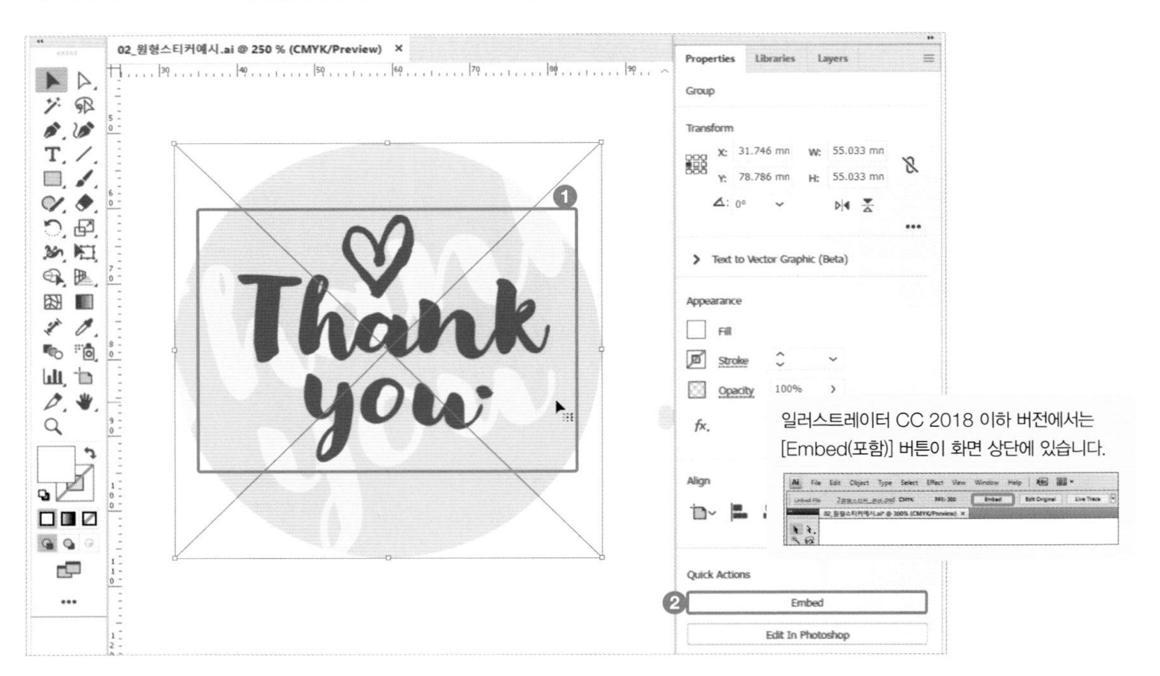

일러스트레이터 CC 2018 이하 버전에서는 [Embed(포함)] 버튼이 화면 상단에 있습니다.

사이즈 확인

대부분 주문 파일은 실제 크기보다 더 크게 작업해야 합니다. 실제 사이즈보다 더 크게 잡는 여분(도련) 값은 보통 1~5mm 정도입니다. 업체마다 다르니 업체가 요구하는 주문 파일 사이즈를 확인합니다.

01 일러스트레이터

선택 도구 ▶ 로 오브젝트를 클릭합니다. [Transform] 패널에서 가로(W)와 세로(H)의 사이즈를 확인하고 수정할 수 있습니다.

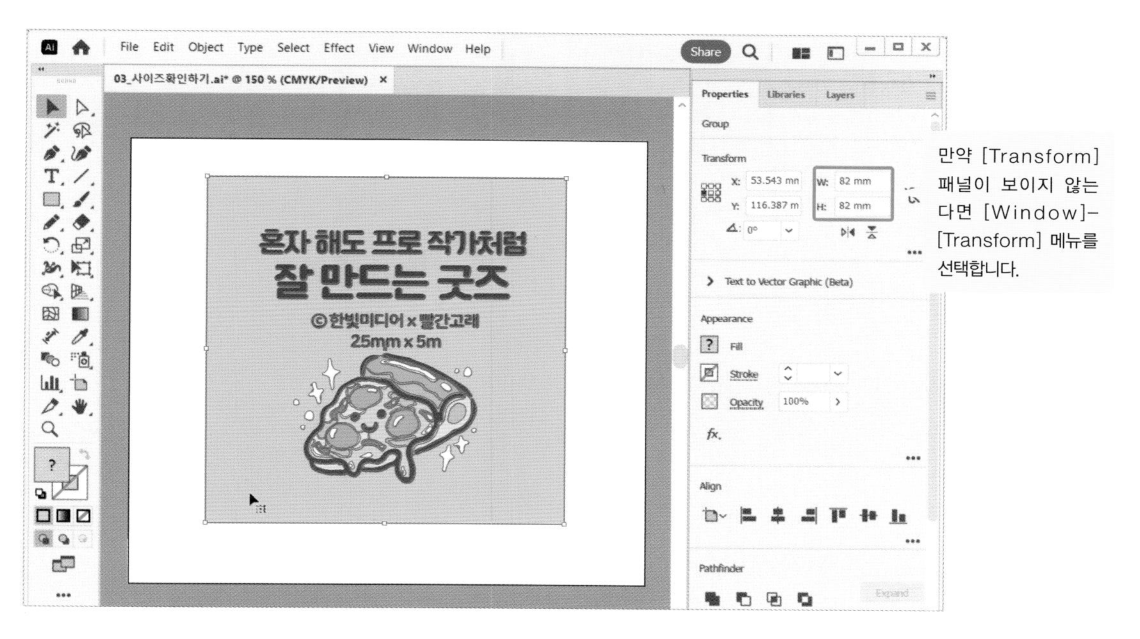

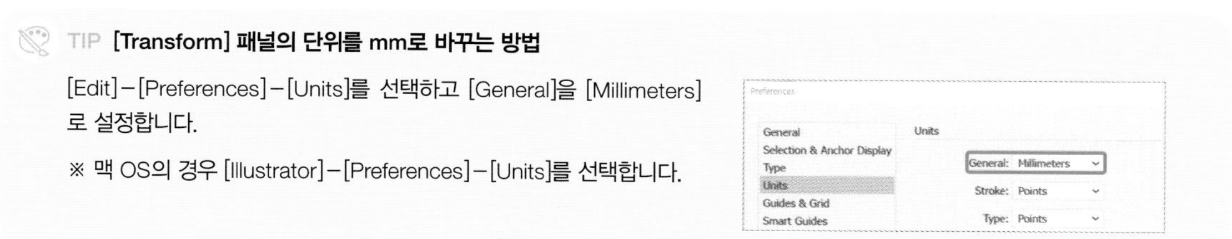

TIP **[Transform] 패널의 단위를 mm로 바꾸는 방법**

[Edit]–[Preferences]–[Units]를 선택하고 [General]을 [Millimeters]로 설정합니다.

※ 맥 OS의 경우 [Illustrator]–[Preferences]–[Units]를 선택합니다.

빨간고래의 실무 꿀팁 **아트보드의 사이즈는 중요하지 않습니다**

일러스트레이터 파일(.ai)로 주문하는 경우 주문 파일의 사이즈가 82×82mm라면 오브젝트의 전체 크기를 82×82mm로 하면 됩니다. 아트보드의 사이즈는 82×82mm로 해도 되고 안 해도 됩니다. 아트보드의 사이즈는 중요하지 않습니다. 참고로 아트보드의 사이즈는 도구바에서 아트보드 도구 를 클릭하면 변경할 수 있습니다.

02 포토샵

[Image]-[Image Size]를 선택하면 [Image Size] 대화상자가 나타납니다. 사이즈와 해상도를 확인하고 수정할 수 있습니다.

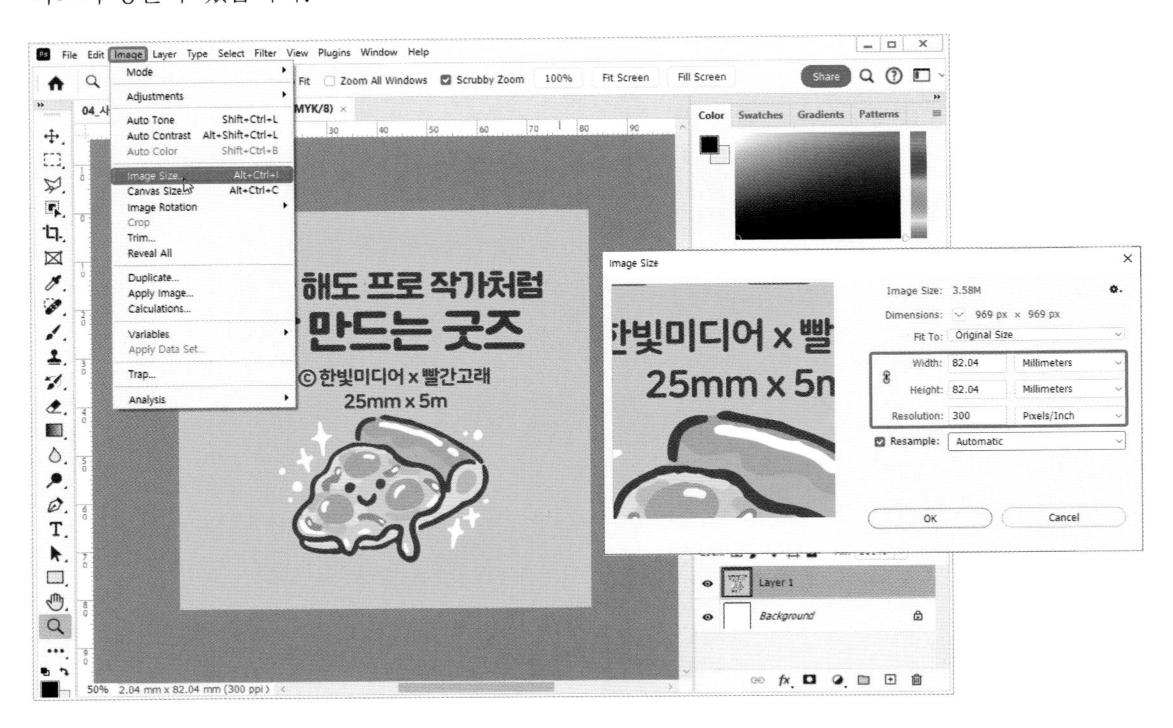

빨간고래의 실무 꿀팁 **파일 사이즈가 소수점 자리까지 나오네요?**

포토샵에서 [File]-[New]를 클릭하고 캔버스 크기를 82×82mm(300ppi)로 만든 후 [Image Size]에서 확인해보면 82.04×82.04mm입니다. 포토샵에서 사이즈는 픽셀로 계산되기 때문에 끝자리가 소수점으로 나타납니다. 소수점은 반올림하면 됩니다. 예를 들어 포토샵에서 [File]-[New]를 클릭하고 210×297mm(300ppi)의 크기의 캔버스를 만든 다음 [Image Size]에서 확인하면 209.97×297.01mm로 나옵니다. 반올림하여 210×297mm의 파일입니다.

TIP [Image]-[Canvas Sizes] 메뉴를 선택하면 이미지의 사이즈와 비율은 원본 그대로 유지되고 캔버스 사이즈만 변경됩니다.

03 프로크리에이트

[동작 🔧]–[캔버스]–[잘라내기 및 크기변경]을 터치합니다. [설정]에서 사이즈와 해상도를 확인하고 수정할 수 있습니다.

TIP **프로크리에이트 설정 알아보기**

- 캔버스 리샘플 : 활성화한 상태에서 사이즈를 수정하면 이미지와 캔버스 크기가 함께 수정됩니다. 비활성화한 상태에서 사이즈를 수정하면 캔버스 크기만 수정됩니다.
- 스냅 : 이미지를 드래그하여 수정하는 경우 격자에 물린 것처럼 끊어서 수정됩니다.

TIP **사이즈만 확인하기**

❶ [동작 🔧]–[캔버스]–[캔버스 정보]를 터치합니다. ❷ [크기]를 터치하면 ❸ 사이즈와 해상도는 확인할 수 있지만 수정은 할 수 없습니다. [물리적 너비], [물리적 높이]란 실물의 가로, 세로의 크기를 말합니다.

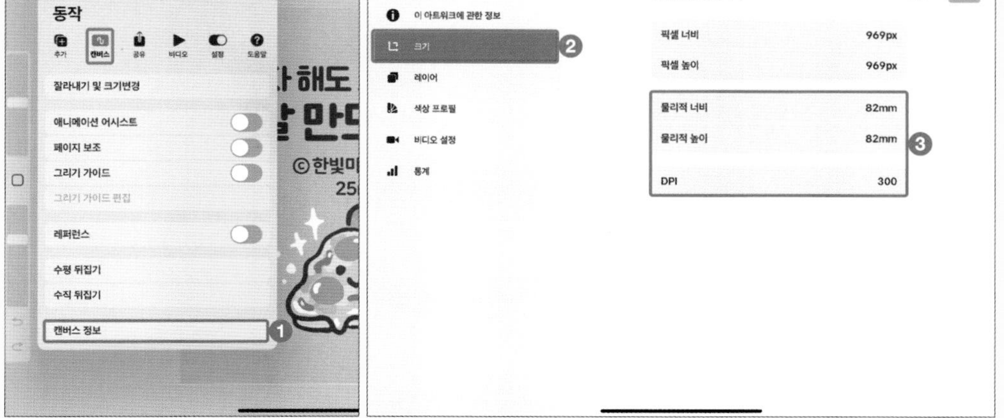

Expand(확장)

일러스트레이터에서 직접 선택 도구 ▷ 로 ⓐ 패턴을 적용한 면을 클릭하면 외곽에 타원형의 패스 선이 있고 안쪽의 체크 무늬에는 패스 선이 없습니다. ⓑ Blend를 적용한 경우도 왼쪽의 원과 오른쪽의 별만 패스 선이 있고 중간 오브젝트는 패스 선이 없습니다. ⓒ Brush와 ⓓ Effect를 적용한 오브젝트도 마찬가지입니다. 이처럼 오브젝트에 효과를 적용하면 완벽한 패스로 보이지 않습니다. 이런 경우 확장해서 완벽한 패스로 만들어야 합니다. [Expand(확장)]하지 않고 업체에 보냈을 경우 오류가 발생할 가능성이 커집니다. 굿즈 종류에 따라 제작 자체가 불가능한 경우도 있습니다.

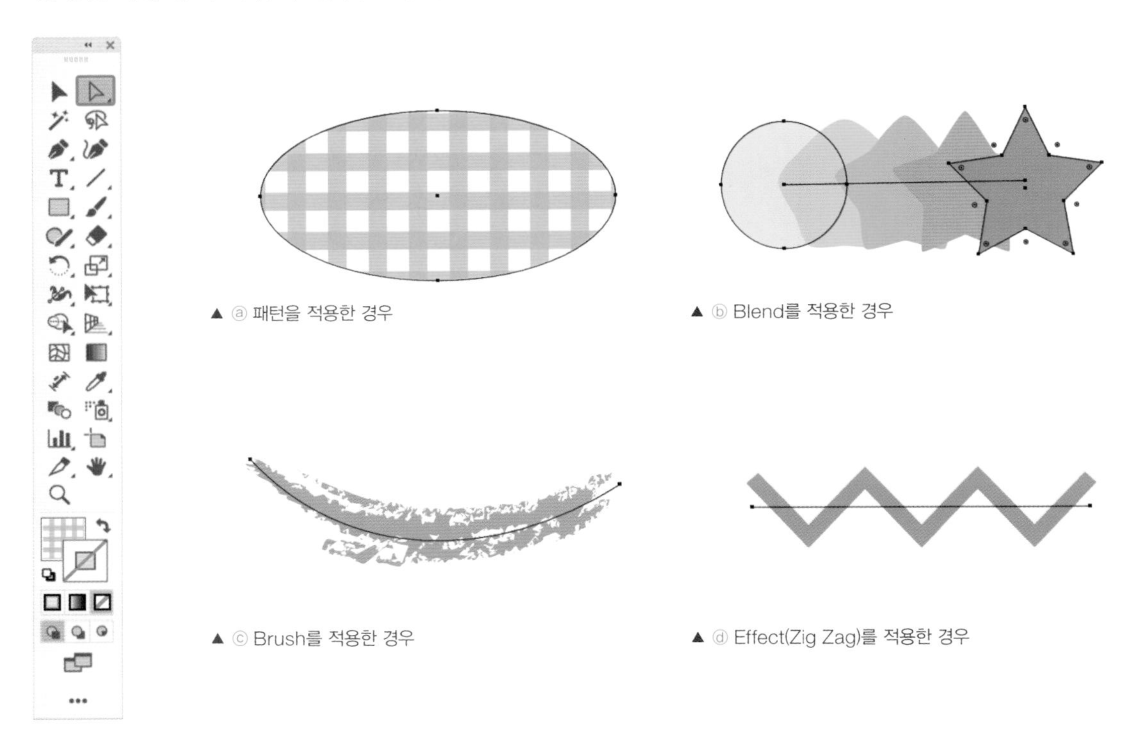

▲ ⓐ 패턴을 적용한 경우

▲ ⓑ Blend를 적용한 경우

▲ ⓒ Brush를 적용한 경우

▲ ⓓ Effect(Zig Zag)를 적용한 경우

TIP 외곽선(Outline)으로 보는 방법

오브젝트를 선택하고 Ctrl + Y 를 누르면 외곽선으로만 보여서 패스가 어떻게 생겼는지 쉽고 확실하게 확인할 수 있습니다. 다시 Ctrl + Y 를 누르면 원래대로 돌아옵니다. [View]-[Outline]을 선택해도 외곽선으로만 보입니다.

01 Expand(확장)

❶ 패턴이 적용된 오브젝트를 클릭하고 ❷ [Object]–[Expand(확장)]를 클릭합니다. ❸ [Expand] 대화상자가 나타나면 [OK]를 클릭합니다. ❹ 직접 선택 도구 ▷ 를 선택하고 ❺ 오브젝트를 드래그 합니다. 체크 무늬가 사각형으로 모두 분리되어 완벽한 패스가 되었습니다. 현재 클리핑 마스크가 적용되어 있어 원 부분만 보이는 것입니다.

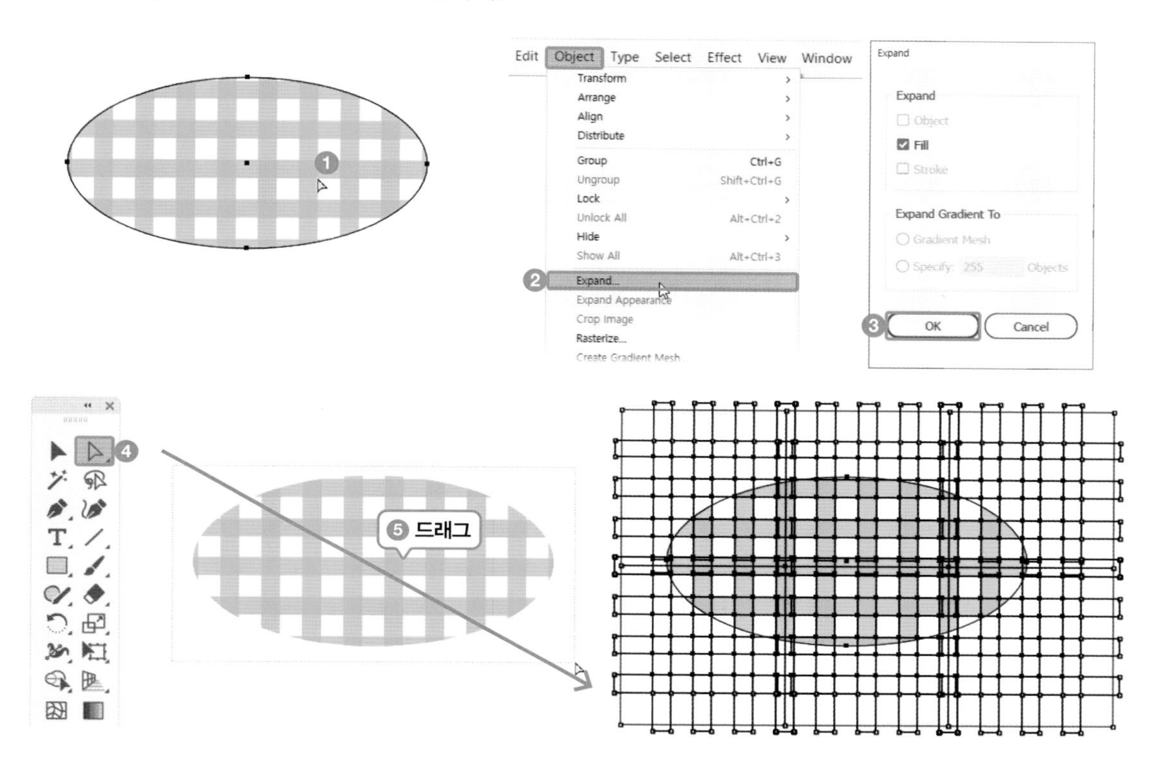

02 Expand Appearance(모양 확장)

❶ Effect가 적용된 선을 선택하고 ❷ [Object]를 클릭합니다. ❸ [Expand]가 비활성화되어 클릭할 수 없는 경우에는 [Expand Appearance(모양 확장)]를 클릭하고 ❹ [OK]를 클릭하면 완벽한 패스가 됩니다.

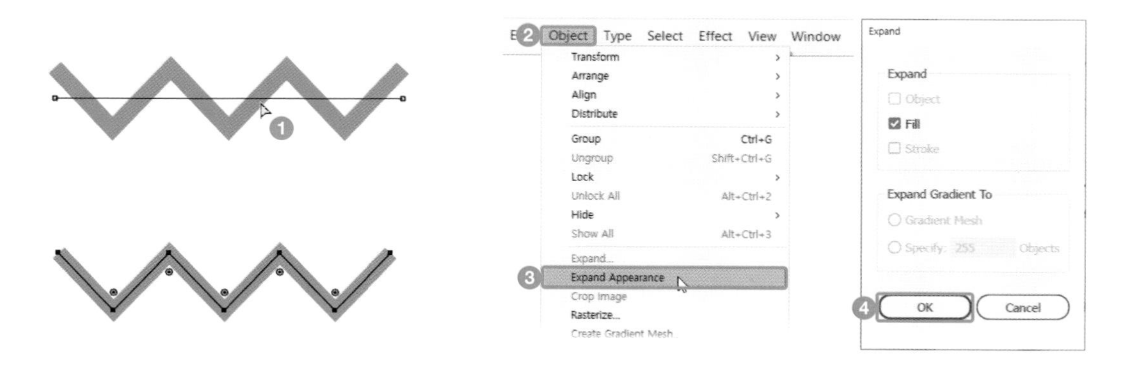

[Expand]와 [Expand Appearance]의 차이점

[Window]-[Appearance(모양)]를 선택하면 [Appearance] 패널이 나타납니다. [Effect]가 적용된 선을 선택해보면 [Appearance] 패널에 어떤 효과가 적용되었는지 표시됩니다. 이처럼 [Appearance] 패널에 효과가 표시되어 있다면 [Expand]는 비활성화되고 [Expand Appearance]만 선택할 수 있습니다. [Expand]가 비활성화되어 있다면 [Expand Appearence]를 선택합니다. 두 개의 결과는 같습니다.

Over Print(겹쳐 찍기)

오버 프린트는 '겹쳐 찍기'라는 뜻입니다. 아래의 이미지에서 ⓐ는 일러스트레이터 원본 파일입니다. 이것을 오버 프린트로 설정한 다음 인쇄소에 넘기면 ⓑ처럼 면이 겹쳐서 인쇄됩니다. 겹쳐서 인쇄되면 흰색 면은 완전히 사라지는 특징이 있습니다. 오버 프린트는 일러스트레이터, 인디자인에서 설정할 수 있습니다. 일러스트레이터, 인디자인에서 작업했다면 업체에 파일을 넘기기 전에 오버 프린트된 부분이 있는지 확인해야 합니다. 참고로 오버 프린트는 특별히 겹쳐서 찍어야 할 경우에만 사용하는 인쇄 방식이며 대부분은 사용하지 않습니다. 필요할 경우 업체와 상담을 한 후에 진행하기를 권장합니다.

▲ ⓐ 원본

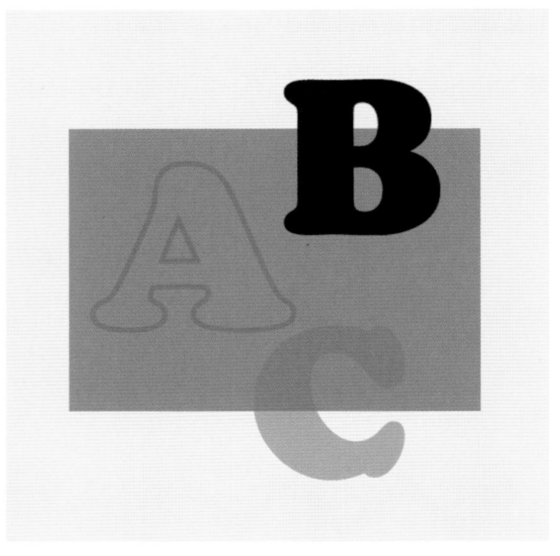
▲ ⓑ 오버 프린트된 인쇄물

01 일러스트레이터에서 파일을 열고 [View]–[Overprint Preview]를 선택하면 오버 프린트된 곳이 보입니다.

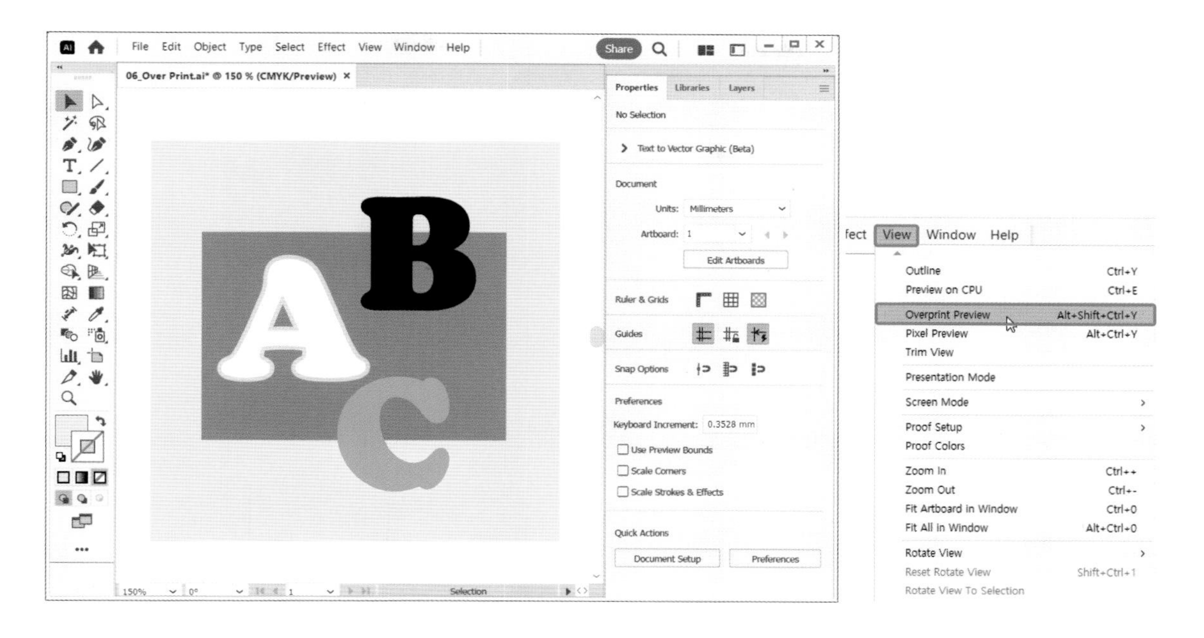

02 지금처럼 겹쳐진 부분이 보이면 오버 프린트가 설정된 것입니다. 아무런 변화가 없다면 오버 프린트된 곳이 없는 것입니다.

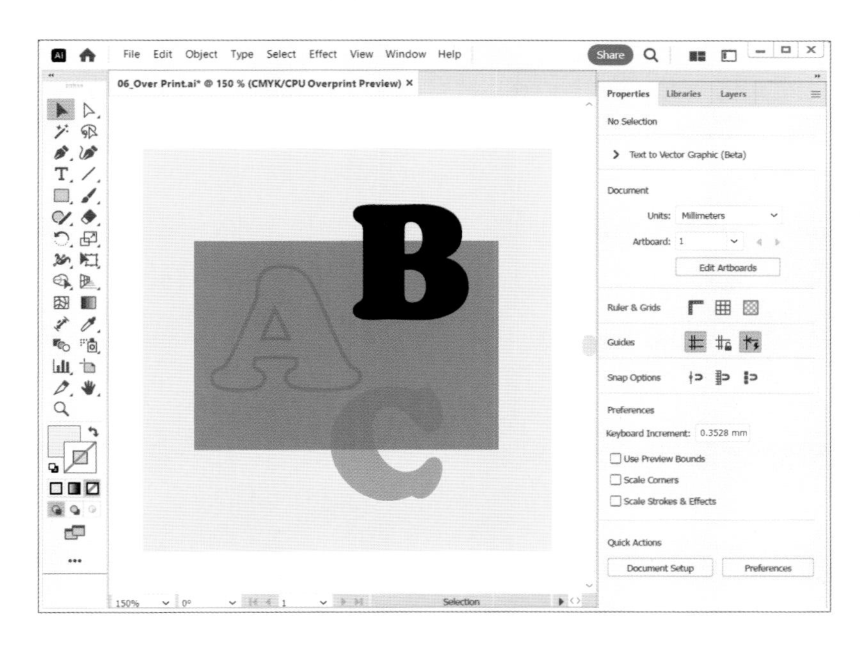

03 오버 프린트를 해제해보겠습니다. ❶ [Window]-[Attributes]를 선택합니다. ❷ 'A'를 클릭하고 ❸ [Attributes] 패널에서 체크를 모두 해제합니다. ❹ 체크를 해제하면 겹쳐서 보이지 않습니다.

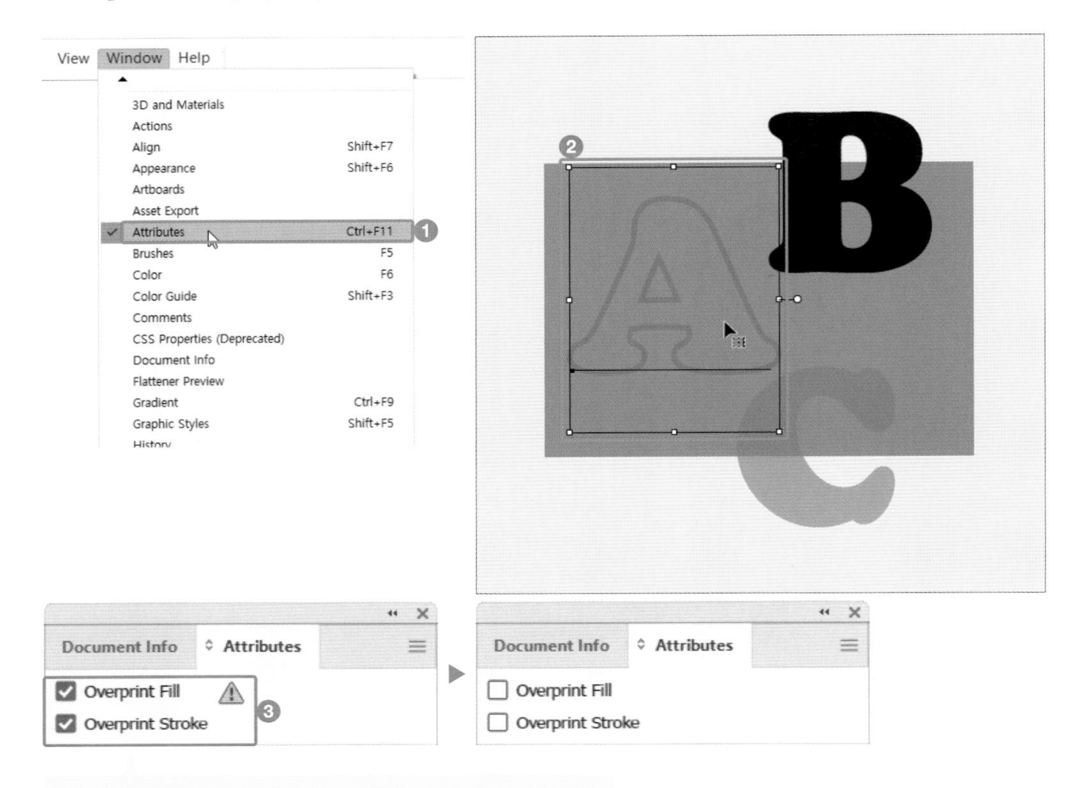

면(Fill)과 선(Stroke) 모두 오버 프린트되어 있어 두 곳에 체크가 되었습니다.

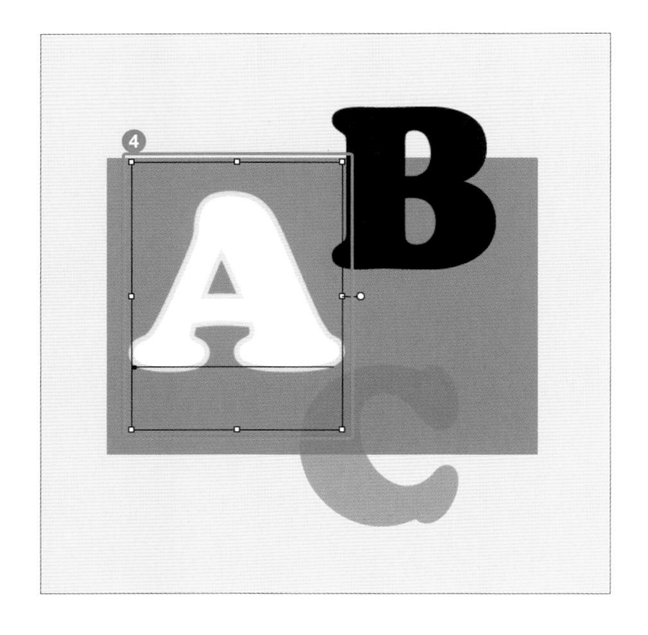

04 같은 방법으로 겹쳐져 있는 다른 부분들도 모두 체크를 해제합니다.

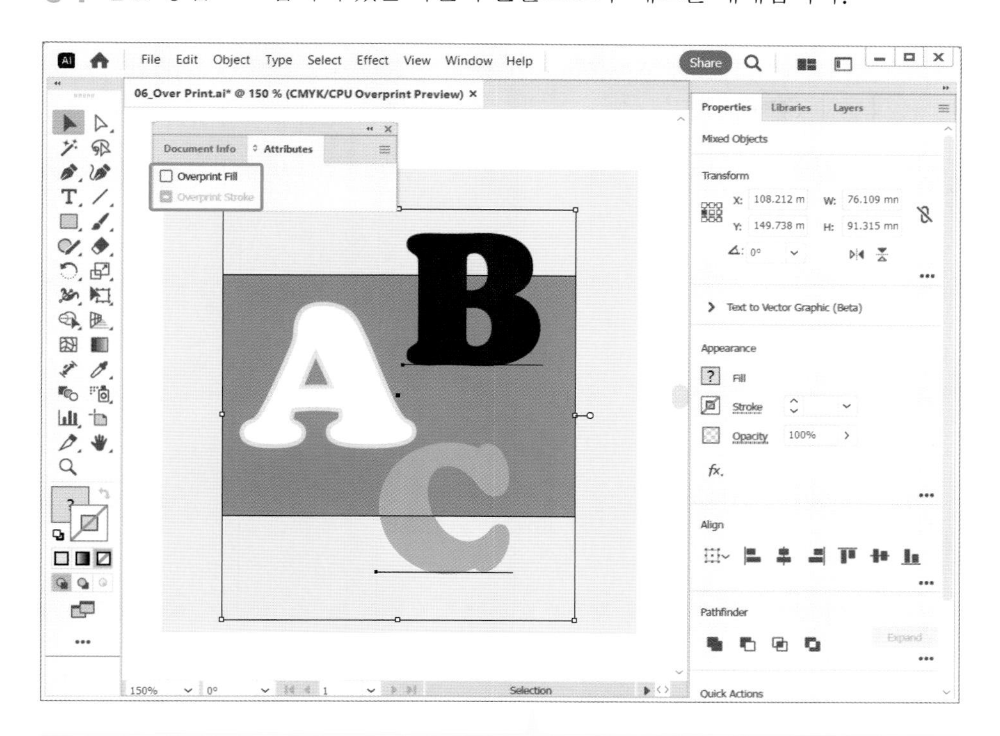

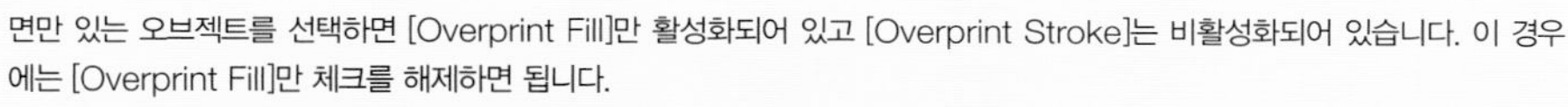
면만 있는 오브젝트를 선택하면 [Overprint Fill]만 활성화되어 있고 [Overprint Stroke]는 비활성화되어 있습니다. 이 경우에는 [Overprint Fill]만 체크를 해제하면 됩니다.

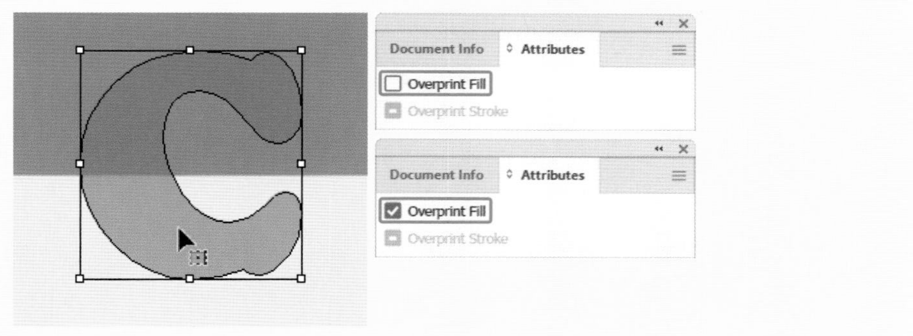

레이어 합쳐서 보내기

프로크리에이트, 포토샵에서 작업한 PSD 파일로 주문하는 경우 레이어를 하나로 합쳐서 보내는 것이 안전합니다. 레이어를 합쳐서 보내지 않는 경우에는 텍스트, 레이어 스타일, 외부 이미지 링크 등 여러 가지 오류가 발생할 수 있으므로 레이어를 합쳐서 보내는 것을 적극 권장합니다. 대부분의 제작 업체도 레이어를 합쳐서 보내달라고 가이드하고 있습니다. 레이어를 합쳐서 보내는 방법은 060쪽을 참고합니다.

선은 면으로 만들기

일러스트레이터에서 선으로 되어 있는 부분은 면으로 바꾸어서 인쇄소에 넘겨야 안전합니다. 선을 면으로 변경하지 않아도 대부분 제작이 가능하지만 선 두께가 다르게 나올 가능성이 있습니다. 특히 내가 만든 파일에서 크기가 변경되어 제작되는 경우에는 반드시 선을 면으로 바꾸어서 보내야 합니다. 선을 면으로 바꾸는 방법은 156쪽을 참고합니다.

02 LESSON RGB를 CMYK로 바꾸는 방법

그림이나 사진은 대부분 RGB입니다. 아이패드 드로잉의 인기가 높아지면서 더더욱 RGB로 그림을 그리는 경우가 많아졌습니다. 그러나 굿즈는 대부분 CMYK로 제작되므로 색상 모드를 RGB에서 CMYK로 바꾸어 주문해야 합니다. 포토샵과 일러스트레이터에서 색상 모드를 확인하고 바꾸는 방법을 알아보겠습니다.

포토샵에서 색상 모드 확인하기

준비 파일 | 10색상모드_준비1.psd

완성 파일 | 10색상모드_완성1_1.psd, 10색상모드_완성1_2.psd

파일 탭에 색상 모드가 표시되어 있습니다. 현재 색상 모드는 RGB입니다.

그러나 파일 탭에 RGB와 CMYK가 함께 표시되는 경우도 있습니다. RGB 파일을 열고 Ctrl + Y 를 누르면 파일 탭에 CMYK도 함께 표시되며 이미지가 CMYK 색상으로 보입니다. 그러나 파일의 색상 모드는 RGB이며 이 파일이 CMYK로 변경되었을 때의 색상을 미리 보여주는 것입니다. 다시 Ctrl + Y 를 누르면 파일 탭에서 CMYK가 사라지고 이미지가 RGB 색상으로 보입니다.

TIP Ctrl + Y 는 [View]-[Proof Colors]의 단축키입니다. 다른 색상 모드로 미리 보고 싶을 때 사용합니다.

포토샵에서 색상 모드 변경하기

❶ [Image]-[Mode] 메뉴를 선택하고 ❷ [CMYK Color]를 클릭합니다. ❸ 레이어에 관한 경고창이 나타나면 [Don't Merge]를 클릭합니다. ❹ 색상 프로필에 관한 경고창이 나타나면 [OK]를 클릭합니다.

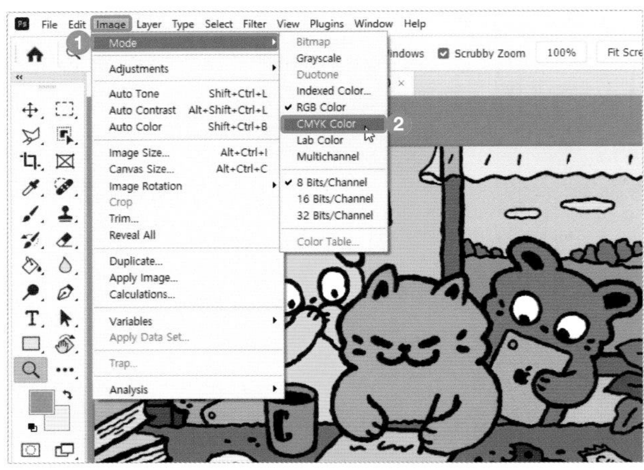

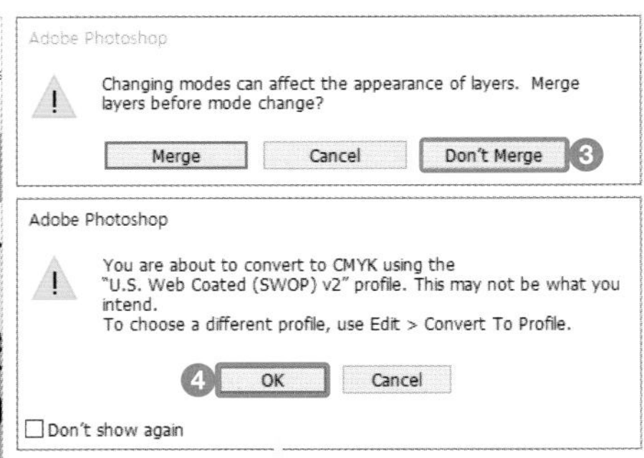

빨간고래의 포토샵에서는 [U.S. Web Coated (SWOP) v2]가 기본 색상 프로파일로 설정되어 있습니다. 그래서 기본 설정된 색상 프로파일로 변경한다는 경고창입니다. 포토샵에서 색상 프로파일을 설정하는 방법은 032쪽을 참고합니다.

❺ CMYK 모드로 변경됩니다.

포토샵에서 채도와 명도 조절하기

RGB에서 CMYK로 수정을 하면 전체적으로 채도와 명도가 조금 내려가서 약간 칙칙하게 보입니다. 번거롭더라도 레이어를 선택하고 채도와 명도를 수정하면 되지만, 레이어의 개수가 많다면 이렇게 수정하기는 어렵습니다. 예를 들어 레이어의 수가 300개 이상이라면 이것을 하나하나 선택해서 수정하는 것은 엄청난 노동입니다. 이때 빨간고래가 사용하는 두 가지 방법이 있습니다. 이 방법 모두 완벽한 수정이라고 할 수는 없지만 엄청난 노동을 줄이는 방안이 될 수 있습니다.

01 블렌딩 모드를 이용하여 수정하기

❶ [Layers] 패널에서 ⊞를 클릭해 새 레이어를 추가합니다. ❷ 추가한 새 레이어는 [Layers] 패널 맨 상단에 위치해야 합니다. ❸ [Color] 패널에서 색상 슬라이더바를 맨 아래로 내립니다. 빨간색이 선택됩니다. ❹ 오른쪽 상단 모서리를 클릭합니다. 오른쪽 상단 모서리를 클릭하면 가장 높은 채도가 선택됩니다.

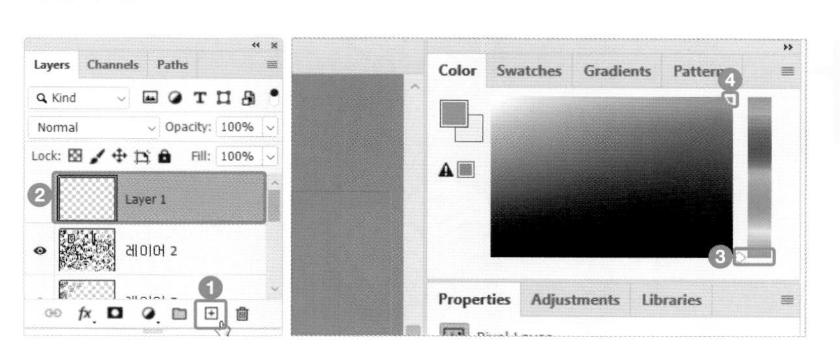

≡를 클릭하고 [Hue Cube]를 선택하면 색상 슬라이더바와 명암 단계가 보입니다.

❺ Alt + Delete 를 누르면 전체가 빨간색으로 채워집니다.

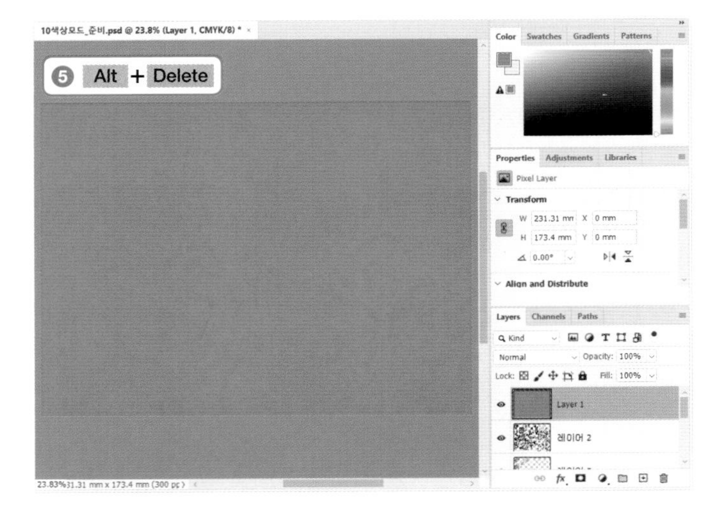

TIP [Color] 패널에서 색을 선택해도 되지만 도구바 하단의 전경색을 더블클릭하고 [Color Picker]에서 색을 선택해도 됩니다.

❻ [Layers] 패널에서 [Saturation]을 선택합니다. 전체적으로 채도가 올라갑니다.

❼ 도구바에서 지우개 도구 를 클릭하고 ❽ 회색 부분을 드래그하여 지웁니다. 채도가 올라가면서 회색에 색상이 적용되었기 때문입니다. ❾ 같은 방법으로 회색이었던 부분을 지웁니다.

02 레이어를 모두 합쳐서 수정하기

이번에는 두 번째 방법으로 명도와 채도를 수정해보겠습니다.

❶ Ctrl + A 를 눌러 전체 선택합니다. ❷ Ctrl + Shift + C 를 누르고 ❸ Ctrl + V 를 누릅니다. ❹ [Layers] 패널에 레이어가 복제됩니다. 복제된 레이어는 맨 상단에 위치해야 합니다.

Ctrl + Shift + C 는 [Edit]–[Copy Merged]의 단축키입니다. 보이는 모든 레이어를 합쳐서 복제하는 기능입니다.

⑤ Ctrl + U 를 누릅니다. ⑥ [Saturation]의 슬라이더바를 오른쪽으로 옮기고 ⑦ [OK]를 클릭합니다. 채도가 올라갑니다.

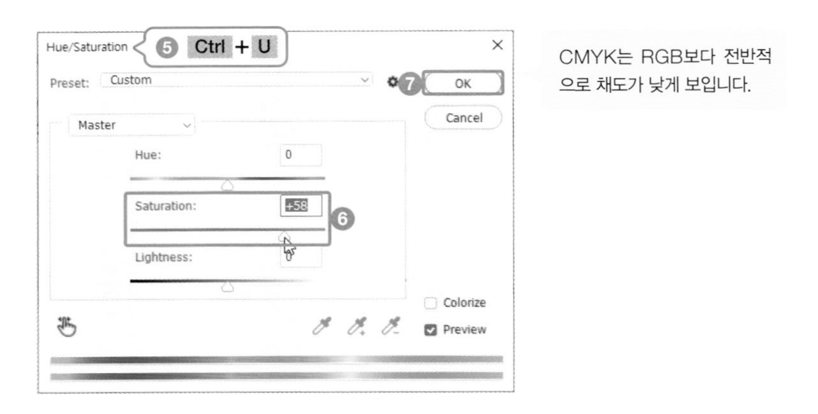

CMYK는 RGB보다 전반적으로 채도가 낮게 보입니다.

⑧ Ctrl + M 을 누릅니다. ⑨ 그래프의 가운데를 아래쪽으로 살짝 내리고 ⑩ [OK]를 클릭합니다. 전체적으로 밝아집니다.

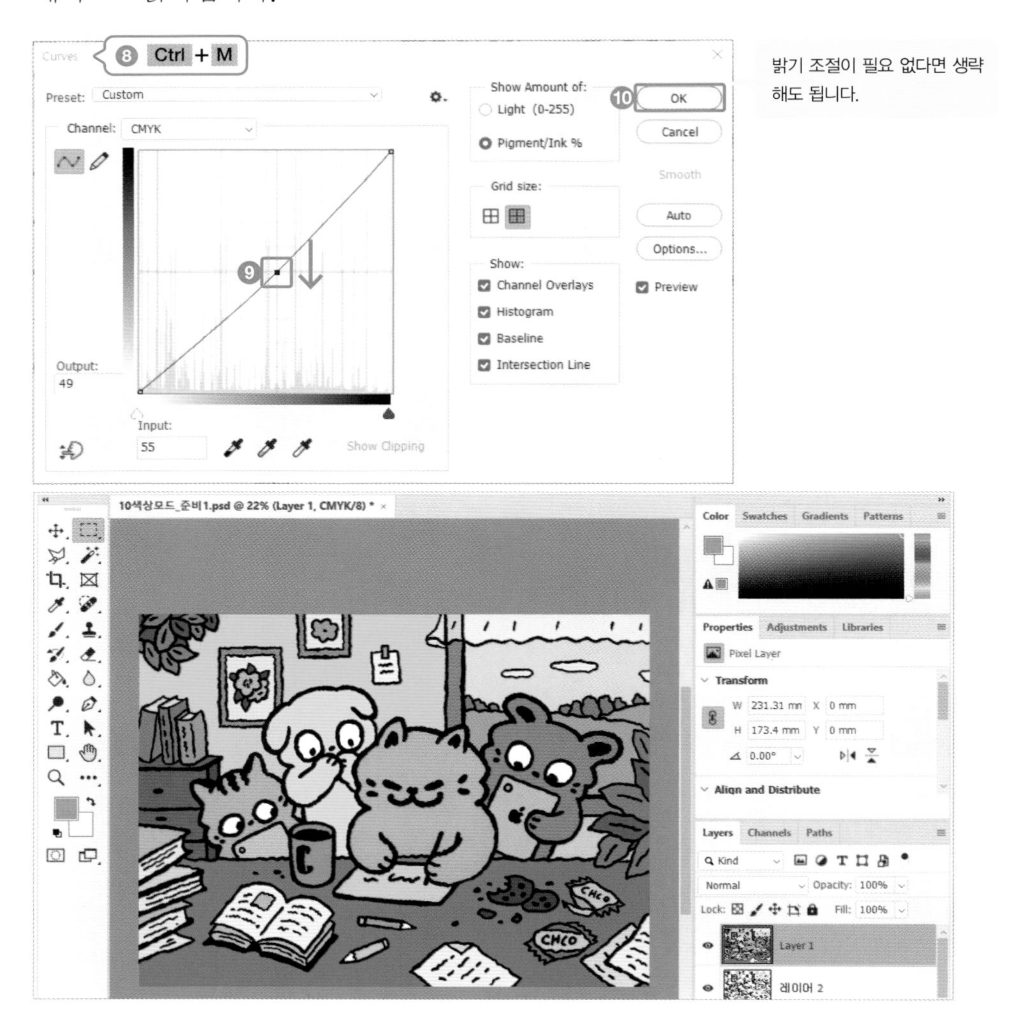

밝기 조절이 필요 없다면 생략해도 됩니다.

일러스트레이터에서 색상 모드 확인하기

준비 파일 | 10_색상모드_준비2.ai

완성 파일 | 10_색상모드_완성2.ai

일러스트레이터도 포토샵처럼 파일 탭에서 색상 모드를 확인할 수 있습니다. 현재 RGB입니다.

일러스트레이터에서 색상 모드 변경하기

[File]–[Document Color Mode]–[CMYK Color]를 선택하면 CMYK로 변경됩니다.

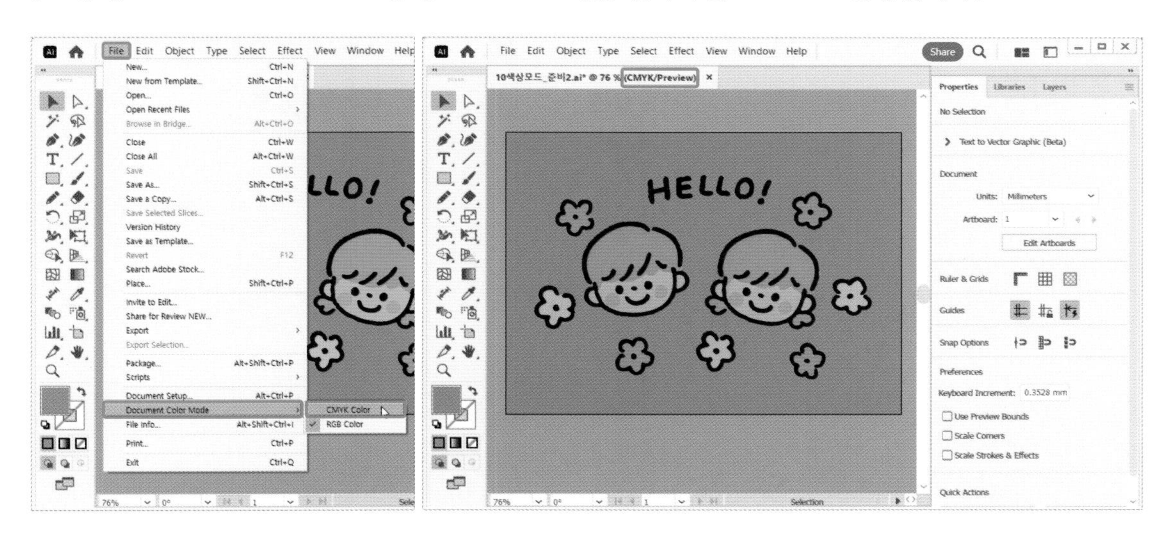

일러스트레이터에서 색상 보정하기

일러스트레이터에서 색상을 보정하는 방법은 포토샵이나 프로크리에이트만큼 수월하지는 않습니다. 패스를 개별 선택하여 색상값을 다시 입력하는 방법이 제일 좋습니다. 그러나 색이 많다면 [Recolor] 기능을 추천합니다. 완벽하지는 않지만 급할 때 요긴하게 사용하는 방법입니다.

❶ Ctrl + A 를 눌러 모두 선택한 후 ❷ [Properties] 패널에서 [Recolor]를 클릭합니다.

[Properties] 패널이 없는 구버전 사용자라면 화면 상단에 있는 색상환을 클릭합니다.

❸ 하단에 있는 [Advanced Options]를 클릭합니다. ❹ [Recolor Artwork] 대화상자에서 [Edit]를 클릭합니다. ❺ 링크가 되어 있는지 확인합니다. ❻ ≡ 를 클릭하고 [Global Adjust]를 클릭합니다.

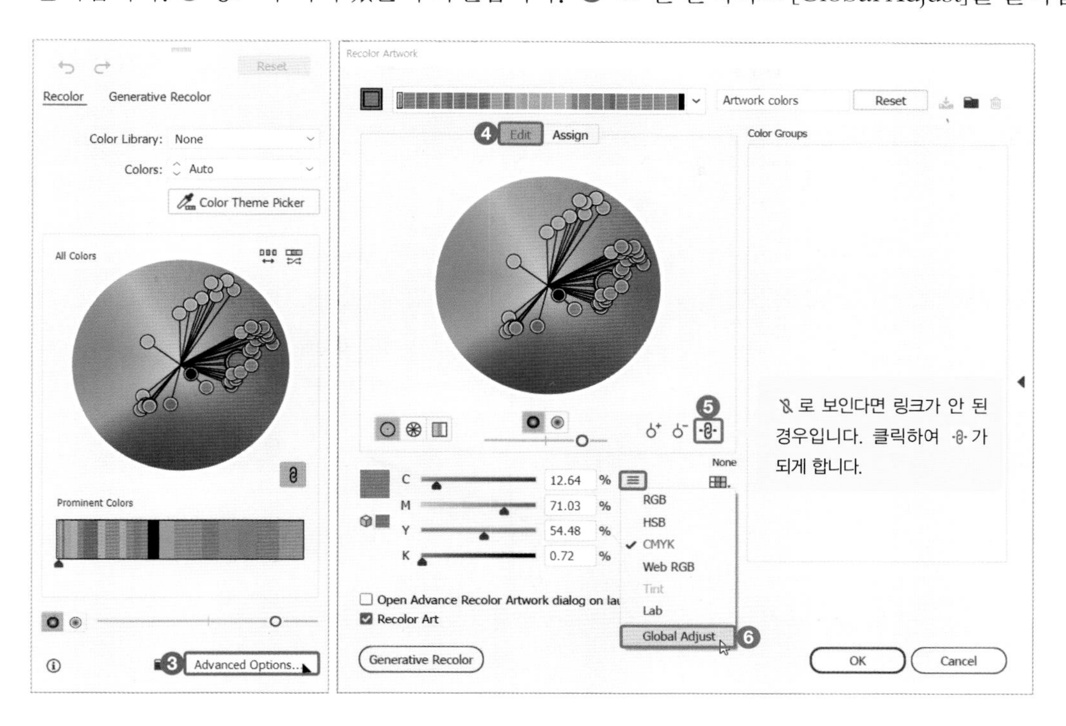

❼ [Saturation]의 슬라이더바를 오른쪽으로 옮깁니다. 채도가 올라갑니다. ❽ [Brightness]의 슬라이더바도 오른쪽으로 옮깁니다. 명도가 올라갑니다. ❾ [OK]를 클릭합니다.

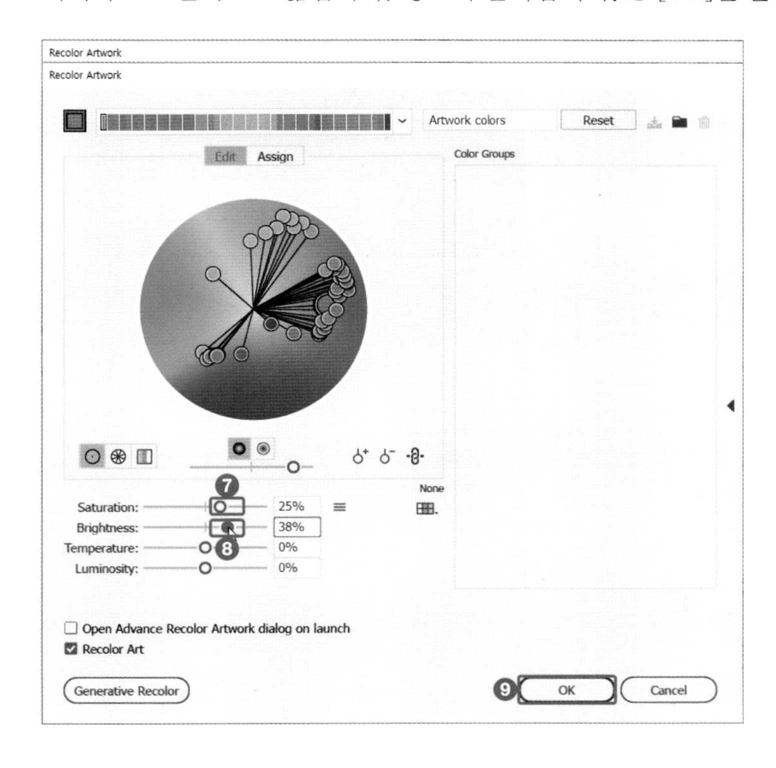

채도와 명도가 수정되었습니다.

빨간고래의 특별한 영상 강의 | **프로크리에이트에서 색상 모드 확인하고 변경하기**

프로크리에이트에서 색상 모드를 확인하고 변경하는 방법은 영상으로 제공됩니다. 아래 QR 코드나 링크로 접속해서 영상을 시청해주세요.

• **링크** | https://naver.me/583oYZCQ

LESSON 03

색상 프로파일의 종류

색상은 크게 RGB와 CMYK로 나뉘며 여러 가지 색상 프로파일이 있습니다. 실무에서 주로 사용되는 색상 프로파일에 대해 알아보겠습니다.

RGB

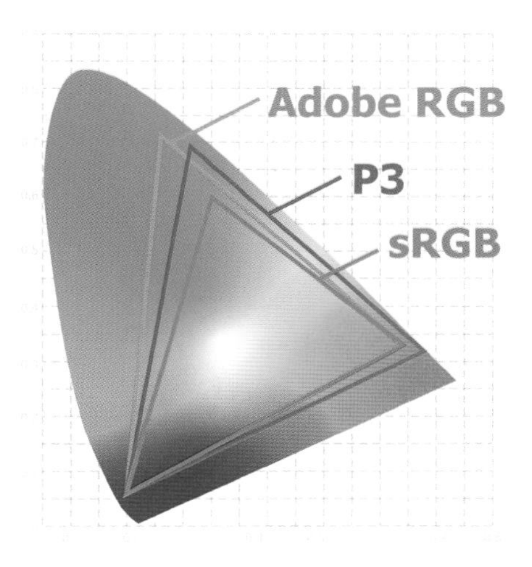

sRGB

현재 가장 많이 사용되고 있는 색상 프로파일입니다. 웹용 이미지는 대부분 sRGB 색상 프로파일을 사용하고 있으며 어도비 앱을 처음 실행하면 이 색상 프로파일이 기본적으로 설정되어 있습니다. 다양한 디바이스에서 보아도 색상 차이가 덜 나타나기 때문에 안정적입니다. 단점은 그림에서 확인할 수 있듯이 색 공간이 좁아서 다른 색상 프로파일에 비해서 색이 덜 선명합니다. 또한 CMYK로 변환하면 색상 차이가 크게 나타납니다.

P3

sRGB보다 약 25% 정도 더 많은 색이 구현되기 때문에 더 선명하고 생생한 느낌을 줍니다. 앞의 그림에서도 알 수 있듯 sRGB보다 공간이 더 넓습니다. 다만 P3로 작업하면 P3를 지원하는 기기를 사용해야만 제대로 된 색을 볼 수 있다는 단점이 있습니다. P3를 지원하지 않는 기기에서 색을 보는 경우 붉은색 부분의 채도가 떨어져 보입니다. 그러나 현재 P3 수요가 점점 늘고 있어서 새로 나오는 기기들은 P3를 지향하고 있습니다. 앞으로 많이 사용하게 될 색상 프로파일입니다.

TIP DCI(Digital Cinema Initiatives)-P3는 디지털 영화 상영을 위해 만든 색 공간입니다. 이를 애플사의 디스플레이에서 사용할 수 있도록 보정한 것이 Diplay P3입니다. 애플의 기기들은 Display P3가 기본 색상 프로파일로 설정되어 있습니다.

Adobe RGB(1988)

sRGB의 단점을 해결하고자 출시된 색상 프로파일입니다. 예를 들어 sRGB로 작업한 이미지를 CMYK로 변환하면 색상 차이가 큽니다. 그림에서 확인할 수 있듯이 Adobe RGB는 색 공간이 sSRGB보다 더 넓습니다. 그래서 Adobe RGB의 이미지를 CMYK로 변환하면 sRGB보다 차이가 덜합니다. 주로 웹용과 인쇄용 두 목적으로 작업할 때 사용되는 색상 프로파일입니다. 그러나 Adobe RGB로 작업을 하려면 Adobe RGB를 지원하는 모니터를 사용해야 색을 제대로 볼 수 있습니다.

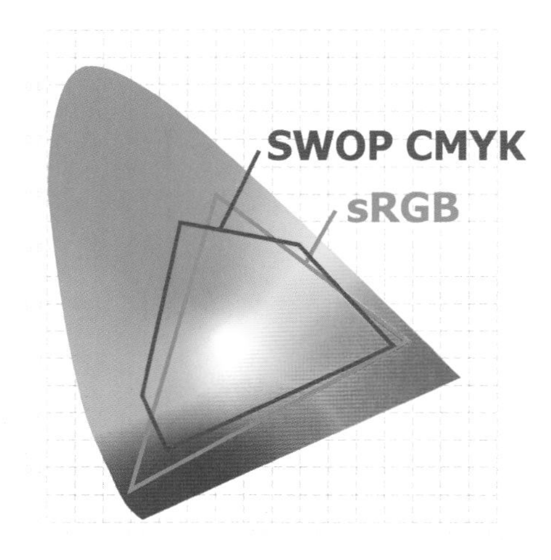

U.S. Web Coated (SWOP) v2

미국의 인쇄 환경에 적합한 색상 프로파일입니다. 국내에서 많이 사용되고 있습니다. U.S. Web 관련하여 다음과 같은 여러 색상 프로파일들이 있습니다.

- U.S. Web Coated (SWOP) v2
- U.S. Web UnCoated
- U.S. Sheetfed Coated v2
- U.S. Sheetfed UnCoated v2

이름 안에 있는 'Web'은 윤전기를 뜻합니다. 윤전기란 종이가 두루마리 휴지처럼 롤로 말려서 들어가는 기기를 말합니다. 반면 낱장으로 된 종이가 들어가는 기기를 매엽기라 하며 'Web' 대신 'Sheetfed'로 표기됩니다. 'Coated'의 의미는 코팅된 용지에 인쇄를 하는 경우를 말합니다. 코팅이 되지 않은 종이는 'Uncoated'로 표기됩니다. 코팅지와 비코팅지가 잉크를 흡수하는 양이 달라서 구분해놓은 것입니다.

그러나 실무에서는 세세하게 구분하여 사용하지 않고 U.S. Web Coated (SWOP) v2로 보내달라고 하는 업체가 많습니다. 예를 들어서 비코팅지인 모조지에 인쇄를 하더라도 U.S. Web Coated (SWOP) v2로 보내달라고 합니다. Web/Sheetfed, Coated/UnCoated를 구분하여 사용하는 이유는 잉크가 종이에 고르게 찍히도록 하기 위함입니다. 그러나 기장님의 재량, 인쇄기의 품질, 세팅 방식 등에 따라 인쇄 품질이 달라질 수 있기 때문에 인쇄소에서 요구하는 색상 프로파일로 작업해서 보내는 것이 더욱 안전합니다.

Japan Color 2001 Coated / Japan Color 2001 Uncoated

일본 인쇄 환경에 적합한 색상 프로파일입니다. 국내에서 많이 사용되고 있습니다.

ISO coated V2

ISO(International Standard Organization)에서 배포한 표준 색상 프로파일입니다. 국내에서는 U.S. Web Coated (SWOP) v2만큼 많이 사용되고 있지는 않지만 유럽에서 많이 사용되고 있는 색상 프로파일입니다. 어도비 앱의 경우 ISO coated V2 색상 프로파일을 지원하고 있지는 않습니다. 그래서 ISO coated V2를 사용해야 하는 경우에는 Coated FOGRA39를 대신 사용하는 것을 권장합니다. ISO coated V2는 FOGRA39를 기반으로 만들어졌기 때문입니다.

실무에서 많이 사용하는 종이를 소개하겠습니다. 종이 종류는 무척 많습니다. 여기서 소개한 종이 외에 인쇄소나 종이를 파는 지류사에서 제공하는 종이 샘플을 보고 골라도 됩니다. 단, 처음 사용해 보는 특이한 종이라면 예상했던 것과 다르게 나올 가능성이 있으므로 테스트 인쇄는 필수입니다.

일반 지류

아트지

실무에서 가장 많이 사용되는 종이입니다. 표면이 매끄럽고 광택이 있습니다. 가성비가 좋습니다. 주로 잡지, 달력, 팸플릿, 스티커 뒷대지에 사용됩니다. 지금 이 책의 표지도 '아트지 300g'입니다.

스노우지

표면이 매끄럽지만 아트지처럼 광택이 있지 않아서 차분한 느낌이 듭니다. 인쇄 품질은 아트지와 비슷합니다. 일반 지류로 아트지와 스노우지가 제일 많이 사용됩니다. 지금 이 책의 내지도 '스노우화이트지 100g'입니다.

모조지

주변에서 흔히 볼 수 있는 A4 복사용지입니다(예 : DoubleA, 80g). 코팅 처리가 되지 않았기 때문에 광택이 없고 종이의 결이 느껴지는 저렴한 종이입니다. 아트지에 비해 선명하게 인쇄되지는 않지만 연필로 썼을 때 사각사각 소리가 나면서 잘 써지고 잘 지워지며 가벼워서 노트, 학습지, 교과서에 적합합니다. 모조지는 백상지, 백모조라고 불리기도 합니다.

뉴플러스

모조지에 약간의 코팅이 더해진 종이입니다. 모조지보다 더 선명하며 살짝 광택이 있습니다. 만져보면 모조지와 같은 결이 느껴집니다. 이미지가 많은 책, 학습지, 잡지에 사용됩니다.

고급 지류

랑데뷰

고급 지류 중에서 가장 많이 사용되는 종이입니다. 만져보면 은은하고 고운 종이의 결이 느껴져서 부드럽습니다. 잉크 마름도 빠른 편이고 선명하게 나옵니다. 가장 큰 장점은 가성비입니다. 그래서 고급 종이를 선택할 때 여러 종이들을 비교해보면서 고민하다가 결국에는 랑데뷰를 선택하는 경우가 많습니다. 수요가 많은 종이라 인쇄소, 지업사의 물량 확보가 잘 되어 있는 국내산(삼화제지) 종이입니다.

> TIP **'랑데뷰 내츄럴'과 '랑데뷰 울트라 화이트'의 차이점은 뭔가요?**
>
> 종이 이름 뒤에 '내츄럴(미색)' 또는 '울트라 화이트(백색)'이라는 단어가 붙을 때가 있습니다. 내츄럴은 연한 미색(베이지색)을 띠고 있어 눈의 피로가 덜합니다. 반면 울트라 화이트는 순백색에 가까워 조금 더 정확한 색상 표현이 가능합니다.

반누보

많이 사용되는 고급 수입지입니다. 손으로 만져보면 질감이 랑데뷰와 비슷합니다. 색이 풍부하게 표현되며 고르게 인쇄됩니다. 반누보는 다른 고급지에 비해 광택이 덜 나서 은은하고 차분한 느낌이 듭니다.

몽블랑

몽블랑 또한 랑데뷰와 비슷합니다. 만져보면 랑데뷰에 비해 조금 더 촉촉한 느낌이 듭니다. 인쇄가 선명하게 잘 되는 국내산(한솔제지) 고급지입니다.

띤또레또

수채화 용지처럼 오돌토돌한 엠보가 있는 종이입니다. 종이의 결이 러프한 편이라서 그림을 인쇄하면 원화처럼 느껴집니다. 또 종이를 세워두면 다른 종이보다 덜 휘고 내구성이 좋습니다. 단점으로는 엠보가 있어서 코팅, 박과 같은 후가공은 추천하지 않습니다.

매쉬멜로우

매우 매끄러운 종이입니다. 마치 무광 코팅한 것처럼 매끄럽지만 광택이 없고 은은합니다. 광택이 덜 나면서 매끄러운 종이를 원할 때 사용됩니다.

특수 지류

크라프트지

갈색의 친환경 용지입니다. 거칠고 빈티지한 느낌이 들며 질긴 강도를 가지고 있습니다. 얼핏 보면 저렴하게 느껴질 순 있으나 실제로 저렴하지는 않습니다. 아날로그적인 느낌도 들고 자연스러운 인상을 줄 수 있는 종이입니다. 종이 자체가 갈색이라서 풀 컬러 인쇄보다는 1~2도 인쇄를 추천합니다.

얼스펙

사탕수수 바가스(Bagasse) 펄프로 만들어진 친환경 종이입니다. 나무가 아닌 사탕수수에서 설탕을 생산할 때 버려지는 잔여물로 만들어졌습니다. 크라프트지보다 더 밝기 때문에 인쇄하기에 더 수월합니다. 두께감이 있어서 패키지로 많이 사용됩니다.

스타드림

반짝이는 펄지입니다. 펄이 있어서 화려하고 특이한 인상을 줄 수 있습니다. 명함이나 청첩장에 주로 사용됩니다. 단, 펄이 있어서 보는 각도에 따라 인쇄물의 색이 연해 보이기도 합니다. 스타드림은 펄의 종류에 따라 골드, 실버, 쿼츠, 크리스탈로 나뉩니다. 스타드림 외에도 펄지는 다양합니다. 마제스틱, 시리오펄 등이 있고 펄 입자의 크기, 반짝이는 강도, 매끄러운 정도가 다릅니다.

대례지

한지 느낌이 나는 종이입니다. 전통적인 인쇄물을 만들 때 잘 어울립니다.

TIP **'아트지 250g'처럼 종이 이름 뒤 숫자는 두께를 의미하나요?**

숫자가 높을수록 종이가 두꺼워집니다. 그래서 두께를 의미하는 것 같지만 그렇지 않습니다. 평량을 의미합니다. 평량은 1㎡ 당 무게를 말합니다. 예를 들어서 '아트지 250g'이라고 하면 가로 1m, 세로 1m인 아트지의 무게가 250g이라는 뜻입니다. 아트지 250g은 아트지 200g보다 더 무겁기 때문에 더 두껍습니다. 그래서 숫자가 높을수록 두꺼워집니다. 그러나 아트지 250g과 띤또레또 250g의 두께는 다릅니다. 종이의 밀도가 다르기 때문에 숫자가 같다고 해서 두께가 같은 것은 아닙니다.

TIP **FSC가 뭔가요?**

FSC가 표시되어 있는 종이들이 있습니다. 산림관리협회(Forest Stewardship Council)에서 인증한 목재로 제작되었다는 뜻입니다. 나무를 벨 때 막 베어버리는 것이 아니라 산림의 생태를 해치지 않도록 숲속의 나무를 드문드문 베어서 갖고 나오는 방식을 인증받은 것입니다. 시간과 노동력이 더 들어가지만 산림과 사람이 공존할 수 있는 방식입니다.

인쇄 방식은 크게 옵셋과 인디고(디지털)로 나뉩니다. 차이점을 살펴보고 나에게 맞는 인쇄 방식으로 주문합니다.

옵셋 인쇄

옵셋(Offset) 인쇄란?

판을 만들어 찍어내는 인쇄 방식을 말합니다. 우리가 만든 주문 파일로 판(CTP, Computer to plate)을 제작하고 고무 롤러를 이용하여 종이에 찍어냅니다. 가장 고전적인 인쇄 방식이며 디지털 인쇄에 비해 진하게 인쇄가 됩니다. 판(CTP)을 제작해야 하기 때문에 판 제작 비용이 발생합니다. 대량 제작은 저렴하고 소량 제작은 비쌉니다. 그래서 보통 대량 인쇄의 경우에는 옵셋 인쇄를 하고 소량 인쇄의 경우 인디고 인쇄를 합니다. 인쇄 업체의 사이트에서 견적을 내보고 가격을 비교해본 후 선택하길 권장합니다.

합판 인쇄 vs 독판 인쇄

옵셋 인쇄는 판(CTP)을 제작하므로 판 제작 비용이 발생합니다. 그래서 여러 주문자들의 파일을 모아 함께 판을 만들어 찍어내기도 합니다. 이것을 '합판 인쇄'라고 부릅니다. 공동으로 비용을 부담하기 때문에 매우 저렴합니다. 비용을 절감할 수 있다는 장점이 있지만 원하는 색을 제대로 맞추기에는 어렵다는 단점이 있습니다. 반대로 한 주문자의 파일로만 판을 제작하여 인쇄하는 것을 독판 인쇄라고 합니다. 합판 인쇄에 비해 비싸지만 원하는 색상으로 조절할 수 있습니다.

UV 옵셋 인쇄

UV 옵셋 인쇄는 인쇄한 다음에 자외선으로 잉크를 건조하는 방식입니다. 일반적으로 잉크가 종이에 닿으면 스며듭니다. 그러나 잉크가 완벽하게 마르지 않은 상태에서 갓 인쇄된 종이가 쌓이게 되면 종이끼리 잉크가 묻어나는 '뒤 묻음(Set off)'이 발생하기도 합니다. 그러나 UV 옵셋 인쇄는 잉크가 종이에 순간적으로 경화되기 때문에 뒤 묻음이 없습니다. UV 옵셋 인쇄는 종이 외의 재질(나무, 비닐, 플라스틱, 아크릴 등)에 사용되며 고급 지류 인쇄물도 UV 옵셋 인쇄를 합니다. 인쇄 품질은 일반 옵셋과 차이가 없습니다.

인디고 인쇄 (디지털)

인디고(Indigo) 인쇄란?

HP(Hewlett Packard)에서 만든 '인디고'라는 기계로 인쇄하는 것을 말합니다. 구글에서 'HP Indigo'로 검색을 해보면 거대한 기계를 볼 수 있습니다. 옵셋 인쇄처럼 판(CTP)을 만들지 않고 바로 종이에 인쇄합니다. 옵셋 인쇄물과 결과를 비교해보면 보통 옵셋 인쇄는 진하게 나오고, 인디고 인쇄는 약간 밝고 화사하게 나오는 편입니다. 또한 인쇄판(CTP)을 제작하지 않아도 되기 때문에 제작 속도가 빠릅니다. 가격은 소량일 경우 옵셋 인쇄보다 저렴하지만 대량일 경우에는 옵셋 인쇄가 더 저렴합니다.

TIP 본래 '인디고' 인쇄는 'Indigo Digital Press'라는 이스라엘의 인쇄기 회사에서 출발했습니다. 이 회사를 HP에서 인수하고 '인디고'라는 인쇄 기계를 출시하면서 히트를 쳤습니다. 독보적으로 판매되면서 인디고 기계로 인쇄하는 것이 인디고 인쇄라고 알려졌습니다.

토너 인쇄

토너 인쇄도 인디고 인쇄처럼 디지털 인쇄입니다. 구글에서 'Fuji Xerox iGEN'으로 검색해보면 토너 인쇄기를 볼 수 있습니다. 인디고가 용액으로 된 잉크를 쓰는 반면 토너는 가루 토너를 종이에 뿌리고 고온으로 착색시키는 방식입니다.

토너 인쇄는 인디고 인쇄에 비해 채도와 명도 대비가 조금 더 높게 나오는 편입니다. 그리고 표면에 광택이 생기고 만져보면 살짝 미끄럽습니다. 글자는 조금 더 두껍게 나옵니다. 토너 인쇄는 톤 대비가 강하게 나오기 때문에 선명해 보입니다.

TIP 빨간고래는 화사한 색상의 그림을 주로 그리는 편입니다. 미세한 톤 차이가 나는 부분이나 그러데이션이 있는 부분은 인디고 인쇄가 더 자연스럽게 표현되기 때문에 주로 인디고 인쇄를 합니다. 그러나 토너 인쇄를 더 선호하는 분들도 많습니다. 인쇄의 목적과 개인적 취향에 따라 다르다는 점을 참고해주세요.

TIP **리소 그래프(Risograph) 인쇄**

레트로한 느낌의 리소 그래프 인쇄는 옵셋, 인디고 인쇄와 달리 독특한 색감의 인쇄물을 만들 수 있습니다. 콩기름으로 만든 잉크로 인쇄합니다. 우리나라에서는 코우너스 디자인 스튜디오의 작업과 활동으로 많이 알려져 있습니다. 리소란 일본의 리소 인쇄기를 의미합니다.

- 코우너스 홈페이지 : https://corners.kr
- (주)리소코리아 홈페이지 : http://www.risokorea.co.kr/

06 LESSON 알아두면 좋은 인쇄 지식

인쇄 도수

4도 인쇄

인쇄는 보통 네 가지 색(CMYK)의 잉크로 인쇄를 합니다. 풀 컬러 인쇄는 4도 인쇄가 기본입니다.

CMYK는 **C**YAN, **M**AGENTA, **Y**ELLOW, BLAC**K**의 약자입니다. BLACK은 앞 글자가 B이지만 Blue가 연상되기 때문에 뒷글자를 사용합니다.

1도 인쇄

한 가지 색으로 인쇄를 하는 경우입니다. 보통 흑백 인쇄물은 검은색(K) 한 가지만을 사용하기 때문에 1도 인쇄라 합니다. 참고로 두 가지 색으로 인쇄를 하는 경우는 2도 인쇄라고 합니다.

별색 인쇄

CMYK로 표현하지 못하는 색을 추가하는 인쇄입니다. 팬톤사에서 제작한 컬러칩으로 색을 고른 다음 인쇄소에 개별적으로 문의를 해서 인쇄합니다. 또 형광색, 흰색처럼 특이한 색도 인쇄할 수 있습니다.

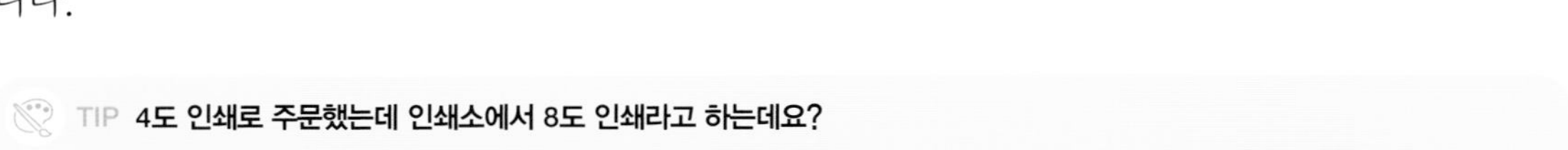

TIP **4도 인쇄로 주문했는데 인쇄소에서 8도 인쇄라고 하는데요?**

종이의 앞면만 인쇄하면 '4도 앞면 인쇄'라고 부릅니다. 앞면과 뒷면을 인쇄하면 '8도 양면 인쇄'라고 부릅니다.

DPI / PPI

해상도의 단위는 DPI 또는 PPI를 사용합니다. 실무에서는 두 개를 구분하지 않고 사용합니다. 예를 들면 포토샵에서는 해상도의 단위를 PPI로 사용하고 프로크리에이트에서는 DPI를 사용합니다. 단위의 의미가 똑같지는 않지만 구분 없이 사용해도 됩니다. 즉, 300dpi와 300ppi는 같은 해상도입니다.

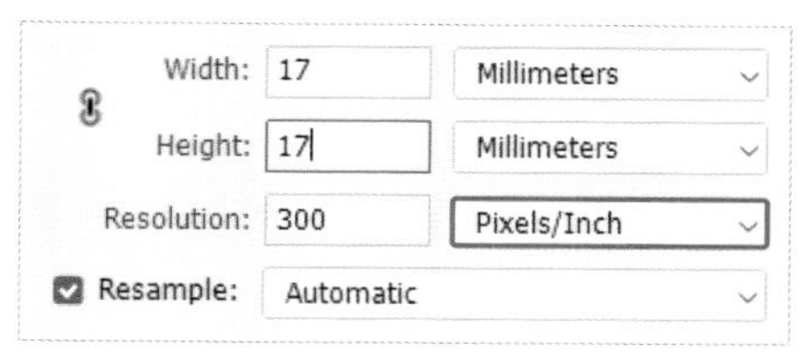

▲ 포토샵은 PPI를 사용

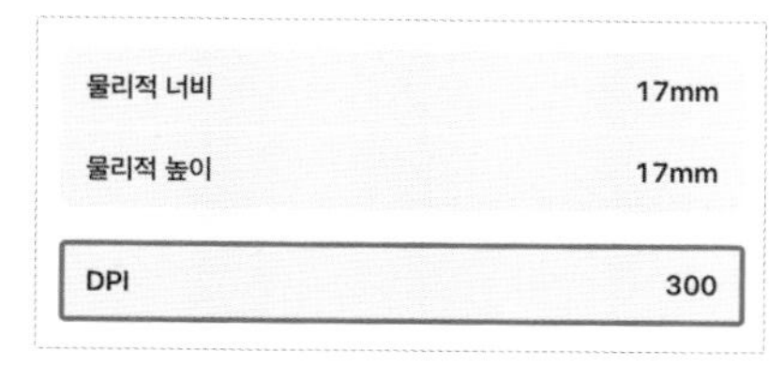

▲ 프로크리에이트는 DPI를 사용

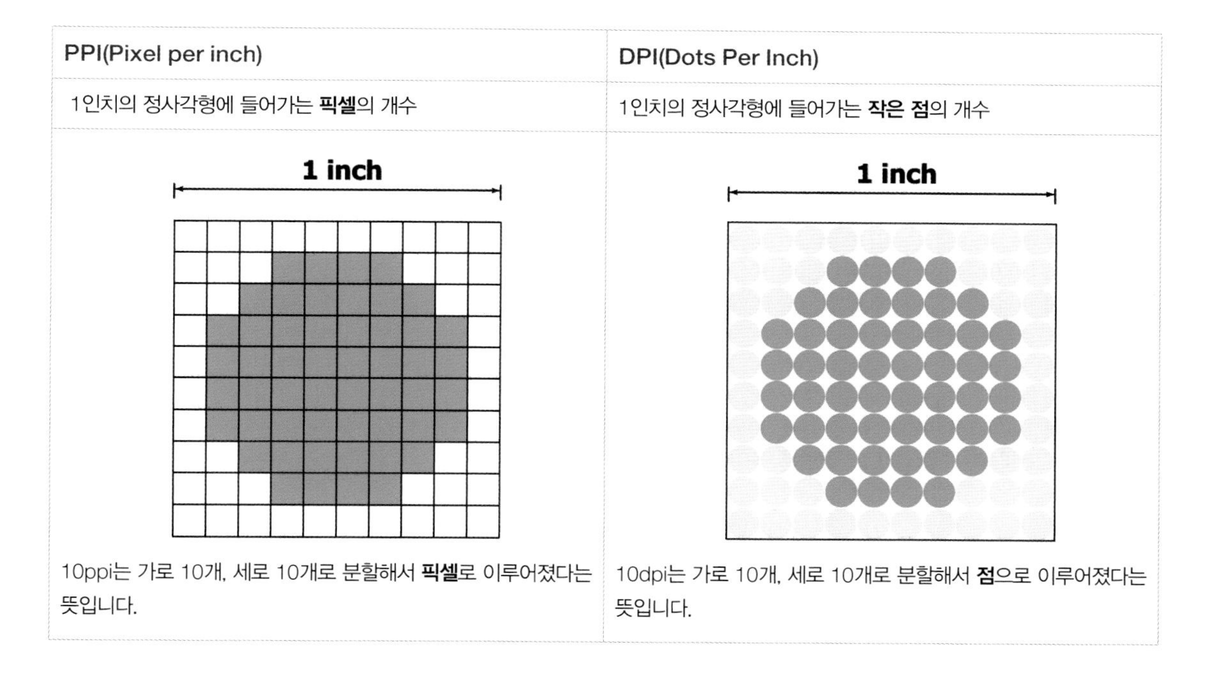

PPI(Pixel per inch)	DPI(Dots Per Inch)
1인치의 정사각형에 들어가는 **픽셀**의 개수	1인치의 정사각형에 들어가는 **작은 점**의 개수
1 inch	1 inch
10ppi는 가로 10개, 세로 10개로 분할해서 **픽셀**로 이루어졌다는 뜻입니다.	10dpi는 가로 10개, 세로 10개로 분할해서 **점**으로 이루어졌다는 뜻입니다.

전자 기기의 화면은 픽셀로 이루어져 있습니다. 우리가 아이패드나 모니터를 보고 작업할 때에는 해상도의 단위가 PPI인 화면을 보게 됩니다. 그러나 이것을 인쇄할 경우 인쇄기는 픽셀을 점으로 인식하고 잉크를 종이에 뿌립니다. 그래서 인쇄 분야에서는 DPI를 많이 사용합니다. 최소 단위를 픽셀로 인식하느냐 점으로 인식하느냐에 따라 PPI, DPI로 나뉘지만 결과는 같습니다. 중요한 것은 단위 앞의 숫자입니다.

8bit / 16bit

비트는 각 픽셀에 담겨 있는 색상 정보의 양을 의미하며 8bit, 16bit가 있습니다. 예를 들어 그러데이션 효과 적용 시 8bit보다 16bit가 더 매끄럽게 표현됩니다. 그러나 16bit는 용량이 큽니다. 또 16bit로 작업했으면 TiFF, RAW, PSD로 저장해야 16bit가 유지됩니다. JPEG로 저장 시 8bit로만 저장됩니다. 16bit는 고품질로 인쇄해야 하는 대형 작품이나 사진에 사용됩니다.

후가공

박

인쇄물의 한 부분을 박으로 입히는 가공법입니다. 금박, 은박, 청박, 적박, 족박, 먹박, 홀로그램박 등이 있습니다.

코팅(라미네이팅)

인쇄물 표면에 내구성을 위해 필름을 붙여 코팅 처리를 합니다. 코팅 종류로는 무광과 유광이 있습니다. 참고로 책받침 코팅(라미넥스)이라는 두툼하게 코팅하는 방식도 있습니다. 주로 메뉴판, 책갈피, 책받침을 제작할 때 하는 코팅입니다.

UV 코팅

인쇄물 표면에 필름이 아닌 액체를 도포하여 코팅하는 방식입니다.

에폭시

인쇄물의 한 부분을 투명하고 도톰하게 올리는 가공법입니다. 책 표지를 보면 제목 부분만 투명하고 도톰하게 처리된 경우를 흔히 볼 수 있습니다.

귀도리(귀돌이)

종이의 모서리를 둥글게 굴리는 가공법입니다. 모서리 라운딩이라고도 합니다. 귀도리는 보통 두 가지로 합니다. 4mm, 6mm이며 이 숫자는 반지름을 의미합니다.

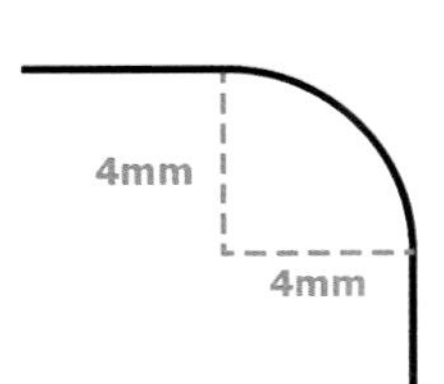

타공

인쇄물에 동그란 구멍을 내는 가공법입니다. 보통 지름이 3~8mm 정도 되는 구멍을 '타공'이라고 하고 업체에서 제공하지 않는 사이즈의 구멍은 '도무송'으로 주문해야 합니다.

도무송

인쇄물을 네모처럼 반듯한 종이가 아닌 모양대로 잘라내는 가공법입니다. 영국 인쇄기 회사인 톰슨의 일본식 발음에서 온 단어입니다. 도무송 스티커에 대한 내용은 070쪽을 참고합니다.

넘버링

티켓을 보면 한 부분에 숫자가 인쇄되어 있는데 표마다 숫자가 다릅니다. 이처럼 인쇄물의 한 부분에 숫자를 카운팅해서 넣을 수 있습니다.

오시

인쇄물을 접어야 하는 경우 접히는 부분에 누름 자국을 넣어주는 가공법입니다. 두꺼운 종이(150g 이상)의 경우 접히는 부분에 오시를 넣지 않으면 접었을 때 종이가 터지거나 쭈글쭈글하게 접힐 수 있습니다. 패키지, 카드의 경우 꼭 오시를 넣어야 합니다.

미싱

종이를 쉽게 뜯어낼 수 있도록 작은 구멍으로 된 선을 넣어주는 가공법입니다. 티켓 입장권, 쿠폰의 절취선을 보면 미싱이 있습니다.

형압

어느 한 부분에 압력을 가하여 올록볼록하게 튀어나오게 하는 가공법입니다.

제본

여러 장의 인쇄물을 책처럼 묶는 것을 제본이라고 합니다. 무선 제본, 중철 제본, 링 제본 등이 있습니다.